本命星一覧表

※2月4日以前は前年でみる

西暦	元号	九星	干支	納音
[illegible]	[illegible]	[illegible]	[illegible]	河水
[illegible]	[illegible]	[illegible]	[illegible]	駅土
[illegible]	[illegible]	[illegible]	[illegible]	駅土
[illegible]	[illegible]	[illegible]	[illegible]	釵釧金
1911	44年	八白土星	辛亥	釵釧金
1912	大正元年	七赤金星	壬子	桑柘木
1913	2年	六白金星	癸丑	桑柘木
1914	3年	五黄土星	甲寅	大渓水
1915	4年	四緑木星	乙卯	大渓水
1916	5年	三碧木星	丙辰	沙中土
1917	6年	二黒土星	丁巳	沙中土
1918	7年	一白水星	戊午	天上火
1919	8年	九紫火星	己未	天上火
1920	9年	八白土星	庚申	柘榴木
1921	10年	七赤金星	辛酉	柘榴木
1922	11年	六白金星	壬戌	大海水
1923	12年	五黄土星	癸亥	大海水
1924	13年	四緑木星	甲子	海中金
1925	14年	三碧木星	乙丑	海中金
1926	昭和元年	二黒土星	丙寅	炉中火
1927	2年	一白水星	丁卯	炉中火
1928	3年	九紫火星	戊辰	大林木
1929	4年	八白土星	己巳	大林木
1930	5年	七赤金星	庚午	路傍土
1931	6年	六白金星	辛未	路傍土
1932	7年	五黄土星	壬申	剣鋒金
1933	8年	四緑木星	癸酉	剣鋒金
1934	9年	三碧木星	甲戌	山頭火
1935	10年	二黒土星	乙亥	山頭火

西暦	元号	九星	干支	納音
1936	昭和11年	一白水星	丙子	澗下水
1937	12年	九紫火星	丁丑	澗下水
1938	13年	八白土星	戊寅	城頭土
1939	14年	七赤金星	己卯	城頭土
1940	15年	六白金星	庚辰	白鑞金
1941	16年	五黄土星	辛巳	白鑞金
1942	17年	四緑木星	壬午	楊柳木
1943	18年	三碧木星	癸未	楊柳木
1944	19年	二黒土星	甲申	井泉水
1945	20年	一白水星	乙酉	井泉水
1946	21年	九紫火星	丙戌	屋上土
1947	22年	八白土星	丁亥	屋上土
1948	23年	七赤金星	戊子	霹靂火
1949	24年	六白金星	己丑	霹靂火
1950	25年	五黄土星	庚寅	松柏木
1951	26年	四緑木星	辛卯	松柏木
1952	27年	三碧木星	壬辰	長流水
1953	28年	二黒土星	癸巳	長流水
1954	29年	一白水星	甲午	沙中金
1955	30年	九紫火星	乙未	沙中金
1956	31年	八白土星	丙申	山下火
1957	32年	七赤金星	丁酉	山下火
1958	33年	六白金星	戊戌	平地木
1959	34年	五黄土星	己亥	平地木
1960	35年	四緑木星	庚子	壁上土
1961	36年	三碧木星	辛丑	壁上土
1962	37年	二黒土星	壬寅	金箔金
1963	38年	一白水星	癸卯	金箔金
1964	39年	九紫火星	甲辰	覆燈火

展望と開運

2022

村山幸徳

KADOKAWA

2022年の運勢

壬・寅・五黄土星

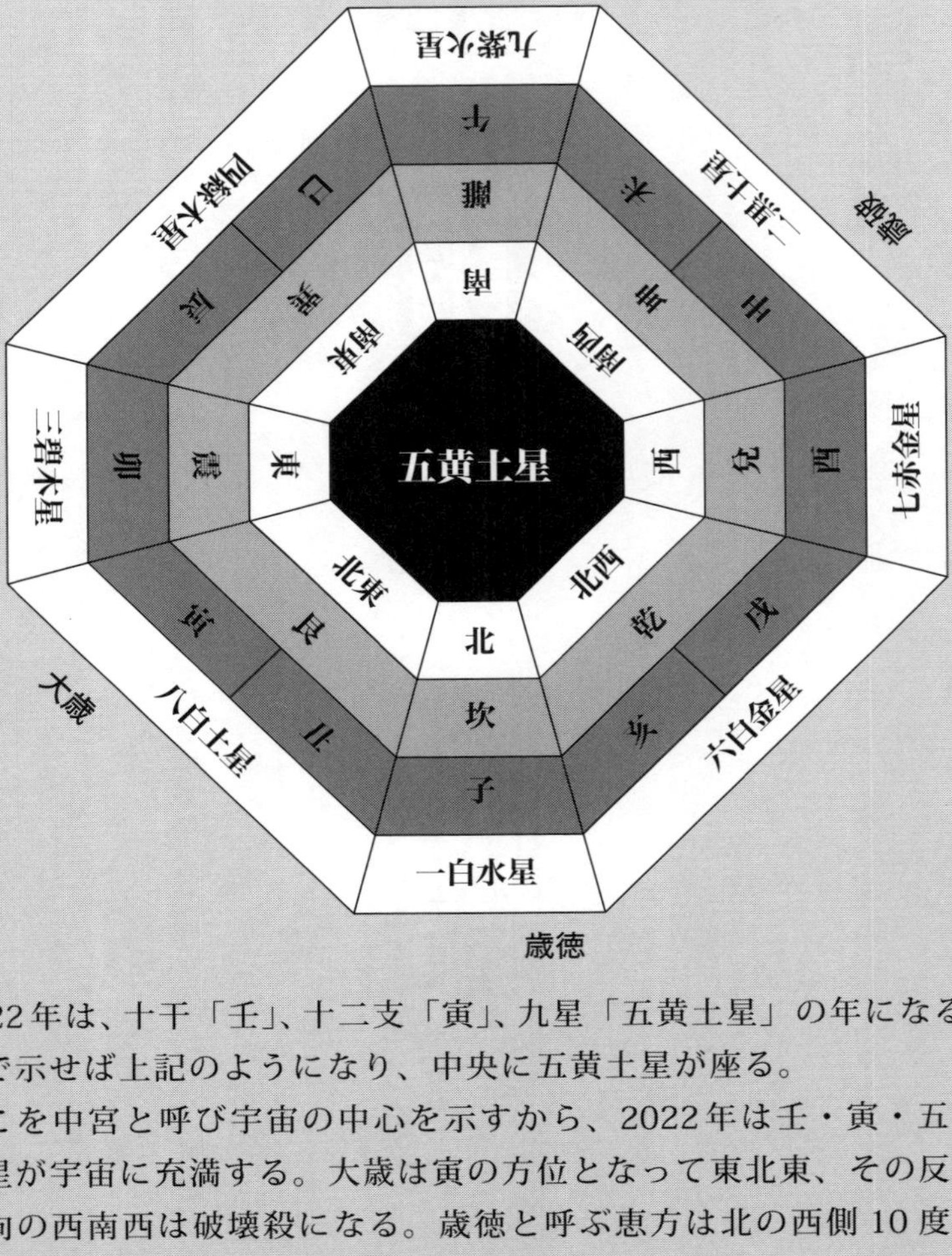

2022年は、十干「壬」、十二支「寅」、九星「五黄土星」の年になる。図で示せば上記のようになり、中央に五黄土星が座る。

ここを中宮と呼び宇宙の中心を示すから、2022年は壬・寅・五黄土星が宇宙に充満する。大歳は寅の方位となって東北東、その反対方向の西南西は破壊殺になる。歳徳と呼ぶ恵方は北の西側 10 度に位置する。

はじめに

人類のなすことは一瞬のことである。

そのまばたきのような出来事に教訓と反省が潜んでおり、一瞬をさらによきものにしようと、人類は全生命をかけて生きている。

過去のことであれば一瞬に過ぎない出来事が、大きな教訓となって未来に永遠の重きをなす。人生は一瞬と永遠の接点に立っている。

それを華厳経では「一即多、多即一」と言い切った。この言葉は歴史の本質を捉えている。「即」のなかに数え切れない教訓と反省が息づいているのだ。

歴史はもとよりまばたきの羅列《られつ》である。しかし、ささやかな一断片が計り知れない大きな影響を生む。

こうした混迷を極めた時代においては、政治も企業も、いわんや家庭生活、個人生活いずれでも筋道を立てた生き方が必要になる。

自分が目指すべき「坂の上の雲」はどこなのか。

さらに、また自分が立つ基盤となる大地はどこなのか。

天地を貫く正しい生き方、人の歩みの正しさを考えなければならないのである。

日本人がもつ最大の欠点は、おそらく「分をわきまえる」という言葉に集約される。これは日本人の美徳にもなる厄介な言葉で、いまや日本文化として定着している。中年以上の日本人の大半は、親や目上の人からたしなめられたことがあり、文化の基底に据えているのではないかと思う。

「自分の立場を知って、高望みしないように」という意味で用いる「分」は、日本人の謙虚さと同時に、大きなマイナス作用を社会にもたらしてきた。そこには制限が強く込められ、「お前が行う範囲はこれだけ」という上からの強い抑制が含まれている。それがどれほど日本人の可能性を喪失させてきただろう。

坂本龍馬、西郷隆盛、福沢諭吉、高杉晋作《しんさく》など、明治維新で活躍した青年たちは、みな「分」を自己のなかで消化し、「分」を飛び越えて大きな世界へ羽ばたいた。

高橋是清《これきよ》、渋沢栄一、岩崎弥太郎、清沢満之《きよざわまんし》、岡倉天心など、数え切れないほどの青年たちが、境遇や生い立ちを乗り越えて立ち上がった。

明治維新は「分」のくびきを乗り越えることから始まったのである。

先が読めない時代に生きる人々も、先述した人物と同じように、高邁《こうまい》な理想を目指して活躍してほしいと願う。

「自分はそこまでの器ではない」とか「それは難しい」といった自己抑制を捨て、自分の枠から大きく踏み出して、さらなる成長と進化を目指すべきだ。

人間はそれまでの生活によって、自分では気づかないうちに自己限界を生み出してしまう。

幼い頃から経済的な苦労を味わってきた人は、自分もまた豊かになどなれるはずはないと思い込み、ほどほどの収入で満足してしまう。

カエルの子は、子供の時から自分がカエルと教え込まれ、王様の子は幼少時代から自分は王様であると自覚し始める。そして定着したイメージの通りに成長する。

認知心理学では、こうしたことは全てが架空の思い過ごしだと言い切るのである。人間は過去の人生から未来を決定しやすく、いったん決意した内容をなかなか変更できずに、決めた目標に向かって一直線に突き進む。

しかし、多くの人々は、自分が心の深層で決意したことを自覚せず、決意とは反対の志と願いに注目する。人生は無意識の決意で動くにもかかわらず、それを改めようとしないままに志を追いかける。志を実現させるには、心の底に眠る決意を変えなければならない。

新しい時代の幕開けにより、迷いや逡巡《しゅんじゅん》が続く人も多いと思うが、どの迷いもチャンスに変化する。悩みは苦悩に染まらず、迷いは無知とはならず、自己探求に向けた新しい「自己探し」の道になる。

常識は常に否定される。それが進歩というものの本質である。

もう、つまらない自分なりの決め事を捨て、これまでの誤解を取り除いて、自分を含めた周囲の人々全てを明るくする人間として成長を遂げる時がきた。自己を導く目標と自己を養う人間性、天地に通じる二重の明かりをもって、さらに明るい未来を築いていこう。

チャンスはいつだってあなたの心にある。

目次

はじめに――――3

本書の見方・使い方――――8

二〇二二年　壬・寅・五黄土星　世界の動き、日本の選択――――11

風の時代に生きる意味／全てが加速する世界を生き抜くために／天の気は人事が重要な壬／イギリスのＴＰＰ加入／ＴＰＰをめぐる中国の思惑／地の気は停滞を表す寅／乱高下する経済の生態系／春風接人の政治が始まる／壬寅の年には担う人が芽を出す／誰が未曾有の負債を背負うのか／安くて良いものでは誰も幸せにはならない／人の気は五黄土星で破壊と再生が充満する／東アジア情勢における領土の放棄か防衛か／経済政策の行き詰まりが過激思想を助長する／日本のテーマは慈悲の心の実践／日本はあらゆる踏み絵を迫られる／国際政治のターニングポイントとなる出来事が起こる／台湾にワクチン提供も包囲網の一環／日本復活のカギは破壊と創造にある／未曾有の災害の先には未曾有の進化が待っている／日本の医療業界が革新するために／国家間の対立が激化する／コロナワクチンをめぐる戦い／サイバー空間を制する者が情報を制す／北朝鮮をめぐる世界の不安定要素／世界で日本の人権問題への対応が試される／文在寅大統領のあせり／金融市場が大波乱になる／エネルギー政策の未来を予測する／五黄土星の年は災害が多い／自分探しの旅が流行する／吉方で幸せを獲得する／二〇二二年の恵方は北／恵方置きは「蓮」と「水墨画」

星別の運勢／仮吉方表

一白水星《いっぱくすいせい》　93
二黒土星《じこくどせい》　127
三碧木星《さんぺきもくせい》　161
四緑木星《しろくもくせい》　195
五黄土星《ごおうどせい》　229
六白金星《ろっぱくきんせい》　263
七赤金星《しちせききんせい》　297
八白土星《はっぱくどせい》　331
九紫火星《きゅうしかせい》　365

本書の見方・使い方

この本は、自分のために書いてきたメモが評判を呼んで、書籍として出版されるようになった。最初の頃とスタイルはまったく変わらない。冒頭に政治、経済、社会情勢など、自分の仕事や事業に意味のある情報を、新しい一年に沿ってまとめた。だから、運勢本、占い本として本書を手にした人はみな驚く。「こんな難しい出来事がどうして書いてあるのだろう」と。他の運勢本とはまったく違って、不思議な印象を持たれるかもしれない。

でも一年経《た》って来年のお正月、のんびりとコタツにでも入って旧版となった本書を手にしてほしい。書いてある意味がよく理解できると思う。無秩序に並んだ項目が、過ぎ去った一年の動きに沿って並ぶ。これを機に、自分の身に起こった出来事や体験などと照らし合わせ、一年を静かに振り返ってみてはどうだろう。それはきっと、あなた自身の大きな成長と飛躍へとつながる。

本書のタイトル『展望と開運』だが、「開運」という言葉は、巷《ちまた》にあふれている。開運とは読んで字のごとく運を開くと書くが、いったいどこに向かって運勢を開くのだろうか。運勢を開く対象が書かれていなければ無意味である、というのが私の意見だ。だからこそ、我々の生活している世の中の動き、今年一年の展望が必要になる。よって、この本は他の運勢本とだいぶ違う。世界の出来事と日本の経済情勢にかなりのページを割いているのが特徴だ。一般的な運勢本は個人の運勢しか解説されていないが、我々の運勢は個人を取り巻く環境に大きく左右される。そのため、社会動向を知ることは開運の第一条件になる。本書は、世界と日本の混沌《こんとん》とした情勢を読み解くカギになるため、企業の管理職にある人、経営を担う人など、すべてのビジネスパーソンに大いに役立つ。

社会動向のあとに、個人の運勢を解説する。これも他の運勢本とはかなり異なっていて、九星の運勢を月ごとに並べるのではなく、年間の運勢を項目別にまとめて説明している。一白水星から九紫火星まで、星ごとに解説し、その内容は細部にわたる。それぞれ「運勢パワー度」として★を記し、最高が五つで最低が一つ。人としてどう在るべきかといった精神的なところまで説明しているから、人生に悩み、立ち止まることがあれば、何度も目を通していただくことをオススメする。その時々で、置かれている状況に合った答えが必ず見つかる。

「年間のバイオリズム」は、月ごとの運勢を示す。「自分の動き」と、自分の周囲の「環境の動き」が折れ線グラフで表示され、個人運が低くても環境運が高いこともあり、その反対もある。また二つの線が絡むこともあって、実際の人生とグラフを照らし合わせてみれば、かなり楽しめる。そして「運勢のポイント」が四つにまとめられ、その星の代表的な人物や出来事が参考として描かれる。

そのあとで「月の運勢」が展開する。月の運勢は◎で運気を示す。最高は三つ、最低は一つ。月の運勢は簡単な文章だが、何度か読み返してほしい。読むたびに新しい発見があるはずだ。短い文章だが、内容はかなり深い。一度読んだだけでは見落としがかなり生じるだろう。

人間の興味は日ごとに異なるため、「月の運勢」を毎日読み込んでも目が捉える関心の部分が違う。ガイウス・ユリウス・カエサルが言う通り「人間ならば誰にでも現実のすべてが見えるわけではない。多くの人は、見たいと思う現実しか見ていない」のである。この本の内容は驚くほど正確で、書いている私自身、どうしてこんなことがわかるのだろうと目を丸くすることがしばしばある。

「月の運勢」の末尾に、「二〇二二年の仮吉方表」がついている。家族がいれば吉方位へ移動することはなかなか難しい。家族全員が吉方になる引っ越しなど、ほとんど不可能だからだ。でも自分一人ならば、吉方位への転居は可能である。この場合、別居日数は七五日とし、自宅が吉方位となるところに転居して仮住まいする。これが仮吉方だ。海外への仮吉方もあるので参照してほしい。

本書を使うには、個人の星を割り出さなければならない。表紙の裏に「本命星一覧表」があるから参照すること。かなり字が小さいが、ご容赦いただきたい。本命星の切り替わりは二月四日頃の立春とする。二月三日までは前年生まれだから気をつけるように。生まれ月の切り替えは毎月一日ではない。だいたい五日から七日にかけて節が切り替わる。わからない人は各地で開催されているセミナーなどに参加して講師に質問するように。セミナーは連続で行っているが、途中からの受講でも大丈夫なので、不安を抱かずに参加してほしい。もちろん大歓迎だ。参加者一同の温かみが味わえると思う。

二〇二二年 壬《みずのえ》（じん）・寅《とら》（いん）・五黄土星《ごおうどせい》
世界の動き、日本の選択

風の時代に生きる意味

コロナによって全ての風景が変わった。西洋占星術では二〇〇〇年に一度の転換期であり、二〇二〇年頃から風の時代に入ったと言われている。

社会運勢学においても、二〇一七年から三年間のシンギュラー・ポイントという転換期を経て、二〇二〇年から新たな時代を迎えると以前よりお伝えしてきた。数百年に一度のシンギュラー・ポイントを経て、宇宙に流れるエネルギーの質が大きく変わり、その結果、時代も大転換しようとしている。宇宙は生命エネルギーで満ちており、その巨大なエネルギーによって、宇宙にあるもの全てが時々刻々と変化している。我々が「気」と呼ぶものは、その生命エネルギーの総称だ。気のエネルギーは、夜空に瞬く星々にも、母なる大地にも、人を取り巻く環境にも、そして我々一人ひとりにも作用している。

気のエネルギーが肉体に満ち溢《あふ》れると元気になり、枯渇すると病気になる。心にプラスの気が働けば陽気になり、マイナスの気が働けば陰気になる。経済活動においても、気が流れると好景気になり、滞ると不景気になる。個人の暮らしから社会動向に至るまで、我々の生活はあまねく気のエネルギーに左右されるのだ。日本人は何気なく「気」という言葉を使うが、その実体は曖昧模糊《あいまいもこ》としたもののように思われている。気を生命エネルギーと捉えたところが気学と易の慧眼《けいがん》と言えるだろう。エネルギーなのだからメカニズムを解明すれば、電気エネルギーのように活用する方法が見えてくる。

気のエネルギーは大きく分けて、「外気」と「内気」という二つで構成されている。外気とは我々を取り巻く環境のエネルギーを指し、内気とは自分自身のエネルギーのことを指す。社会運勢学では内気である個人の気だけでなく、外気である世の中の気にも焦点を当てて、その巨大な力を個人の運勢を高めるために活用する方法を探る。言い換えるなら、宇宙を味方につけて成功する方法を提示するのだ。

二〇二〇年を境に、宇宙を取り巻く気のエネルギーが大きく変化し、その現れの一つとしてコロナ禍という未曾有《みぞう》の災害が起きた。これはパラダイムシフトを促す宇宙の采配と捉えることもできる。物の時代から情報の時代への流れが、ますます加速するだろう。具体的には、人工知能（ＡＩ）、仮想現実（ＶＲ）、拡張現実（ＡＲ）などの融合により、世界を一変させるような驚きの出来事が、かつてない勢いで現実化されていくことが予測される。

これからは物質の価値よりもデータの価値がより高くなり、形のあるものから形のないものへと価値の中心が移っていく。こうした流れは元々あったのだが、今までの動きはあくまでも地ならしの段階に過ぎなかった。コロナ禍をきっかけとして、これから一気に本格的な情報の時代＝付加価値の時代へと突入する。

付加価値を支える重要なインフラがインターネット網や携帯電話通信網だが、今後はこれらを使った技術が革命的に進化する。現時点ではせいぜいメール、動画配信、ＳＮＳ、ネット通販程度が普及しているに過ぎず、我々の生活における価値の大半は時間と距離の制約を受けているのだ。すなわち、おおよそ価値とは物質的なものだった。しかし価値の非物質化の動きは、水面下では大きなうねりとなって、巨大なエネルギーが蓄積されている。

全てが加速する世界を生き抜くために

二〇二一年は辛の年だった。「辛」という字は上に向かって求め冒《おか》すことを意味する。今まで下に溜まっていた活動エネルギーが、いろいろな矛盾や抑圧を撥《は》ね退《の》けて、いよいよ上に姿を現すということであり、地下に蓄えた改革のマグマが噴出する。

その現れとして、現在、世界規模でビジネスを展開しているテック企業の租税回避問題が抜き差しならないところに来ている。各国ではデジタル課税導入に向けて様々な利害関係の衝突が起きているのだ。経済のデジタル化に現行の国際ルールでは対応できなくなっていて、数々の矛盾が露呈してきたのが原因である。

現行法では物理的な形があることが前提のため、国内に支店や工場などの物理的な拠点がない外国企業に課税することはできない。ビジネスがデジタル化すれば、物理的な拠点に縛られなくなるので、経済の発展に税制が追いつかないという問題が顕在化しているのだ。

これだけ簡単に国境を越えて往来できる時代に、貨幣だけが制限されている。これでは国ごとにルールが違えば、いろいろと齟齬《そご》も生じる。経済のデジタル化の波が押し寄せることにより、暗号資産（仮想通貨）による取引が今後どうなっていくのか、その行く末は大変に興味深い。ただ現在、法人税率の引き下げ競争に歯止めをかけるべく、G20財務省・中央銀行総裁会議において、国際的に一五％以上の最低税率を設けることで合意している。グーグルなどの巨大ＩＴ企業を念頭に多国籍企業の税逃れを防ぐ「デジタル課税」を導入することも議論されており、二〇二一年一〇月の会議にて正式決定する見込みで二〇二三年の実施を目指している。

そんな時代にあって、日本の行政においては未《いま》だに紙とハンコとＦＡＸがまかり通っている。インターネット上のサイバー空間には国境どころか、国家という概念さえもなくなりつつあるにもかかわらずだ。今後の日本がデジタル化する経済に対応できるかどうかは未知数と言わざるを得ない。だが、急務であることは誰の目にもあきらかである。

国家間の争いも、旧来の陸海空での戦いから、宇宙空間やサイバー空間を主戦場とする戦争に移ると予測されている。戦闘機やミサイル、空母や戦車などの兵器による攻撃よりも、情報収集と通信の要となる監視衛星やＧＰＳ衛星を無力化する攻撃や、サイバー空間を通して相手国のインフラなどを麻痺《まひ》させる攻撃のほうが重要になってくる。

また、ＳＮＳなどを通じた情報操作や世論誘導といった、情報という付加価値に照準を合わせた破壊工作のほうが、旧来の物理的な破壊よりも、より広域に甚大な被害をもたらすことがわかってきた。物理的な攻撃の前の情報戦で大勢が決してしまうハイブリッド戦へと移行しつつあるのだ。

本格的な情報の時代が迫りつつあることを象徴する史上最大級のインフラ攻撃が二〇二一

年五月に起こった。アメリカ最大の石油パイプライン網がサイバー犯罪者集団の攻撃を受けて、米東海岸で消費される燃料の四五％の供給が止まったのだ。ガソリンスタンドには車が長蛇の列をなし、町は大混乱に陥った。

一方、コロナ禍がきっかけで製薬業界が飛躍的に進化しつつあることも見逃せない。全世界が未曾有のパンデミックに呑み込まれるなか、製薬業界の負った使命はあまりにも大きかった。ある製薬会社の経営者は「コロナ禍は業界にとって重大な転換点だった」と明言している。以前では考えられなかったスピードで、業界の古い常識を覆して課題に対応した。ワクチンの治験には一〇年以上かかるのが定説だったが、デジタル化が一気に進んだことにより、わずか一年足らずで実用化に漕《こ》ぎつけたのだ。この経験を基盤に、これから我々人類を病気から解放する画期的な新薬が続々と登場することになる。すでにｍＲＮＡ（メッセンジャーＲＮＡ）の技術を使ったがん治療の画期的な新薬は、実用化が近いと言われている。

これらのことを踏まえて、二〇二二年は世界と日本にとってどんな年になるのかを「社会運勢学」の観点から解き明かしていく。

天の気は人事が重要な壬

我々を取り巻く環境にある気は、天と地と人に大別できる。それぞれを十干、十二支、九星という三つの気で表し、それによって天地自然にある大いなる意志を説明するのだ。

二〇二二年の天の気は壬《みずのえ》。この字は大きく三つの意味がある。

第一に、『説文解字』によれば、陰陽が交わって万物懐妊するとある。壬は、女偏を付けると妊娠の妊で孕《はら》むという意味になる。天と地を表す上下二本の横棒に、それを縦に結ぶ一つの柱があり、その真ん中にある横一が胎児を表す。一説によれば、壬は天地二本の横棒とそれを結ぶ縦の棒が糸巻きの象形で、巻き取った糸で真ん中が膨れ上がった形。それがお腹《なか》の大きい妊婦を表すようになったとある。新たなものが発生し、あらゆるものが育っていく様を表していると考えられるのだ。

第二に、人の脛《すね》を表していて、脛が身体を担っている姿だとする。白川静博士の『字統』によれば、工具の形で工の字の中央に膨らみがあり、上にものを載せて金槌《かなづち》などで叩く作業台の象形としている。そこから壬は任と通じ、担うという意味が出てくる。

第三に、「へつらう」という意味がある。意志が弱く、人に媚《こ》びたり、口先だけのお世辞を言っておもねったりする人を任人《にんじん》と言い、佞人《ねいじん》や奸人《かんじん》と同義の悪い意味に使われる。このことから、私利私欲に走って自己の欲を遂げようとする人間の登場も意味する。

すなわち壬は、発生したものを処理する役割があり、これを任務という。また担うことから責任や委任という意味もある。前年の「辛」のつらさから、溜まった物事や、やり残した責任を背負わなければならないことを暗示している。問題は、誰が責任の重い役割を担うかということだ。人事がとても重要な年となり、そこに最も注意を払わなければ深刻な問題を孕むことになるだろう。壬の字は、巫と同じ意味を持ち、天地を貫く柱の前で人が向かい合って祈りを捧《ささ》げている。だからこそ大切な役目を奸人が担うことになれば、問題が発生してしまう。為《な》す術《すべ》がなく、祈りが必要なほど深刻な事態となり得るだろう。

自然災害の発生により、天地自然の猛威の前では、祈るよりほかはないほど人知は無力であることを思い知らされる事態が起こりかねない。二〇二二年、震災、津波、火山の噴火など、非常に大きな自然災害が起こるかもしれないので、注意が必要だ。

二〇一二年の壬の年は、前年に起きた東日本大震災からの復興や福島第一原子力発電所の事故処理、各種経済対策など、どれも緊急を要する問題が山積で、政府にとって正念場の年となり、文字通り祈りが必要なほど深刻な事態となった。時の政権与党だった民主党が年末の選挙で大敗した結果、民主党政権時代にやり残した責任を背負って第二次安倍政権がスタートした。ここからデフレ脱却に向けて日本経済にようやく明かりが差し始めたのだ。日経平均株価も底を打って本格的な上昇トレンドに入り、バブル崩壊後の高値更新に向けて力強く動き出し、結果的にその後約七年にわたってアベノミクス相場が続くこととなった。

また、この年に中国共産党の党大会で、習近平《しゅうきんぺい》国家副主席が総書記に選出された。北朝鮮では金正恩《キムジョンウン》が労働党代表者会で、父・金正日《ジョンイル》総書記からの権力継承手続きを終えた。現在アジアを中心に世界を二分する米中デカップリング問題はここを起点としている。宇宙が示す壬の奸人とは誰に当たるのかを、これから冷静に注視していかなければならない。

イギリスのTPP加入

イギリスが環太平洋パートナーシップ（ＴＰＰ）協定への加入を正式に申請。それを受けて、イギリスが加盟基準に適合するかを判断する作業部会も設置された。日本が議長、オーストラリアとシンガポールが副議長となって、加盟まで一年余りの審議が進められる。加入に向けた手続きを開始するにあたり、当時の議長を務めた西村康稔《やすとし》前経済再生担当大臣は「新型コロナウイルスの影響で世界経済は低迷し内向き志向が高まったが、ＴＰＰはポスト・コロナの経済を、より強靭《きょうじん》で持続可能かつ包括的なものに変えていくために極めて重要な役割を果たすと確信しており、イギリスの加入の要請で新たな章に入ろうとしている」と述べた。新たな世界経済の枠組みを構築する、大切な役割を議長国の日本が担っているのだ。

そもそもイギリスにとってブレグジットの目的は、大義名分は主権の回復で欧州連合（ＥＵ）のルールに縛られたくないということだった。ＥＵに加盟している限り、法律や規則を自分たちで決めることはできない。ＥＵ加盟国間の経済格差がすさまじいために、豊かな国には貧しい国から多くの移民が流入し、イギリスでは移民に対する社会保障が深刻な問題になっていた。ブレグジットによって移民問題の悪化は避けられる見通しだが、貿易額の五割を占めるＥＵとの貿易に大きな障害が発生することとなった。そこで世界全体のＧＤＰ（国内総生産）の一三％、貿易額の一五％、五億人の人口を擁する地域をカバーするＴＰＰに参加するという戦略を取ったのである。溜まった物事や、やり残した責任を壬の年に解消すべく、ＴＰＰへの加入を正式に申請した。

これは日本にとっても重要なことだ。そもそもＴＰＰはかつてない規模のメガＦＴＡ（自由貿易協定）構想であり、世界のＧＤＰの約四割、人口八億人という巨大市場をカバーする経済連携として提唱された。もっとも、当初の構想では副次的な目的が大きかった。

中国が軍事的な影響力を増していくなかで、その動きを封じ込めるためにアメリカが中心となって経済的な包囲網を敷くことにあったのだ。しかし、トランプ政権が発足するとアメリカが脱退を表明する。一度は空中分解しかけたＴＰＰだが、日本が議長国となって粘り強く参加国をつなぎとめたことで、残りの一一か国をまとめてＴＰＰ11として発効している。この時期にイギリスが追加加盟することは、尖閣《せんかく》、台湾問題を皮切りに、中国という地政学的リスクがアジアで高まるなかで、日本にとっては間違いなく追い風となる動きだ。

ＴＰＰをめぐる中国の思惑

中国が中心となり二〇二〇年一一月に地域的な包括的経済連携（ＲＣＥＰ）協定が動き出した。日中韓三か国とオーストラリア、ニュージーランド、東南アジア諸国連合（ＡＳＥＡＮ）一〇か国の計一五か国がＲＣＥＰについて正式に合意し、協定に署名した。ＲＣＥＰが発効すれば、参加国の人口やＧＤＰの合計は、ＴＰＰやＥＵなどの経済連携協定（ＥＰＡ）よりも大きくなり、ＧＤＰの約三割、世界人口の約三割を占める超巨大経済圏が誕生する。

さらには中国政府が二〇二一年九月一六日に、ＴＰＰへの加盟を正式申請した。その六日後の二十二日には台湾の蔡英文《さいえいぶん》政権が、中国に続いてＴＰＰへの加盟を申請したと発表した。早速中国政府は、台湾が中国の一部だとする「一つの中国」原則に基づき、台湾のＴＰＰ加盟を認めない姿勢を明らかにした。加盟には全加盟国の同意が必要なため、加盟に向けた支持の獲得をめぐり双方の綱引きが激しくなり、中台問題は場外乱闘の様相を呈してきた。しかし中国が本気でＴＰＰ参加を目指しているのかは疑わしく、このままの状態で中国がこの枠組みに入ることはまずあり得ない。同じ自由貿易協定ではあっても、ＲＣＥＰとＴＰＰは全くと言っていいほど別物で、ＴＰＰが一軍ならばＲＣＥＰは三軍のようなものだ。

ＴＰＰは関税の撤廃率が高く、平均で九九・九％であるのに対して、ＲＣＥＰは全体で九一％、中国は八六％程度で、撤廃しても差し支えのないものばかりだと言われている。さらにＴＰＰは国有企業への補助金支出を原則として禁じ、知的財産権の保護規定を強化している。電子商取引では外国企業にソフトウエアの設計図となる「ソースコード」の開示を求めてはならないとして、かなりの公平性と透明性が担保されているのだ。

この保護規定について、現在の中国がやっていることは、ことごとく抵触する。これが中国包囲網と言われている所以《ゆえん》であり、これを遵守できるぐらいならば、そもそも米トランプ政権が中国に対して制裁発動などしなくても済んだはずだ。

そこに中国が参加を表明したことは、アメリカのいない間にＴＰＰをより中国に都合のいい協定へと変質させ、協定内容を骨抜きにする思惑が透けて見える。要するに、中国は乗っ取りを企《たくら》んでいるのだ。それが成功すれば、返す刀で台湾のＴＰＰ加盟を阻止して孤立化させることもできる。壬の年は奸人が自分の私利私欲に走り、自己の欲を遂げようと画策する。

地の気は停滞を表す寅

寅の字の「宀《うかんむり》」は、家などの建物や組織、存在するものを表し、家の中で居住まいを正す姿を表している。真ん中の「亩」は人がさし向かいになっている象形文字で「手を合わせる」「約束する」「協力する」という意味を表し、下の「ハ」は人を表している。寅の字からは、組織のなかで謹む、助けるということが読み取れるのだ。

また甲骨文の字形は矢で、金文はこれに両手が加わるため、「両手を添えて矢を捧げる」または「曲がった矢をまっすぐに直す」ことを表すのだ。ここからも「誓う」「謹む」「敬う」という意味が出てくる。ちなみに、古《いにしえ》の人は重要な約束事は矢に両手を添えて誓ったと言われている。これらのことから寅年は、個々人やあらゆる組織に所属する人々が手を携えなければ、より良い世界にはつながらない。志を同じにして、目標を一つにするとき、家の中も、組織のなかも、国の中も良い方向に進歩する。寅に「氵《さんずい》」を付けた「演」が表すのは「のべる・のびる」ということだ。講演や演説には広く及ぼすという意味が含まれ、演出や演技という言葉には人間の進歩が示されている。

二〇二二年は、コロナ禍の混乱と停滞によって大きく傷ついてしまった経済の再スタートが大きなテーマとなる。国民が協力し合い、国を挙げて景気回復に邁進《まいしん》しなければ、復活は果たせないほどのダメージが経済には蓄積している。しかし、時として大きな障害が立ちはだかるだろう。なぜならば、『説文解字』には「陽気が地上に出んとし、陰気がなお強い」とある。寅年は、物事がなかなか順調には進まないことを暗示している。新しく芽が出る時にはいろいろと困難が付き物だし、物事が進展している時ほど失敗もしやすい。寅には「恐れ謹む」という意味もある。古代の人は動物の虎を象《かたど》って警告の意味を込めたのだろう。

乱高下する経済の生態系

一連のコロナ騒動も、ワクチンの普及にしたがって緊急事態から平常時へと移行しつつある。世界各国の政府と中央銀行が大盤振る舞いで財政出動し、世界中に行き場のない金が溢れている。借金をしてでも消費に回すアメリカ人の貯蓄率が二〇二〇年末の時点で前年末比二三％増となり、その額はなんと約一四兆一〇〇〇億ドルにものぼり、過去最大を記録した。政府からの現金給付を含む失業保険給付などの救済措置によって、可処分所得が大幅に増加したにもかかわらず、自宅待機命令によりお金を使う場所がなかったからだ。それがワクチンの普及によって、堰《せき》を切ったように消費に向かった。その結果、未曾有の好景気となり、個人消費の成長率は二〇一五～二〇一九年の平均の四倍とも言われ、ＧＤＰの伸び率も年率換算で六・四％増となり、日本の高度経済成長期を思わせる数値となった。

しかし、経済のV字回復だと単純に喜んでもいられない。コロナ禍が長引いたことで供給側にダメージが蓄積されており、倒産やリストラなどで、旺盛な需要に供給が応えられなくなっている。失業保険の受給期間延長の特例措置が失効し、失業保険を受け取っていた人たちが労働市場に戻りつつあるが、依然として雇用のミスマッチの影響は大きい。急激なインフレの懸念が燻《くすぶ》る中、傷んだ経済の回復フェーズにあっては簡単に利上げするわけにもいかず、連邦準備制度理事会（ＦＲＢ）は難しい舵取《かじと》りを要求されている。まさに陽気が地上に出ようとし、陰気がなお強いという感じになっているのだ。

日本に至ってはこの問題はもっと深刻で、人口一〇〇万人あたりのコロナの感染者が海外に比べて圧倒的に少なかったことが逆にネックになっている。感染者が少ないために、ワクチンや治療薬の治験が欧米に比べて進まなかったのだ。その結果、政府がいくらワクチンを確保しても治験で安全が確認されていないという理由で、なかなか接種体制が確保できずに結果的に出遅れることになった。

そのため、アメリカやヨーロッパの空港ではマスクを外した旅行者が溢れかえり、観光地やショッピングセンターが賑《にぎ》わいを取り戻しているさなかに、日本では緊急事態宣言の発出と延長を繰り返した。自治体の長とマスコミは「人流の抑制」と「気の緩み」というワードを連日のように繰り返し、オリンピックをやるかやらないかで議論が紛糾したのは記憶に新しい。このことから、経済が回復フェーズのアメリカで起こった様々な問題に、半年から一年遅れで日本社会も直面することになるのは自明の理だ。スタートラインは同じなのに、経済が本格的に再始動するのが半年から一年遅れるのだから、それだけ多くのダメージが産業界に蓄積されているということになる。

その影響は特に飲食業界や観光業界などの中小零細企業ほど、深刻な問題となって現れるだろう。いざ解禁となって街や観光地に繰り出しても、そこはすでにシャッター通りとなっていたのでは目も当てられない。そうなれば供給不足という悪い意味でのインフレが加速する。倒産というトラの出現を如何《いか》に抑えるかは、二〇二二年の大きなテーマだ。

春風接人の政治が始まる

二〇二一年一〇月四日の午後、衆参両院の本会議での総理大臣の指名選挙が行われ、第一〇〇代の総理大臣に自民党の岸田総裁が選出された。

岸田文雄首相の座右の銘は「春風接人《しゅんぷうせつじん》」である。江戸時代の儒学者・佐藤一斎が言志四録で述べた言葉で、〝春風のようななごやかさで人に接する〟という意味だ。実際、岸田首相は菅義偉《すがよしひで》前首相とは異なる親しみやすさを前面に出し、政権を獲得するに至った。

菅前首相はコロナ対策において「安心安全」を繰り返したが、広報活動が手薄なため、国民に安心を実感させることができなかった。高齢者へのワクチン接種が進み、重症者が少なくなったという点では、実質的に安全を確保しつつあったにもかかわらず、である。

岸田首相は持ち前のキャラクターもあり、国民とのコミュニケーションを図りつつ政権を運営する。順調に進むコロナ対策をアピールし、国民を安心させたうえで、景気回復に邁進することになるだろう。総裁選で「令和版所得倍増」を目指すと強調したからには、増税を封印して安心感を醸成し、また、インフレ目標を堅持して、経済を成長軌道に乗せることはマストとなる。その意味でも、岸田政権は天の気、地の気に沿うことが大事なのだ。天の気は壬。厄介なものを背負い込んでも、前に進んでいかなければならない。地の気は寅。ひとつ屋根の下、意見の相違がある人々を取りまとめる必要がある。

二〇一七年から三年間のシンギュラー・ポイントを経て、突如訪れたコロナ禍によって、政権が手をつけなければならない問題は山積である。一例は、世界的に見て遅れをとっているIT、IoTの問題だ。ITゼネコンにまつわる官民のデジタル利権にメスを入れなければ、この問題の本質的な解決はない。みずほ銀行の度重なるシステム障害が典型だが、デジタル利権は金融・経済の発展の足かせだ。良きにつけ悪しきにつけ官僚の立場を理解する岸田首相が、大胆な規制改革・構造改革に乗り出せるかどうかは最大の注目点と言える。

直面する難題はあっても、二〇二二年、岸田政権の前途は明るい。二〇二〇年の、安倍首相の辞任を受けての総裁選で岸田首相が誕生していれば、コロナへの対応に追われ、経済の浮揚は叶わず、政権運営に失敗していただろう。一年、間を置いたことで、期せずして菅前首相が露払いとなり、首相の座につくことができた。しかしながら、これを僥倖《ぎょうこう》とすることはできない。外交問題も含めて日本を取り巻く環境は、依然として厳しいものがある。「春風接人」を旨として政界を生きてきた岸田文雄の真の力量がこれから問われることになる。

壬寅の年には担う人が芽を出す

難しい舵取りが要求される壬寅の年は、今ある問題を全て背負ってきちんと処理する人材の登場が各地・各所で求められるようになる。それだけ世の中には、身勝手な振る舞いが溢れていた。二〇二一年の天の気「辛」はつらさを伴い、地の気「丑」はつかむにつかめないことを意味する。そのジレンマのなかで人々の心は揺れていた。

日本の経済回復の遅れは単なるワクチンの治験の問題だけではなく、コロナ禍という未曾有の危機に対する我々大衆の考え方にも問題があると言える。欧米などでは隣人がコロナに感染すれば「お気の毒に」と心配してもらえるのに、日本では「お前が感染症を持ち込んだのか」と非難の対象となるケースが後を絶たず、この傾向は地方に行くほど顕著だった。

ネット上で個人を特定してさらし者にしたり、地域ぐるみの攻撃により町から追い出したりと、まるで中世ヨーロッパの魔女狩りを彷彿《ほうふつ》させるような事件が各地で起きていた。感染者のなかには、いつ自分がその攻撃にさらされるかという恐怖と、人にうつしてしまったという良心の呵責《かしやく》に耐え切れずに自ら命を絶つ人もいたのは、痛ましい限りだ。

一方、政治の世界では、オリンピック開催の是非が政争の具になり、国会では感染対策の不備やワクチン接種のトラブルなどを野党が連日のようにあげつらっていた。大阪の医療崩壊をめぐっては、立憲民主党・枝野幸男代表が現場で奮闘している吉村洋文知事を痛烈に批判し、その結果、政策論とはかけ離れた感情論での醜い応酬となった。

これらは全て建設的な議論とは程遠く、誰かのせいにして責任を取らせようと、国中がスケープゴートを求めて争う、ある種の異常な空気に包まれていた。しかし、壬の責任とはそういうものではない。感染症という天災がいつの間にか人災に置き換わってしまって、責任のなすり合いになっている。このままだと寅が示す、あらゆる組織に所属する人々が手を携える姿とはかなり隔たりが大きいだろう。

壬寅の年は、そのような悪《あ》しきマインドを捨て去って、自分で問題を背負って、皆と手を携え、問題解決をしていかなければ発展はない。それをリードする人材が出てくるのを宇宙は待っているし、何よりも時代が求めている。その要請に応えれば、全宇宙がその人を応援する年なのだ。まるで、このコロナ禍は、我々が真に一致団結できるかどうかを試しているかのようである。まことに不思議だ。

誰が未曾有の負債を背負うのか

医療崩壊の危機を脱し、感染の不安が遠のいて、我々の生活が活気を取り戻しつつある時に、別の危機が足元に忍び寄る。コロナ融資の返済据え置き期間が終わり、返済が始まると、未曾有の倒産危機に見舞われるのだ。特に、観光業界や飲食業界は厳しいことが予測される。日本経済新聞が実施した二〇二〇年度の飲食業調査によると、閉店数が二〇一九年度の一・九倍に達し、リーマンショック時の二〇〇八年度を大きく上回っている。

大企業のＪＴＢなどは、資本金二三億円を一億円に減資して中小企業としての税制優遇を狙う奇策に出たり、上場企業の近畿日本ツーリストは債務超過に陥って親会社からの増資を仰いだり、航空業界のＡＮＡやＪＡＬ、鉄道業界のＪＲ西日本は公募増資で危機を乗り切ったりと、厳しい状況ながらもアフターコロナを見据えて手を打ってきている。

しかし、体力のない零細企業や個人事業主は、政府が敷いた救済策のレールの上を走る以外に選択肢はなく、雇用調整助成金や持続化給付金、新型コロナウイルス感染症特別貸付に頼らざるを得なかった。これはアフターコロナを見据えるというよりも、一時しのぎの要素のほうが大きい。緊急事態にあっては、今日をどう乗り切るかということが大事で、明日に希望をつなぐことは何よりも優先される。ところが、平時になるにつれて、その矛盾が大きく経営にのしかかってくる。

多くの零細企業は利益率が低く、特に個人経営の飲食店に至っては営業利益率が三％前後だと言われている。当然のことながら返済の原資はその三％から出さなければならない。日本政策金融公庫のデータによれば、新規開業してから五年以内の廃業率は全業種平均で一〇・二％だが、飲食業と宿泊業に限って言えば一八・九％と、倒産リスクはおよそ二倍になっている。これらのことからわかるのは、コロナの問題がなかったとしても、とても返済しきれない金額を多くの金融機関が貸し付けている。政府の保証があるので、一部の金融機関では平時であってても返済不能とわかっている融資が平然と実行され、後は野となれ山となれと言わんばかりのコロナ特需に沸いた。自らリスクを取らなくて済むコロナ融資は、長引く低金利で経営危機に陥っていた地銀にとっては干天の慈雨であったのだ。

借りた側も借りた側で、口座に現金が振り込まれるや否や「これだけ頑張っているのだから、たまには自分へのご褒美」と称して高級外車を発注する者もいる始末だ。『展望と開運』の読者にはそのような人はいないと思うが、返済が始まれば宴は終わり、現実が待っている。

だからこそ本格的な返済が始まる前に、負債を抱えてもしっかりと返済できるだけの収益構造に変える計画を練らなければならない。「安くて良いものを」という平成の時代に主流だった考えを卒業して、価値あるものを正当な値段で提供する努力をしなければ、壬の返済の責任を負って寅の成長軌道に乗せるのは難しい。中小企業庁などの指導の下に借入金を資本金に振り替えて、同業他社との半ば強制的な企業の合併・買収（M＆A）を通して規模拡大によるスケールメリットを追求し、経営を立て直すのも奇策ではあるが一つの方法だ。

さらに大胆なことを言えば、未曾有の危機だったのだから「令和の徳政令」も検討に値する。債務の一部返済免除によって倒産を避けられる企業や個人事業主は多いことだろう。

責任を負いながらも成長路線に移行するために道筋を示してくれる真のリーダーの出現が待たれる。有権者の責任として、くだらない揚げ足取りに精を出す政党や、選挙を睨《にら》んで連日のようにマスコミでパフォーマンスを繰り返す政治家に早々に見切りをつけることが大切だ。景気回復に向けて皆が助け合うことを訴え、倒産というトラの出現を抑える活動を地道に行っている政治家を応援しなければ、明るい未来にはつながらない。二〇二二年は、我々有権者の責任も問われる年だと言える。

安くて良いものでは誰も幸せにはならない

ここ一〇年ほど日本企業では品質関連の不祥事のオンパレードで、毎年のように品質不正問題が報道されている。自動車メーカーによる新車出荷前の完成検査の不正が明るみに出るや、そこから相次いで燃費測定や排ガスデータの改ざんなど数々の不正が発覚して、業界を震撼《しんかん》させたのは記憶に新しい。終《つい》の棲家《すみか》にと、安全と安心を考慮して耐震性の優れたマンションを購入したはずが、免振ゴムや耐震ダンパーの品質不正問題が発覚して、まさかの建て替えで引越しを余儀なくされた人もいた。

新幹線「のぞみ」の台車に亀裂が見つかった問題では、製造時の不備であわや大惨事の可能性もあり、新幹線初の重大インシデントとなった。鉄道関連の不祥事はまだある。三菱電機は鉄道車両空調で架空の検査データを顧客に報告した。日立製作所が製造したイギリス向けの高速鉄道車両には亀裂が見つかり、八六六両全てが一時運行休止となった。

当初は世間の反応は驚きとともに、日本企業の品質に対する信頼がどうなるのだろうかというものだったが、最近はまたかという思いが本音だろう。

止まらない品質不正問題の背景には、いったい何が潜むのだろうか。

不正を生んだ背景にあるものとしては、製品への高い信頼からくる驕《おご》り、極度の収益重視の指示、「メイド・イン・ジャパン」がかつて世界で評価されたトータル・クオリティ・マネジメント（全社的品質管理）の衰退などが指摘されている。確かにそれもあるとは思うが、問題の本質はそこではない。長期にわたるデフレ病に冒された製造業が、ひたすら「安くて良いもの」という呪文のようなものに取り憑《つ》かれたためと考えるのが妥当に思える。

福井県の製薬会社「小林化工」が製造した爪水虫の治療薬に睡眠導入剤の成分が混入していた問題で、健康被害は二四五件にのぼり、二人の方が亡くなった。二人一組で確認するという製造手順にも従わず、品質検査がことごとく無視されていて、社内のずさんな管理体制が問われる事件だった。安価な後発医薬品（ジェネリック医薬品）の製造や販売を行っていて、典型的な薄利多売で近年業績を急拡大させていた企業である。

改善により品質とコストダウンを両立してきたはずのトヨタ自動車が一〇〇％出資する販売子会社が運営する「レクサス高輪」で不正車検が発覚した。約二年間にわたり、検査した車両の三分の一について、数値の書き換えなどの不正があったといわれている。その事実を受け、全国の販売店・四八五二拠点を総点検した結果、全部で一二店舗で不正が見つかった。二〇二一年三月にはネッツトヨタ愛知の販売店でも五〇〇〇台を超える大規模な不正車検が発覚し、行政処分が下ったばかりだった。相次ぐ不正の背景にあるのは、現場の疲弊に他ならない。数字上の成果を最優先する価値観が、さらに現場を追い込む形となっている。

利益を出すためには、人手を減らし、なるべくコストを省いて、生産性を上げなければならない。しかし安全や品質の管理にはコストがかかる。目に見えない部分の安全や品質の管理に少しずつ手を抜くようになった結果、不祥事が続発するようになった。全ての問題にコストダウンという魔物が潜んでいる。

二〇二二年の人の気は、五黄中宮でそれぞれの星が本来の居場所に帰ってきているのだから、適正利益とは何かを考えていかなければ真の発展はない。今の日本で本当に安くて良いものとは、そこで働く人の労働力ではないだろうか。賃金は一向に上がらず、そんな生活を続けていては、誰も幸せにならないことを宇宙の気が教えてくれている。

人の気は五黄土星で破壊と再生が充満する

五黄土星の本来の居場所は中央であり、本拠に帰還する二〇二二年は宇宙の中央に座る。この星の代表的な意味に、腐敗や壊滅、死病などがある。初めて聞く人にとってはとてもネガティブなイメージで、何やら恐ろしい星に思えるだろうが、これらの言葉は世の中の中央に位置する者が使命を果たす時の心構えに通じている。権力の中枢にいる者は、気高い志を忘れて欲望に駆られ、権力の虜《とりこ》になってしまえば崩壊が待っているとの戒めなのだ。これまでの五黄土星の年を振り返ってみると、事件・事故や戦争やテロのリスクが高まり、そして自然災害が多発する。

二〇一三年は六月にスノーデン事件が起こっている。米国家安全保障局（ＮＳＡ）がテロ対策として極秘に大量の個人情報を収集していたことを、元ＮＳＡ職員のエドワード・スノーデンが暴露して世界中に波紋を広げた。一一月には中国政府が尖閣諸島を含む東シナ海諸島上空に戦闘機の緊急発進（スクランブル）をする基準となる防空識別圏を設定した。

二〇〇四年の一〇月には新潟県中越地震で最大震度七を観測。一二月、スマトラ島沖地震が発生すると、平均で高さ一〇メートルに達する津波が各地に数回押し寄せ、地形によっては三四メートルを記録した場所もあった。

一九九五年は一月に阪神・淡路大震災が発生し、三月には地下鉄サリン事件が起こっている。国外では一一月に、アラブ側との和平を進めたイスラエルのラビン首相が暗殺された。金融に目を転じると、女王陛下の銀行と呼ばれるほどの名門の英国ベアリングス銀行が破綻し、日本の銀行も破綻が相次いでいる。

一九八六年は一月にスペースシャトルのチャレンジャー号が爆発。二月にフィリピンでエドゥサ革命が起こりマルコス亡命。四月に史上最悪といわれるチェルノブイリ原発事故。一一月には伊豆大島の三原山が二〇九年ぶりに大噴火している。

それ以前の五黄土星の年も、プラハの春、マーチン・ルーサー・キング暗殺、キューバ革命、伊勢湾台風、朝鮮戦争勃発、太平洋戦争開戦、関東大震災など、数え上げればきりがないほど世情は騒然とし、先の見通しが立たない年となる。

折しも尖閣諸島をめぐって中国は、「固有の領土」と主張しており、周辺海域も領海とみなしていて、領土問題で一触即発の状態だ。二〇二〇年には、接続水域は言うに及ばず領海侵犯も頻繁に繰り返し、年間三三三日も中国公船が周辺水域に滞在している。二〇二一年には「海警法」と「改正海上交通安全法」を施行し、これによって自国の領海に違法に入った外国の船舶を強制的に排除することができ、武器の使用も可能となる。中国は、これらの法律を日本の漁船や巡視船を正当に追い出す法的根拠としている。これを受けて機関砲などの武器を積んだ海警局の船が、尖閣諸島周辺に連日のように現れ、実効支配の既成事実を着々と積み上げている。二〇一三年の五黄土星の年に、尖閣上空に防空識別圏を設定し、空の実効支配に着手したが、今は海の実効支配までも強めている。中国の力による国境線変更は、南沙諸島のみならず、台湾、尖閣へと触手を伸ばして、飽くなき欲望の追求へとひた走る。

このように五黄土星の年は、領土問題も混迷を極めるが、経済の混乱も予測される。それは今までの矛盾や問題を全て清算して、次の時代に移行するために通らなければならない試練なのだ。五黄には破壊と再生という意味もあるから、再生のためにここで清算すべき問題は洗いざらい綺麗《きれい》にしなければならない年となるだろう。清算とは、貸し借りを整理・差し引きして、後始末をすることで、比喩的に、過去の関係に決着をつけるという意味でも使用される。国家レベルでの貸し借りの整理で後始末をするとなると、それなりに大掛かりな争いや戦争に発展することも予測されるから、緊迫した情勢があれば注視しておくように。もちろん、これは個人レベルでも起こりうるため、心当たりのある人は、二〇二二年のうちに、過去の関係に決着をつけておくべきだと思う。

東アジア情勢における領土の放棄か防衛か

一九九〇年代以降、中国は海の権益を核心的利益だとして、海軍力の強化に取り組んできた。目指すのは太平洋、インド洋など外洋への進出である。

二〇一七年一一月、新たな中国の指導者となった習近平が米中首脳会談で、当時のトランプ大統領に「太平洋には中国と米国を受け入れる十分な空間がある」と伝えた。米中による太平洋分割統治論とも呼ばれ、ハワイを境に東太平洋を米国が、西太平洋を中国が統治するという考え方だ。この構想が実現すれば当然日本は、中国の統治下に置かれることになる。

思い返せば、この時から中国は着々と構想を実行に移してきた。尖閣諸島上空に防空識別圏を設定して自国の領空とし、南シナ海の南沙諸島海域を埋め立てて軍事基地を建設し始めた。当然、海軍兵力の強化も急ピッチだ。ソビエト連邦崩壊により建造途中で放置されていた空母をウクライナからスクラップとして購入し、七年の歳月と莫大《ばくだい》な予算を投じて空母「遼寧《りようねい》」として就航まで漕ぎつけた。その後、二番艦の国産空母「山東」を就航させ、二〇三〇年までに四隻の空母打撃群を運用する計画がある。

そこで問題になるのが、海洋進出を阻む沖縄の存在だ。我々が普段見慣れた日本地図ではピンとこないが、日本列島の北と南を逆さまにして地図を見ると、大陸の中国人の目に、日本列島がどのように映っているのかが明快にわかる。まず気づくのは、日本列島が中国の沖合に壁のように覆《おお》いかぶさっていて、中国の太平洋への進出を阻んでいることだ。迂回《うかい》せずに太平洋に出られるのは、沖縄本島と宮古島の間を抜けて行くルートになる。そして、そのルートの入り口近くに尖閣諸島があるのだ。つまり、中国が沖縄県の一部の領有を主張する背景には、太平洋進出の拠点を確保しようとする軍事的思惑があることは間違いない。南シナ海の軍事拠点化は、南沙諸島を軍事基地化したことでひとまず完成したが、東シナ海は台湾、尖閣諸島、沖縄をどう自国の領土として現状変更するかが課題となっている。

トランプ政権で国家安全保障担当大統領補佐官を務めた米軍のマクマスター退役陸軍中将が、二〇二一年三月二日の米上院軍事委員会で「二〇二二年以降、台湾は最大の危機を迎える」と発言した。続いて同九日にはデービッドソン・インド太平洋軍司令官（当時）が「米国の通常戦力による対中抑止力が崩壊しつつあり、米国および同盟諸国にとっては最大の危機で、今後、六年以内に中国が台湾に軍事攻撃を仕掛ける恐れがある」と証言。同二三日には後任のアキリーノ・インド太平洋軍司令官も上院公聴会で「台湾侵攻は大多数が考えるより間近だ」と切迫の度合いは遥《はる》かに高いと警告している。

また、アジア安全保障などに関する研究を行う米シンクタンク「プロジェクト２０４９研究所」が発表した報告書によると、中国は二〇二〇年までに台湾侵攻の準備を終え、早ければ、三年後に中台戦争が勃発する可能性があるとも指摘している。さらに、尖閣諸島に軍事侵攻するのは、もはや「時間の問題」で、軍事侵攻が二〇三〇年までに行われるという。そうなれば、日本は尖閣諸島の「領土の放棄」か「防衛」かの選択を迫られる。また、「米国が他地域での紛争に関わっていて、日本を支援する余力がない時期に、中国は尖閣に侵攻するだろう」とも付け加えた。

実際に習近平は、台湾併合のためには軍事力の行使を含むあらゆる手段を排除しないと明言している。それを裏付ける動きとして中国軍は、海軍で初めてとなる強襲揚陸艦を二〇二一年四月に就役させた。排水量約四万トンという大型艦船で、日本の最大の護衛艦「かが」の二倍くらいの排水量となる。そして二番艦も現在建造中で、三隻体制まで持っていく予定だという。強襲揚陸艦は敵地への上陸作戦を遂行する場合の要となり、大兵力を迅速に上陸させせることができる。大型強襲揚陸艦の配備によって、中国軍の尖閣と台湾への上陸作戦遂行力は大幅に向上することになる。

経済政策の行き詰まりが過激思想を助長する

尖閣と台湾の同時侵攻の可能性まで指摘され、それが次第に現実味を帯びてくるなか、なぜ中国は国際社会での孤立のリスクを冒してまで野心をむき出しにするのか。

背景には経済成長の鈍化がある。かつての中国経済は一〇%前後の成長をしていたが、近年は鈍化し、さらにコロナショックが追い打ちをかけている。二〇二一年に入り六月までの半年で約二兆円の社債でデフォルト（債務不履行）が生じ、過去最高を記録した。世界的にゼロ金利政策が実行されているなかで、外貨建ての低格付け債の流通利回りは平均で一〇%超まで上昇した。デフォルトの約二割が不動産開発会社で、一説によれば中国全体のＧＤＰの約半分は不動産取引ではないかとも言われている。

そこに追い打ちをかけるように、新型コロナウイルス対策の金融緩和により大都市で発生した急激な不動産バブルへの火消しに追われている。中国経済は世界に先駆けていち早くコロナ禍から回復したかに見えたが、それは不動産の急激なバブルによって引き起こされた見かけ上の経済回復だった。それへの対応を強めるために、二〇二一年一月一日に住宅ローンなどに対して劇薬である総量規制を設けた。日本のバブル崩壊のきっかけになったのが、まさにこの総量規制で、銀行の融資全体のなかで不動産に対する融資の割合を規制するものだ。個人向け住宅ローンはメガバンクで三二・五％、中小銀行で二〇％までと定めて、二〇二〇年末の時点でこれを超えている銀行は、二年以内に解消するようにとの指導が入っている。今まで貸しまくっていたものをわずか二年で解消するには、相当の荒療治が求められる。

ちなみに日本の場合、一般的なサラリーマンの年収に対する住宅価格は七倍前後で、バブル崩壊直前の東京でも一八倍だった。しかし、現在の中国では北京で二四倍、上海で二五倍、深圳《しんせん》では三五倍にもなっている。年収の七倍でも住宅ローンの返済に三〇～四〇年かかるのだから、地道に働いて返すなどという選択肢はあり得ない。そこに貸し剝《は》がしなどの取り立てがあれば、投げ売りによって価格が暴落することは避けられないだろう。

恐ろしいのは、高騰した住宅価格を抑えるために、一部の都市に対して政府は価格ガイドラインを設けて、市価の六五％以上で売却してはいけないという規制を掛けてしまった。つまり強制的に三五％の値引きをしろというお達しが出たのだ。当然、不動産デベロッパーには倒産の嵐が吹き荒れる。それもあって三大デベロッパーの一つ、恒大集団がデフォルトの危機に陥って、「リーマンショックの再来か？」と世界中が中国政府の出方を固唾《かたず》を吞んで見守った。恒大集団は、目先の現金をつくるためにアパレル顔負けの全物件三割引きの大バーゲンセールで、売れ残ったものは五割引きの在庫一掃処分を行った。負債総額三三兆円の企業が、資産を投げ売りすれば大幅な債務超過は免れないが、大きすぎて潰せないから政府が介入して事を収めるのではないかとの楽観論もある。市場関係者は恒大が破綻するかそれとも政府が救済するかで一喜一憂しているが、事態はもっと深刻だ。恒大と似たようなビジネスモデルの不動産開発会社はいくらでもあり、どこも同じような財務状況に陥っている。恒大ショックは氷山の一角でしかないのだ。

不動産バブルの恩恵に与《あずか》ったのは、北京、上海、深圳などの大都市に住むほんの一握りの成功者で、勝ち組は全体のわずか一%程度に過ぎないと言われている。それ以外の圧倒的大多数はいわゆる負け組で、「住宅を購入してから結婚する」という風習が根強くあるなか、買えなければ一人前の男ではないというレッテルを貼られてしまい結婚さえも危ぶまれる。投資用の物件として誰も住んでいない空き家がそこら中に溢れ返っているにもかかわらず、庶民にはささやかな夢を叶《かな》えるための住処《すみか》を手に入れることさえ叶わないのだ。日本でもバブル期に「サラリーマンが一生働いても家が買えない」と、皆が嘆いていたが、中国では一般庶民は親子三代にわたって働いても買えないのが現状だ。

習近平政権は、不動産バブルによる格差拡大で民衆の不満は頂点に達しつつあるなか、これ以上のバブルは容認できないということで規制をかけたのだから、今さら規制を撤廃することもできない。バブルの恩恵を受けていない多くの民衆は、恒大ショックを「正義の鉄槌《てっつい》が下った」と冷ややかな目で見ている手前、今後同じようなケースが続々と出てきても、政府としてはそれらをおいそれと救済するわけにはいかないだろう。バブル崩壊を軟着陸させることができるのだろうか。

「山高ければ、谷深し」で日本のバブル期を遥かに超える「人類史上例のないバブル」を前に、一党独裁の共産党政権といえども制御不能に陥ることは想像に難くない。

さらに状況を悪化させるのは、極端な人口減少による住宅需要の蒸発と経済の縮小だ。中国公安部の発表によれば、二〇二〇年の出生数は、前年に比べて四六〇万人以上、比率にして三二%も減少しているというのだ。世界各国がコロナ禍の影響で減少しているものの、日本は二%減、台湾は七%減、最もコロナ被害が大きいとされるイタリアでも三%減にとどまっている。この原因は一過性のものではなく、二〇一六年に一七八六万人だった出生数は、「一人っ子政策」廃止後、五年間で四四%も激減してしまったというから驚きだ。急激に少子高齢化が加速している。日本のバブル崩壊を研究し尽くしているはずだったが、中国経済は今、かなり難しい舵取りを要求されている。

それに合わせるように、今までなかった個人の自己破産に関する法律が制定され、さらには銀行破綻の法律が作られた。銀行をどうやって潰すかという、銀行の破綻処理に関するルールが法律で明確化されていなかったから、いよいよ覚悟を決めたのだろう。

共産党政府が後押ししている主要企業は、いかに財務状況が悪かろうが、どれだけ不良債権が積み上がろうが、どこからともなく資金が注入され、必ず延命すると信じられてきた。しかし、ここにきて有名企業のデフォルトラッシュや破産ラッシュが起こり、中国経済は

「分岐点」に達したと皆が感じ始めたのだ。不動産企業のデフォルトは、国家の屋台骨を揺るがす中国当局が最も恐れる「灰色のサイ」の一頭だ。

経済が停滞すれば共産党政権は民衆の支持を失いかねない。天安門事件を始めとする共産党政権の人権侵害や情報統制などの強権政治があっても、大幅な経済成長により豊かになれるという希望があったからこそ、国民も我慢してきた。しかし経済が失速し、豊かさの幻想が崩れれば、国民の不満は爆発して現体制が危うくなる。米国と対等に渡り合い、周辺諸国を威嚇するために中国は急速に軍備拡大を図っているが、その国防費よりも遥かに多額の資金を、自国民の監視や国内の治安維持に使っていることからも、どれだけ自国民を恐れているかがわかるというものだ。そこで香港を実質的に取り込んだように、台湾と尖閣を自国化することで国威発揚を狙っている。五黄土星の腐敗や壊滅という意味をどこまで欲望というエサでごまかすことができるのだろうか。いつまでもそれが続けられるとは限らないということを、宇宙は五黄中宮という盤面を通して告げている。強引に回してきた歯車が、あらゆる部分で逆回転を始めているのだ。

かつて暴君化した毛沢東は大躍進政策に失敗し、追い詰められて文化大革命を起こした。歴史的に中国の指導者は追い詰められると戦争を起こすか、文化大革命のような国内での殺《さつ》戮《りく》と弾圧を繰り返してきた。弾圧の動きはすでにウイグルで始まっている。中国国内では、習近平は文革を起こそうとしているという話も出ているぐらいだから、五黄土星の年は習近平の破壊につながる行動を警戒すべきだ。

日本のテーマは慈悲の心の実践

台湾海峡有事に対する日本人の一般的認識は、「中国が台湾に武力侵攻すれば、米軍が参戦することになり、日本は後方支援に回る」というものだ。そして、「日本が戦争に巻き込まれるリスクを冒してまで、米軍を支援しなければならないのか」というマスコミの論調がある。しかし、日本は「巻き込まれる」のではなく、台湾海峡有事の当事者となるのは疑いのない事実だ。米軍は当然のことながら沖縄とグアムから台湾海峡に部隊を展開することになる。中国の想定している戦闘エリアは、台湾だけでなく沖縄を含む日本の南西諸島が含まれるため、否応《いやおう》でも日本は戦争に巻き込まれることになるのだ。

日本の初動対応いかんによっては、米軍は沖縄を放棄してグアムまで後退する可能性がある。本気の中国、他人事《ひとごと》の日本に対して、アメリカがどこまで犠牲を払ってくれるのかは、はなはだ疑問だ。アフガニスタンでのアメリカの動きを見ればいろいろと予見されることもあるかもしれない。第二次世界大戦以降、地域紛争レベルでの小競り合いはあっても、大国間の戦争がなかったのは核の抑止力があるからだった。核兵器に関しては賛否両論があるものの、その抑止力を持たない日本は、アメリカの核の傘の下で仮初めの平和を享受してきた。

二〇一九年に当時のトランプ大統領が米テレビ局ＦＯＸビジネスのインタビューで次のように発言している。

「我々が日本と結んだ条約によると、もし日本が攻撃されれば、米国は第三次世界大戦を戦う。米国は我々の命と財産をかけて日本人を助けるために戦闘に参加する。米国はいかなる代償を払っても戦う。いいかい？」

「しかし、もし米国が攻撃されても日本は我々を助ける必要は全くない。日本人は米国への攻撃をソニー製のテレビで視《み》ることができる。これが小さな違いか、どうだ？」

これは、我々日本人の心を見透かしたような物言いだった。トランプ流の交渉術だという見方が大勢を占めたが、戦闘になればこれがアメリカ国民の本音となるのではないか。

自衛隊違憲論も含めて、日本はもはや綺麗事では自国の領土と国民を守ることはできない。いざとなれば躊躇《ちゅうちょ》なく軍事力を行使できるからこそ、抑止力となって平和が保たれる。戦争は本来あってはならないことであり、日本人の多くに馴染《なじ》みの深い仏教は、守るべき五つの戒律のなかで、まず初めに不殺生を挙げている。しかし、その仏教でも釈迦《しゃか》族の国が仏陀《ぶつだ》の晩年に、隣国の大軍に攻め込まれ滅亡したために、経典には数多くの戦争について記載がある。外国からの軍隊が侵略してきた場合、いかに対処すべきかを経典は説いている。

そこには、初期の段階では外交努力で極力戦いを避けると同時に、相手の戦意を喪失させるために脅威を感じさせるだけの抑止力を持たなければならないとしたうえで、決してこちらからは相手に危害を加えてはならないと専守防衛を説いている。それでも敵の戦意を喪失させることができなければ、あらゆる手段を講じて和平の努力をすると同時に、敵の戦争行為を封じるために行動の自由を制限する、現代で言えば経済制裁を実施せよというのだ。これらの行動が仏教でいう慈悲の心の実践になる。それでも戦争が避けられないのならば、速やかに防衛のための戦いをすべきだとも経典は説いている。

慈悲の心とは、決して相手の好き勝手を許すことではない。好き勝手を許して戦争放棄という言葉の下に傍観者のように振る舞うことは、単なる責任の放棄に過ぎないのだ。壬の年なのだから、日本も当事者意識を持って責任を担い、発生した問題を処理しなければならない。この天地人の外気に合わせることが、日本全体の運気を上げることになる。

それでは政府の対応はどうなのだろうか。安倍政権時代の二〇一六年に与那国島に陸上自衛隊駐屯地を開設した。台湾海峡有事の際は最も近い与那国島が間違いなく最前線になることから、電子戦部隊を島内に追加配置する計画などを決定した。中国が太平洋へ出る際に通過する南西諸島は安全保障の「空白地域」だったため、宮古、石垣、奄美《あまみ》にはミサイル部隊の配備を計画。一〇年越しで宮古島へのミサイル部隊配備が実現したが、島民の理解がなかなか得られずに、宮古島駐屯地の弾薬庫における弾薬保管をめぐって様々な問題が発生している。ミサイル部隊の使う地対艦・地対空ミサイルが全くない最前線で、それをあざ笑うかのように中国軍の爆撃機や戦闘機が、南西諸島付近の領空侵犯を繰り返している。

それに対抗するために防衛省は二〇二一年版の『防衛白書』で、台湾情勢の安定が日本の安全保障に重要だと初めて明記。もちろん尖閣諸島の防衛を睨んでのことで、島嶼《とうしょ》防衛を強化し、日本の守りを固めることに力点を置いている。防衛費についても従来はＧＤＰの一％

以内とする目安があったが、岸信夫防衛大臣は一％にこだわらず予算要求する方針を示した。

日本はあらゆる踏み絵を迫られる

二〇二一年四月に開催された日米首脳会談は、東シナ海や南シナ海における中国の現状変更の試みなどに懸念を共有し、抑止力・対処力強化で一致した。第二次世界大戦以降、国際条約で禁止されているにもかかわらず、国境線を一方的に変更して領土拡大をエスカレートさせる中国に対して、共同で立ち向かうことを確認した。その決意の表れとして両首脳が五二年ぶりに台湾に言及した共同声明を発表した。日中国交正常化以降、初めて台湾に言及した直後、岸防衛大臣は与那国島の部隊を視察し、中国を念頭に置いたメッセージを発信した。

次第に強まる中国包囲網に対して、習近平は中国共産党創立一〇〇年記念式典で「中国をいじめ、圧迫する外部勢力を許さない」と演説して会場を沸かせた。軍事力を増強し「台湾統一は任務だ」と一歩も引く気がないことを示し、米バイデン政権を牽制《けんせい》した。

寅年は、志を同じにして目標を一つにしなければうまく行かないからこそ、同盟関係は極めて大事になるし、それが戦争に巻き込まれないための現実的な方策となる。新たな時代における同盟というキーワードは、まさに今の天地の気に即している。アメリカ・ファーストのトランプ政権からバイデン政権になり、日米の同盟関係を重視するように方針転換したのは、尖閣問題を抱える日本にとって、追い風となっていることは疑う余地がない。

日米の同盟関係は、軍事だけではなく経済の同盟関係も重要視される。軍事の抑止力も大切だが、むしろ経済の同盟のほうが現代のハイブリッド戦では重要になる。戦いになる前に相手を弱体化させて、同じ土俵に上がらせないことが軍事以上の抑止力につながる。

半導体、AI、通信技術などで、バイデン政権は中国に依存しないサプライチェーン（供給網）の再構築を急いでいる。バイデン政権が対中国で重視する国際的な枠組みが四つあると、保守系シンクタンク、アメリカン・エンタープライズ公共政策研究所の研究員が示している。一つ目は経済的結び付きが強いG7、二つ目は日米豪印四か国のクアッド、三つ目は主要な先端技術国の集まりのT－12（T=Technology）、四つ目は民主主義という共通の価値観を持つD10（D=Democracy）。このいずれの枠組みにも入っている唯一の国が日本で、バイデン大統領が最初の対面での首脳会談の相手に日本を選んだ理由もそこなのだ。政府や議会関係者、そして専門家の間で「日本のアイデアをもっと聞かせてほしい」と、経済安全保障の分野で日本企業の力に期待する声が高まっている。

アメリカ議会は拡大する中国の影響力に対抗することを目的とした異例の超党派法案「アメリカ・イノベーション競争法」を可決した。米国のイノベーションを一段と後押しし、今後数世代にわたって米国の競争優位性を維持する内容だという。その法案には、経済安全保障の分野で日本など高い技術力を持つ同盟国との協力を強化していく内容が盛り込まれていて、日本政府は水面下で交渉を続けていた。

先端技術のなかでも中国と競争する重要な分野をより細かく特定し、締め出す範囲をできるだけ小さくする。市場としての中国とはそのまま経済取引を行い、重要なハイテク分野の技術は中国に渡らないよう、より厳格に管理するという構想だ。今後は日本の政府や企業も、中国側に情報が漏れないよう非常に厳しいセキュリティ対策を求められるだろう。特にアメリカと中国の双方で事業を展開する日本企業は、米中どちらにつくのか踏み絵を迫られることになる。しかし、それにはメリットもある。アメリカ政府の対中強硬姿勢に歩調を合わせれば、中国市場での競争力を失いはしないかという懸念が日本企業にはあるが、それを一番危惧《きぐ》しているのは、実はアメリカ企業なのだ。トランプ政権時代のように、広く規制するのではなく、先端技術の安全保障に関わる部分だけ強固な規制を設ける構想で、「Small Yard, High Fence（小さな庭に高いフェンスを）」という政策だ。これは日本にとって大きなチャンスであって、アメリカのより高いフェンスの内側に入ってしまえば、先端技術分野でアメリカと共に世界の主導権を握ることになる可能性がある。日本は今、そのチケットを手にしている。大手電機メーカーのＮＥＣは、この機を逃すまいと法案成立前からすでに動き出している。そこには米中対立が招いた思わぬサプライズが待っているのだ。

国際政治のターニングポイントとなる出来事が起こる

イギリスのコーンウォールで開催された二〇二一年のＧ７は、国際政治のターニングポイントになる可能性が高いと言えるだろう。近年はＧ20が主で、世界のＧＤＰの九〇％、貿易総額は世界の八〇%に上り、また加盟国の総人口は世界の三分の二ほどになることからも、世界における枠組みを決定するうえで大きな役割を果たしていた。

なぜ、今さらG7という枠組みに戻ったのかを考えるうえで、G7の経緯について検証したい。そもそもG7というのは、東西冷戦時にオイルショックと、それに続く世界不況に対処するために民主主義の価値観の合う国が集まって首脳会談を開くようになったのが始まりとされる。途中からロシアが参加してG8となったが、ウクライナに対する軍事介入やクリミア半島侵攻などで戦後の国際秩序を破って国境線を変更したために「ロシアが態度を改めるまで、G8への参加を停止する」という内容のハーグ宣言をG7において発表した。

今回のG7は、軍事・経済両面で台頭する中国とどう向き合うかが議題の中心となるのは、必然だった。バイデン大統領は、中国やロシアといった「専制主義国家」に、米国とその同盟国などで構成する「民主主義国家」が対抗する構想を描き、こうした対立軸をどう共有していくかも焦点となった。米中の対立を「民主主義国家VS専制主義国家」と定義し、初外遊の目的を「同盟国・友好国に対する米国の新たな関与を実現し、新時代の脅威に対処する民主主義国家の能力を示す」とした。トランプ前政権は米国の利益を最重視するアメリカ・ファーストを押し出してG7の枠組みを軽視したが、バイデン政権はG7を「一九七〇年代から最も志を同じくするグループ」と位置づけ、歴代政権のG7重視路線に回帰した。

今までヨーロッパは地政学的リスクも低く、貿易相手国としての経済効果もあって中国に対しての制裁にあまり乗り気ではなかった。しかし共同声明に明記されたように、台湾海峡の平和と安定や新疆ウイグル自治区でのジェノサイドは見過ごすわけにもいかず、さらには香港での傍若無人ぶりにイギリスはメンツをつぶされ、ようやく重い腰を上げた。バイデン大統領はサミット後の記者会見で「世界の脅威に立ち向かう唯一の方法は、協力することだ」と述べた。今回のG7は中国やロシアの専制主義に対して、世界の民主主義は結束をするという宣言の場になったのだ。

日本のマスコミや識者の一部は、「オリンピックが開催されればコロナの感染拡大が深刻化する」と批判し、五輪に焦点をあてたG7の報道が多かった。そのうえ、開催リスクが世界各国で問題になっており、G7でも重大視されるとした識者たちの見解で報道は開催批判ありきに偏っていた。しかし蓋を開けてみたら実情は全く違っていて、G7の共同宣言は東京オリンピック開催支持を明記した。この事実は、二〇二二年の北京冬季オリンピックへの圧力が隠されているのだろう。オリンピックという平和の祭典を行うのに、新疆ウイグル自治区に対してジェノサイドをしている国を国際社会として認めるわけにいかないというメッセージを出すには格好のタイミングとなる。そうなれば参加国は一帯一路で利害が絡んでいる国と、ロシアと北朝鮮ぐらいになるだろう。西側先進諸国がボイコットすれば、当然中国のメンツは丸つぶれとなる。我々日本人が考えている以上に、中国の政治においてはメンツが大切で、習近平政権の根幹を揺るがす問題となる。

その後に開催された北大西洋条約機構（ＮＡＴＯ）首脳会談で「集団的自衛権行使」を定めた第五条を再確認したのも、中国に揺さぶりをかけるうえでは重要な出来事だった。アジアで米軍が攻撃を受けた時でも、NATOは集団的自衛権行使をコミットするということだ。

台湾にワクチン提供も包囲網の一環

コロナ対策の優等生で「台湾の奇跡」とまで言われていた台湾だが、二〇二一年五月中旬以降、突如感染が拡大した。報道によれば「最初はワクチン未接種の中華航空のパイロットからウイルスが持ち込まれ、そこからクラスターが発生して感染が台湾各地へ広がった」とされる。蔡英文総統は、ワクチン確保について独ビオンテックと交渉し、一時は契約完了に近づいたものの中国の妨害にあって、ワクチンが入らなくなってしまったと訴えていた。

そこで間髪を入れず日本政府は、一二四万回分のワクチンの提供を申し出た。茂木《もてぎ》敏光外務大臣は台湾への友情を表明、東日本大震災の際の台湾からの支援に対しての感謝の意を改めて述べた。それに対して台湾外交部も「心から歓迎し、感謝する」とのコメントを発表。さらに「日本が自国の感染状況も厳しいなかで、進んで台湾への温かい配慮を示したことは『まさかの時の友こそ真の友』という得がたい友情を存分に発揮するものであり、台湾の人たちは大いに鼓舞された」と付け加えた。この言葉を額面通りに受け止めれば、単なるワクチン外交とも取れるが、今まで「外交下手」と言われていた日本の汚名返上となるファインプレーだった。日本から台湾に提供されたワクチンの第一便は、JALのJL809便で六月四日に到着した。これに対して中国側は猛反発し中止するようにたびたび警告を発していて、東シナ海上空を飛行するＪＬ８０９便を米空軍のＭＣ－12Ｗ偵察機が沖縄の米軍基地からずっと追随しているというネット情報に台湾メディアが言及した。同便が無事台湾に到着すると、岸防衛大臣はすぐにそのニュースをリツイートし、「無事に台湾へ。」と投稿した。

六月四日は、いみじくも一九八九年に天安門事件の起こった日である。中国共産党政権にとっては、存在を消し去りたい日なのだ。国内では天安門事件はタブーとされて、この事件への大衆の反発を抑え込むために、中国政府は反日政策を導入した。そして一切の報道を国家が禁止し、中国で視聴できるＮＨＫ海外放送のドキュメンタリー番組で天安門事件の映像が流れると、瞬時に画面がブラックアウトして放送中断になるほどの念の入れようだ。もちろんネットでも検索ができないように処理が施されていて、事件のあった六月四日を表す「六四」というキーワードはおろか、「五月三五日」（五月三一日＋四日）や「ⅥⅣ」（ローマ数字の「6」「4」を並べたもの）など、あらゆる隠語が使用できなくなっている。また、六月四日の当日は「今日」「広場」「民主」などといった単語も一時的に使用不能となり、年を追うごとにＮＧワードが追加される徹底的な措置が取られている。

ＪＬ８０９便で六月四日に届けたということは、わかる人にはすぐにピンとくる一九八九年六月四日というメッセージで、この日は台湾への定期便がないにもかかわらず、わざわざ臨時便を設定して日本政府はあえて中国のタブーに挑んだのだ。

そして、日本政府が台湾を助ける決意を世界が固唾を呑んで見守った。これに合わせて、バイデン大統領も台湾にワクチンを供給すると表明した映像が六月四日の早朝にアジア各国のニュースで流れ、六月六日には台湾に届けるという念の入れようだった。だからこそ台湾に無事到着するや否や、岸防衛大臣はすぐにそのニュースをリツイートしたのだ。

その後、バルト三国の一つ、リトアニアもワクチンを台湾に提供することを決め、中国と距離を置く姿勢を見せている。ヨーロッパのリトアニアが中国の意向を無視したことに中国は神経をとがらせて、「中国と国交のあるリトアニアが台湾との公的な往来をすることにはいかなる形であれ断固として反対する」として圧力を掛けている。リトアニアは、中国がヨーロッパ中部や東部などの一七か国とつくる経済協力の枠組みのメンバーだったが離脱を表明し、ほかの中・東欧諸国にも脱退を呼び掛けている。

外交の力でどこまで中国の戦意をそぐことができるのか、壬の責任を担う意識と、寅の組織の中で助け合う行動と、五黄土星の破壊と再生を乗り切る覚悟が問われる年となるだろう。

日本復活のカギは破壊と創造にある

日本がリスクを取って台湾を助けるということは、日本のハイテク産業復活の布石となる可能性がある。日本が世界の半導体のトップを走っていたのは一九八〇年代で、白物家電と同じく世界市場シェアの五〇％を占めていたが、今や日本企業は影を潜めている。米中経済戦争のなかで半導体ビジネスは「国策」となっている。特に台湾と韓国の半導体企業をどう自国の陣営に取り込むかで、米中の綱引きが展開されている。

そのなかでもひときわ注目されるのが、世界最先端技術で半導体業界をリードする台湾・TSMCの動向だ。技術でインテルに先行するTSMCは、米国インテル工場の近くに新工場を設立し二〇二四年に稼働させる。Apple、NVIDIA、AMDなど多くの米ファブレス企業を顧客に持つTSMCは、売上の七割が米国向けだ。最先端の半導体量産の目途が立たないインテルに対して、製造の外部委託を取り付けてアメリカ国内でのさらなるシェア拡大に取り組む可能性も十分にあり得る。

一方、日本政府も最近では、TSMCや韓国のサムスン電子に対して日本への誘致を画策している。自民党の「半導体戦略推進議員連盟」設立総会で甘利明会長が関連する予算措置に向けて気を吐いたのも、米中経済戦争のなかで日本が一人負けしないよう、政府主導で半導体産業の復興を目指そうという考えからだ。TSMCが茨城県つくば市に研究開発拠点を新設し、日本メーカーや研究機関もそれに参画して約二〇社が共同で研究開発を行うこととなった。経済産業省はそれを支援し、五年間で一九〇億円を拠出すると発表した。しかしアメリカ上院は半導体の国内生産回帰の実現に向けて五二〇億ドル（約五・七兆円）規模の補助金を支出する法案を可決。EUも半導体を含むデジタル投資に二、三年で一三五〇億ユーロ（約一八兆円）以上を投資すると発表した。日本の技術は周回遅れのうえに、わずか一九〇億円の投資では心もとない。

新型コロナのワクチン開発をめぐっても、アメリカなどは初期の段階で数千億円単位の公的資金を投入したのに対して、日本政府が初期段階で拠出した開発費は正味三〇〇億円程度と言われている。その結果、日本製のワクチンは実用化の目途が立たないままだ。緊急事態宣言を発令すれば、一週間で一兆円ほどの経済的損失があるとされ、延長を繰り返すたびに数兆円が消えていくにもかかわらず、肝心なところで政府が予算を付けないという愚策を繰り返してきた。今が最後のチャンスなのに、半導体でもこの失敗を繰り返すのだろうか。半導体業界はこれまで、インテル、サムスン、ＴＳＭＣの三社が世界をリードしてきたが、性能向上の微細化ロードマップではインテルに陰りが見え始め、メモリ分野ではサムスン、ロジック分野ではＴＳＭＣという二大勢力が今後の牽引《けんいん》役になる可能性は大きい。

ＴＳＭＣの誘致に成功したのだから、「日本は半導体の先進国である」などという過去のプライドと幻想はかなぐり捨てて、外国企業の力を借りてでも急ピッチで復活を目指さなければ、五黄土星の破壊と創造の運気を取り込むことはできないだろう。チャンスはそこまで来ているのだ。日本企業の活躍と政府の応援に期待したい。

未曾有の災害の先には未曾有の進化が待っている

ワクチンの普及とともに次第に日常を取り戻しつつあるものの、依然として制約もあって不自由な生活を強いられている。しかし、その不自由さがかえって良いこともある。人類の歴史は不自由であればあるほど、それを克服するために革命的な発明をして進化してきた。だからこそ未曾有の災害の先には、未曾有の進化が待っている。

その一例として、新型コロナワクチンの開発でメッセンジャーＲＮＡワクチンが注目された。ｍＲＮＡ医薬品が期待されるポイントの一つは、短期間で大量に供給できる点にある。今までのワクチンは生ワクチンや不活化ワクチンで、技術的には確立していても鶏卵などを使って大量にウイルスを培養、複製しなければならず、世界中の人に行き渡らせるためには途方もない年数がかかる。しかしｍＲＮＡワクチンは、遺伝子の一部を複製するだけでいいから短期間で大量に生産できるというメリットがある。そしてもう一つのポイントが、短期間で比較的簡単に遺伝子の配列を設計することが可能である点だ。新型コロナウイルスワクチンの開発ではこのメリットが活《い》かされ、モデルナはウイルスのゲノム配列が公開されてからわずか一ヶ月半で治験用のワクチンを出荷。一年以内という前例のないスピードで実用化を達成した。だから世界がこぞってｍＲＮＡワクチンの開発に総力を挙げた。その結果、従来の手法であれば開発期間に一〇年以上、しかもその九割以上は失敗に終わると言われていたものが、わずか一年以内で実用化に漕ぎつけた。

　この背景にあるのが、遺伝子解析に使われるシーケンサーが近年大幅に進化したことだ。二一世紀に入ってわずか二〇年の間に、コンピュータの著しい進化とインターネット網の普及によって、あらゆる人々の生活が変わった。かつてのコンピュータは机の上の大半を占めていたデスクトップパソコンが主流だったが、今や手のひらに収まるほどの大きさのスマートフォンになり、その性能は当時と比べ物にならないぐらい進化し、技術革新はますます加速している。しかし、そのコンピュータの進化速度を上回るスピードで遺伝子解析の技術が進化していることはあまり知られていない。

二〇〇〇年六月、時の米国大統領ビル・クリントンと英国首相トニー・ブレアが「ベースとなるヒトゲノムの解析に成功した」と誇らしげに発表したが、このヒトゲノム計画には、三〇億ドルと一〇年の歳月が費やされた。その後、一〇年で従来型の「サンガー法」と呼ばれる解析技術に対して、数百倍高い処理能力を持っている「次世代シーケンサー」が開発され、コストは一〇〇万分の一に低下した。そこからさらなる技術革新があり、現在ではヒト一人のゲノムを読むのにわずか数日しかかからず、費用は一〇万円程度まで低下している。これが一時間、一万円程度まで低下する日もそう遠くない。

そのような技術的革新があって、ｍＲＮＡワクチンは短期間で開発に成功した。今後はコロナ前から盛んだった、遺伝子技術を使った創薬が加速するだろう。まさに丑の「つかむにつかめない」から寅の「万物演ずる」へ、世の中の気が移行するのだ。

一度にたくさんの遺伝子情報を解析できるようになったことと、ＡＩの医療分野への活用で、遺伝子領域のビッグデータ化が始まり、これからゲノム医療は急速に進化する。特にがん治療や再生医療ではかなりの効果が期待されていて、二〇四〇年にはがんのほとんどは治るようになるとも言われている。日本でも「がんワクチン療法」の開発が活発化していて、塩野義製薬や大日本住友製薬が臨床試験を実施中だ。ＮＥＣも自社のＡＩ技術を活用して開発したワクチンの臨床試験を開始している。

日本の医療業界が革新するために

ファイザーなどの製薬大手は、コロナ禍をきっかけに大きく進化しつつある。ワクチンの開発には人類の未来がかかっていて、一刻一秒を争う闘いだったために、今まで慣例的に行っていたことを全て見直さざるを得なかった。一〇年を一年に短縮するために社内の手順を大幅に変更した。今までなら、治験のコンセプトを決定するのに三～四ヶ月を要していたが、今回はわずか三～四日で決まったそうだ。意思決定もどんどん下部組織に委ねられ、次々と現場に裁量が与えられた。治験のデータだけでなく、現場で治験に携わる医師のメモまでも全てデジタル化し、ＡＩを駆使して解析されるようになった。コロナ禍に対して総力戦で挑んだことで、今までの業界の常識が次々と非常識になっていった。

日本の製薬会社にも変化は起きている。医師に営業をかけるために行う研修名目の接待旅行やゴルフはコロナを理由に鳴りを潜めた。医薬情報担当者（ＭＲ）が診察室の前で医師の診療が終わるのをひたすら待ち続け、世間話のついでに営業するという昭和のスタイルもなくなり、デジタルツールを使用した遠隔営業が主流となりつつある。直接会いに行かないと失礼にあたるというＭＲの思いとは裏腹に、臨床で忙しい医師には煩わしい付き合いがなくなってかえって好評なようだ。接待を期待する医師にとっては残念な現象だが、このおかげで製薬業界の生産性は二五％もアップするという試算もあり、劇的な改善が見込まれる。このことは、安価で画期的な新薬が、これから続々と登場する可能性を示唆している。人は生死の境を彷徨《さまよ》うと人生観が劇的な変化を遂げるというが、社会的な責任を背負った業界も全く同じようなパラダイムシフトを迎えることが、ここからうかがえる。

一方、日本の医療体制はどうなのだろうか。緊急事態宣言が繰り返された大阪では医療崩壊が叫ばれ、実際にコロナ患者を積極的に受け入れている病院では、出口の見えない状況に現場は疲弊しきっていた。経済協力開発機構（ＯＥＣＤ）加盟国中、日本の病院数は圧倒的な数で世界一位を誇っている。しかも人口一〇〇万人当たりのコロナ重症者数が欧米諸国に比べて桁違いに少ない日本が、なぜ医療崩壊という事態に陥ってしまうのか。そこには医療リソースの配分の問題が横たわっている。先進諸国に比べて、日本の医療機関は圧倒的に零細病院の比率が高い。医療法では病床数二〇以上を病院としているのだが、全体のわずか五％程度しかなく、残りは全ていわゆる町医者と言われる診療所なのだ。人工心肺などを使用する比較的リスクの高い患者を受け入れることができる病院は、ごく一部しかない。

これは日本の産業構造と酷似していて、圧倒的な数の中小零細企業に対して大企業はわずか〇・三％しかない。そして双方が生み出す付加価値額は、ほぼ同じだというから驚きだ。もちろん世界の先進国で、こんないびつな産業構造は日本にしか存在しない。

平成の三〇年間にＯＥＣＤ加盟国の平均賃金は、軒並み一・五～二倍に上昇したというのに、日本だけが一人負けで下がってしまったのだ。その主たる原因がいびつな産業構造にあると言われている。

トヨタのような大企業と下町にある町工場では、生産性が圧倒的に違うし、設備投資や研究開発に投入する資金も人材も天地ほどの差があり、もちろん従業員に払える給料も比較にならない。これと同じことが、日本の医療業界にも起きていないだろうか。幸い国民皆保険という制度があるから、診療所の医師の所得は町工場の社長とは比較できないほど高い。しかし数が多いために、町工場のように過当競争にさらされる日が来ないとは言い切れない。

これは中小企業が必要ないとか、町医者が必要ないという話ではない。先進国にしては、あまりにもいびつな産業構造になっているため、ただす必要があるということだ。医療の場合、いびつな制度の保護者が政治や行政であって、そこに影響を及ぼしているのが日本医師会の政治力だと言われている。この組織は今でも選挙になれば一〇〇万票とも言われる票田を有していて、実質的には開業医の業界団体となっている。

日本の成長戦略のために岩盤規制改革をしなければならないのは誰もがわかっていることなのだが、オンライン診療も、オンライン処方も業界団体に阻まれてなかなか前には進まない。これが全面解禁になれば競争原理が働いて、今まで通りではなくなるからだ。規制があって競争がないというのは実質的には社会主義と変わらない。バブルの頃、当時ソ連の書記長だったゴルバチョフが日本を訪れた時に「日本は世界で最も成功した社会主義国だ」と言ったが、この言葉は鋭い指摘だった。そのわずか数ヶ月後にソ連の社会主義体制は崩壊し、ソ連共産党の一党独裁体制が終焉《しゅうえん》した。この笑えないジョークは、昭和の時代の岩盤規制そのもので、未だに医療行政を始め、随所にその名残を引きずっている。このコロナ禍をきっかけに、関係者の意識が変わらなければ五黄土星の混乱という意味に呑み込まれてしまって、とても再生のスタート地点にはたどり着けない。

国家間の対立が激化する

中国と共に世界の秩序に挑戦するロシアだが、今の中露は、欧米諸国に対抗するための「同床異夢」の関係で、クリミア問題も尖閣問題も欧米への挑戦だと言える。

ウクライナのゼレンスキー大統領が、ロシアによって併合された南部クリミア半島の奪還を目指す姿勢を強く打ち出し始めた。それもそのはず、ウクライナ、ロシア、フランス、ドイツにおける四か国の和平協議は停滞し、ウクライナではクリミア併合後に東部で始まった政府軍と親ロシア派武装勢力の戦闘が今も続いているからだ。その状況を受けて、ゼレンスキー大統領は米国など、より多くの国を巻き込みクリミア奪還を目指す戦略にシフトし、ロシアに圧力をかけるための新たな国際枠組み「クリミア・プラットフォーム」を提唱した。首都キエフで首脳会議を計画、バイデン米大統領も招待し、ツイッターに「ウクライナは（クリミアの）脱占領・再統合に向けた戦略を準備した」と書き込んで「クリミア・プラットフォームで世界を結束させる」と表明している。

トランプ前大統領はロシアを復帰させてＧ８に戻すことを主張していたが、Ｇ７は今回の声明でトランプ時代と決別する姿勢を示したと言える。その意思表示としてバイデン政権は、クリミアのロシア占領に対してウクライナを支援することにコミットした。

これに対してロシアは「違法かつ侵略に向けた威嚇」と跳ねのける。クリミア・プラットフォームへの参加はロシアに対する敵対行為だと宣言しているのだ。プーチン大統領は、モスクワで開かれたクリミア併合七年を記念するイベントに参加。「二〇一四年の（クリミアでの）住民投票の結果は歴史的正義の回復だ」と強調し、ロシアへの統合を求めるクリミアの住民の求めに応じた結果だと併合を正当化した。

ウクライナ東部の紛争は、一度は停戦したものの、最近は停戦違反が常態化。死者も相次ぎ、停戦どころか戦闘激化が懸念される。

クリミア半島沖の黒海を通行するイギリスの駆逐艦に、ロシア軍は警告射撃などを行っている。ロシアの軍艦、海上警備艇、さらには空軍の戦闘機が接近してきて、「針路を変えなければ射撃する」と威嚇射撃と爆弾四個を周辺に投下した。ロシア国防省が「領海に侵入したため行った」とするのに対して、イギリス国防省は「駆逐艦に向けた射撃はなく、爆弾が投下されたとの認識もない」と述べた。イギリス側はあくまでウクライナの領海であり、ロシアの存在など認めないという強い意思表示なのだ。英ジョンソン首相は、「法の支配」と「航行の自由」の重要性を強調した。世界秩序を守ろうとするＧ７を始めとする民主主義国家VS専制主義国家という対立の構図はますます色濃くなるだろう。

コロナワクチンをめぐる戦い

コロナのワクチンに関するデマが、派手に流布されている。世界各国でそのデマを信じて頑《かたく》なにワクチン接種を拒んでいる人たちがいる。もちろんワクチンを接種するかどうかは、個人の判断であり自由に選択されるべきことなのだが、問題は偽情報を信じて決断することにある。スタート時点では、アメリカもイギリスもかなりのハイペースでワクチン接種が進んだが、途中からそのペースが落ちてきた。今後出てくる変異株の感染度合いにもよるが、国民の七〇％以上がワクチン接種を終えると集団免疫を獲得して感染爆発を起こさなくなると言われている。しかし接種を望まない人が三〇％を下回らなければ、いつまでも集団免疫を獲得できなくて、経済を止めたままの状況が続いてしまう。

ネット上では、「ファイザーのワクチンをディスると二〇〇〇ユーロ」という、フランスのインフルエンサー向けの謎のキャンペーンが大々的に行われていた。背後にはロシアの工作員の存在があると専らの噂だった。実際にEUの外務省にあたる部局が公表した報告書によれば、中国やロシアが、ファイザーやモデルナのmRNAワクチンの信頼性を傷つけるような情報発信を、ソーシャルメディアなどを使って複数の言語で行っているとされる。

日本でも河野太郎ワクチン担当相（当時）がメディアに登場して、「ネット上に上がっている各種のデマに騙《だま》されないでほしい」と国民にメッセージを発信している。ワクチンに関する偽情報やデマを監視している団体によると、ツイッターとフェイスブックにあるワクチン関連のそういった誤った情報の六五%は、わずか一二の個人と団体が引き起こしていることが確認されていて、なかには医師免許を持っているにもかかわらず、デマを流す人もいる。「ワクチン接種された実験用のネズミが二年で全て死んだ」などというデマも散見されるが、そもそも実験用のネズミの寿命が二年程度なのだし、「ワクチン接種で遺伝子が組み換えられる」などという話も、mRNAは細胞の核に入ることができないから、遺伝子に組み込まれる可能性はないと専門家は断言している。

知識がある人にとっては荒唐無稽な話ばかりで科学的根拠はない。長期的なリスクはゼロではないと不安を煽《あお》る人もいるが、科学において「ゼロ」はあり得ないし、そもそも我々が生きている環境でゼロリスクなどというものは存在しない。わずかでもリスクがある限りワクチンを打たないというのは、交通事故のリスクがゼロになるまで、家から一歩も出ないと言っているようなものだろう。

マサチューセッツ工科大学がツイッターを研究したところ、フェイクニュースの拡散力は事実の一〇〇倍、拡散速度は二〇倍にのぼった。五黄土星の年は、デマが猛威を振るう危険性が高い。冷静に事実を捉える目と思考が必要だ。不安な人々にデマを流し、恐怖に変え、パニックを引き起こす。これが現代の情報戦だ。冷戦時代のソ連はアメリカの議員や学者、メディアに対してスパイによる工作を行っていたが、二〇一六年の米大統領選でもSNSを使った選挙介入でロシア人・企業が起訴されている。米司法省は訴状で、「米政治体制に不和を植え付けるという戦略的目的」を抱えて行動していたと断定している。まさに情報戦の戦略的目的は国内の分断にある。寅年は組織に所属する人々が手を携えなければうまく進まない。そのためには志を同じにして、目標を一つにしなければならないのだ。

サイバー空間を制する者が情報を制す

壬の年は、「新たなものが発生し、あらゆるものが育つ年」であり、「責任を担う」ことが重要で、「私利私欲に走る任人が登場する」と述べた。これらを総合したうえで、二〇二二年に留意したいのは、新しい時代に対応するセキュリティを強化するということだ。クラウドに保存したデータ、情報、資産などを盗まれたり、操作されたりして被害を受けたとき、あるいは顧客や関係者に損害を与えたとき、知らなかったでは済まされないのだ。

自宅やオフィスを不在にするときは、鍵をかけるのが最低限のセキュリティである。安全意識が高まった近年は、在宅していても鍵をかけるのが一般的になっている。

ところが、リアルな空間に比べて、サイバー空間における我々のセキュリティ意識は低すぎる。目に見える鍵をかけたときは確かな手応えがあるが、目に見えない鍵にはそれがない。また、サイバー空間でリスクを負うのは金融機関を始めとする企業という甘い認識が、個人にはあるのだろう。数百年に一度のシンギュラー・ポイントを契機に、リアルからサイバー空間への移行が急速に進んでいる。物質としての鍵を肌身離さず持ち歩くように、「サイバー空間で鍵をかける」という意識を常に持っていなければ、任人の餌食になる。

国もサイバー空間におけるパトロールを強化すべきだ。日本は、日本語という国内限定で通用する言語を持っているだけに、国際的なサイバー犯罪や情報操作から一定の距離を保つことができていた。現状、義務教育修了程度の日本語教育を受けてきた者なら、海外から送られてくる不審なメールやファイルの多くを見破ることができるだろう。しかし、ＡＩの発達に合わせて、欺きは巧妙化している。

海外ではサイバー空間における情報操作が投票行動にも大きく影響するようになってきたため、日本が任人に操られることも現実味を帯びているのだ。今後、デジタル技術の発展と民主主義の両立は、避けることのできない大きなテーマとなっていく。

北朝鮮をめぐる世界の不安定要素

非核化交渉の再開をめぐる米朝の駆け引きが始まった。前提条件なしの対話を求めるバイデン政権に、北朝鮮側は「無意味な接触は考えない」と返答。有利な交渉条件を整えたいといういつもの駆け引きなのだろう。国連制裁によってただでさえ厳しい経済状態なのに、新型コロナウイルスの流入を防ぐため、中国やロシアとの航空便や鉄道を停止し、モノの輸送も厳しく制限している。そのために食糧難がいよいよ深刻になってきて、経済立て直しのため中国との関係強化を先行させる可能性が高い。

国連制裁があるにもかかわらず中国は、北朝鮮を「生かさず殺さず」というスタンスで支援してきた。それはアメリカに対する楔《くさび》の役割を果たさせるためだ。もしも何かの偶発的な事故により朝鮮半島で戦端が開かれることになれば、米軍は台湾まで手が回らなくなる。そうすれば中国は台湾と尖閣を労せず手中に収めることができる。そのためには、北朝鮮の核は都合の良いカードなのだ。そして最近もう一枚のカードを手に入れようとしている。それは軍事クーデターに端を発したミャンマーの混乱だ。クーデターの背後には中国が絡んでいる可能性が高いと言われている。

ミャンマーでは国軍の暴力がエスカレートして、治安維持の範囲を超えて虐殺の領域に達している。あろうことか市民に対し、機関銃や迫撃砲など戦闘用の武器を使用した。民間人に対する軍の攻撃は、国内の事態であっても「戦争犯罪」に該当することから、世界各国が制裁決議をするなど圧力を掛け続けているが、中国はむしろ擁護している。

それはアメリカと対立する中国にとって、ミャンマーには地政学的なメリットがあるからだ。中国はミャンマーに対して発電所、パイプライン、高速道路や鉄道などかなりの投資をしてきている。それはペルシャ湾の沿岸国石油を中国に運ぶにしても、マラッカ海峡をアメリカに封鎖されれば、どうにもならなくなってしまうことを見越しての投資だ。有事の際には石油を中東からミャンマーの港まで運び、後はパイプラインで中国まで送り届けることができる。エネルギー安全保障上の戦略的な要衝だと言えるから、いざアメリカと事を構えた時には、西側寄りのスーチー政権では都合が悪い。それよりもアメリカと対立していた国軍のほうが、遥かに都合がいいのだ。

だから中国の王毅《おうき》外相は、欧米諸国に対してミャンマー軍に対する一方的な制裁や介入を避けるべきだとし、制裁強化に釘を刺している。王毅外相は二〇二一年一月にミャンマーを訪問し、首都ネピドーで国軍司令官と会談。その二〇日後に国軍がクーデターを起こしていることから、中国はその計画を焚《た》きつけたのではないかとの疑惑が浮上している。実際に民主化前の軍事政権時代は、中国の影響下にあったわけだから元の鞘《さや》に収まったとも言えるだろう。今後ミャンマーの北朝鮮化というシナリオが現実味を帯びてくる可能性も十分にある。そうなればアメリカとしても、アジアでの軍事バランスを取るのはますます難しくなる。

世界で日本の人権問題への対応が試される

バイデン米政権は、中国の新疆ウイグル自治区にサプライチェーンを抱える企業に対して、「米国の法律に違反する高いリスクを冒す可能性がある」と警告する文書を発表した。ウイグル自治区で、民族を蹂躙《じゅうりん》するジェノサイドが続いているとして、イギリス議会下院が政府に行動を起こすよう求める決議を採択するなど、人権問題をめぐっては国際社会が問題視している。これはトランプ前政権時代から問題になっていたことだが、一向に改善されないどころか弾圧が激しくなっている。習近平政権が内政干渉だと一方的に撥ねつけたのを受けて、アメリカを筆頭に国際的な包囲網を狭めている。

フランスの検察が、非政府組織（ＮＧＯ）団体の告発を受けて、人権を弾圧しながら利益を得た疑いでユニクロやザラなど四つのファッショングループの捜査を開始した。新疆ウイグル自治区は綿製品の一大産地で、新疆綿は世界の綿生産量の二割を占める。かつてはエジプト産のギザ綿、アメリカ産のスーピマ綿と並ぶ世界三大綿と呼ばれていた。エジプトでは産業構造がシフトしており、今では綿花はほとんど栽培されなくなっていて、新疆綿とスーピマ綿が二強の状態になっている。ほぼ全量が輸入である日本の衣料品は中国からの輸入が七〇%を占めていて、そのうち八〇%は新疆綿である。新疆綿を使うな、ということになれば、日本のアパレル産業自体の根幹を揺るがす大問題に発展する。

アメリカ国務省は、綿製品や太陽電池にとどまらず、携帯電話やおもちゃなど様々な産業で強制労働の疑いがあるとして幅広い業界の企業に警告を発している。すでに「ユニクロ」のシャツの輸入を差し止めているが、問題のある中国企業と直接取引するだけではなく、仲介業者などを介して間接的に関わることでも法令に違反する可能性があるとしているから、禁輸対象は拡大するだろう。

綿製品の他にもう一つ大きな問題は、太陽光パネルの主要な原材料であるシリコンだ。世界生産の約四割を新疆ウイグル自治区が占めていて、制裁の影響からシリコン価格は一年間で五倍近くに高騰している。太陽光パネルは、かつては日本勢が世界首位だったが、価格競争で中国に敗れた結果、現在は〇・四%にとどまっている。一方、中国の世界シェアは約八〇%に上り、パネルそのものが制裁対象になれば日本の再生可能エネルギー導入の動きに大きな影を落とすことになる。

香港でも高度な自治が損なわれ、自由が抑圧される「香港の中国化」が進んでいる。「香港国家安全維持法」に基づき人権侵害が公然と行われ、「アップル・デイリー」廃刊により言論の統制もますます進んでいる。

日本は、世界と歩調を合わせて中国の人権問題に対してNOを突き付けられるかどうかを問われている。習近平国家主席は、「中国で商売をしたければ、人権問題に口を挟むな」と言い放っているが、金欲しさにそれに媚びて見て見ぬふりを決め込むのか、毅然《きぜん》とした態度に出るのか、五黄土星である二〇二二年はそれを問われる。

ミャンマーに話を戻すと、日本はそれなりの金額をミャンマーに投資しているので、国軍の暴挙に対して強く出られない弱みがある。しかし曖昧な態度を取り続ければ、国軍や中国のやり方を追認したことになり、国際社会で日本の人権問題への対応が試されることとなる。二〇二二年は本来あるべき姿を問われる年だから、壬の責任を果たさなければならない。

文在寅大統領のあせり

韓国の文在寅《ムンジェイン》大統領が、オリンピックに合わせて来日して菅義偉《すがよしひで》首相（当時）との首脳会談を申し込んでいたが、直前で「成果見込めず」ということで日本訪問を見送った。その後、韓国オリンピック選手団に「福島産のものは食べるな」と指導、独自の給食センターの運営を開始し、韓国メディアが「放射能フリーの弁当を提供できる」などと報じた。

相変わらず迷走を繰り返す文在寅政権だが、ノーベル平和賞などの目立った実績を残さない限り、二〇二二年五月に任期満了で大統領を退いた後、文在寅は刑務所行きとなる可能性が高い。李明博《イミョンバク》、朴槿恵《パククネ》という保守系の元大統領を二人続けて文在寅政権は起訴し、収監した。保守政権当時の最高裁長官や官僚らの多くも獄中にいる。しかし次の選挙で文在寅の天敵である、保守の尹錫悦《ユンソクヨル》前検事総長か、文在寅と関係の悪い李在明《イジエミョン》京畿道知事が大統領になれば、報復が始まるのは間違いないだろう。韓国の政治は報復の繰り返しで、ほとんどの大統領が退任後に刑務所行きとなっている。

文在寅は、何の実績も残していない。朝鮮半島統一を目論《もくろ》んで、北朝鮮に貸しをつくろうとしたものの、韓国の頭越しに米朝首脳会談が開催され、挙げ句の果てには北朝鮮から散々罵倒されたうえに、韓国国民の税金で作られた南北連絡事務所を爆破されてしまった。

その後も失態が相次ぐ。韓国自慢の「K防疫」で完全にコロナウイルスを抑え込み「K防疫は世界一」と自画自賛したが、ワクチン確保に苦戦して感染は急拡大。アメリカに泣きついたものの、あまりにも虫のいい文在寅に対して「反中包囲網への参加を拒む韓国は後回し」と断られてしまった。その背景には北朝鮮のご機嫌取りをする韓国に対して、アメリカ議会が韓国を反人権・反民主国家と認定したことがある。

断末魔の叫びで、反日キャンペーンにより日本を貶《おとし》めて、何とか起死回生を図ろうとしているのは哀れとしか言いようがない。あれだけ簡単に約束を破ったり、嘘を嘘で塗り固めたりすれば、日米だけでなく北朝鮮からも相手にされなくなるのは当然だ。自国民からの信頼も失っているし、ましてや世界の国々も文在寅政権を相手にしないだろう。二〇二二年は、小手先の小細工だけで逃げ切れるほど甘い年ではない。準備できる人は、一刻も早く行動に移しておいたほうがよい。

金融市場が大波乱になる

中米エルサルバドルは、暗号資産（仮想通貨）ビットコインの法定通貨化を二〇二一年九月七日から施行。ビットコインの法定通貨採用は世界初のことだが、誰も責任を取らないブロックチェーンというシステムが法定通貨となること自体がとんでもないことだ。

これは国家が金融政策を放棄していることになり、実質的には金融も自国経済も崩壊しているに等しい状態だと言える。そのような背景もあってエルサルバドルの治安は世界一悪く、人口当たりの殺人件数は日本の五〇〇倍にも上る。

実際に二〇〇一年に価値が不安定であった自国通貨コロンを放棄し、米ドルを法定通貨として採用した時点ですでに金融政策を放棄していた。経済も国外在住の労働者からの送金に大きく依存していて、その額はＧＤＰの約二割を占めるまでに達している。しかし国民の七割が銀行口座などを持っていないため、これ以上の国外からの仕送りを促してＧＤＰを増大させるには限界がある。そこでビットコインを法定通貨にすれば、皆がスマホ上に口座を持つことになり、さらには割高な国際送金手数料の問題もクリアできて一石二鳥と考えたようだ。しかし政府のこのような対応について、国際通貨基金（ＩＭＦ）は「マクロ経済、金融、法的に多くの問題を引き起こすので慎重な分析が必要だ」と警告している。

キャッシュレス決済や通貨のデジタル化は、正当な流れとしてこれからも進んでいくが、法定通貨に暗号資産を用いることとは似て非なるものだ。腐敗や壊滅の気が充満する年には、そのような流れがあちこちで起こるだろう。

そういう意味では、株式市場でも特別買収目的会社（ＳＰＡＣ）の上場が、これから大きな問題を孕んでくる。ＳＰＡＣは、上場した時点では自らは事業を行っていないペーパーカンパニーで、上場で調達した資金で後から未公開会社の買収を行う。そのために「白紙小切手会社」や「ブランク・チェック・カンパニー」と呼ばれており、事業の中身がないため「空箱」とも称されている。上場の時点ではどんな会社を買収するかも決まっておらず、「上場後に有望な企業を買収する」という宣言によって、投資家からお金を募る。投資家が投資を決める判断材料は、主にＳＰＡＣの設立メンバーの顔触れなどの情報でしかない。そのために客寄せパンダ的に、ヘッジファンドマネジャーや元メジャーリーガーなどの著名人がメンバーに加えられ、個人投資家から資金を集めている。

米金融大手バンク・オブ・アメリカが二〇二一年二月に公表したデータによると、ＳＰＡＣ株式を売買する投資家全体の約四〇％を個人投資家が占めていて、Ｓ＆Ｐ５００における個人投資家の比率の約二倍にも上る。通常の会社が上場を果たすためには、何年にもわたる厳しい審査を経て上場に至るが、ＳＰＡＣを経由すればノーチェックで上場できるので、裏口上場とも言われている。当然のことながらコンプライアンス上の問題や、簿外債務や粉飾決算の可能性もついて回る。二〇二〇年六月にSPACを通じてNASDAQに上場したEVトラックメーカーのニコラは話題のテーマであったこともあり、株価は上場後上がり続け、一時は時価総額三兆円を突破した。ゼネラル・モーターズ（GM）との戦略的提携を発表したことで、ニコラの時価総額はフォード・モーターを抜いたのだ。まだ一台も生産していないにもかかわらずだから驚きである。

投資家の熱狂は、売上高がほとんどない会社が期待先行で急騰した一九九〇年代終盤のITブームにそっくりである。しかし、ブームに乗ったIT企業の多くは二〇〇〇年春には株価が暴落した。

結局のところ、ニコラは、誇大な宣伝による詐欺が発覚して株価は大暴落を起こした。試作品すら完成しておらず、宣伝に使っていたトラックの映像は電動技術で走行していたのではなく、下りの坂道を転がしていただけだった。「電動で自走しているなどとは一切表現していない」と苦しい言い訳に終始したが、創業者は会社を追われることとなった。

正規の上場手続きを経ていれば、このような基本的問題は起こりえないのだが、裏口上場だと常にこのようなリスクが潜んでいる。二〇二一年の初頭には、SPAC上場による調達資金は、新規株式公開（IPO）全体の七〇％以上を占め、その比率は二〇一九年の二〇％から急拡大している。つまり七割以上の会社がろくに審査も受けずに米株式市場に上場しているのだ。日本の株式市場もアメリカに追随する動きが出てきており、政府は解禁を検討する方針を閣議決定した。

しかし、SPACブームは株式バブルの象徴だと、警鐘を鳴らすエコノミストも多く、大きな問題が生じる可能性は低くない。規制緩和をするのであれば、まだまだ他の業界でやることが山ほどあるのだが、どうしても目先の市場活性化に目が行ってしまう年なのだろう。

エネルギー政策の未来を予測する

EUの欧州委員会が温暖化ガスの大幅削減に向けた包括案で、ハイブリッド車を含むガソリン車などの新車販売について二〇三五年に禁止する方針を打ち出した。環境規制の緩い国からの輸入品に事実上の関税をかける国境炭素税を二〇二三年にも暫定的に導入する計画も併せて発表した。その対応を迫られる各国の自動車業界は反発を強めているが、この流れは止まらないだろう。温暖化ガス排出削減に異を唱えていたトランプ政権が交代したことによって、この動きは世界的に加速し始めた。

エンジン車やハイブリッド車などの複雑な構造は、すり合わせ技術の得意な日本の自動車産業に一日《いちじつ》の長《ちょう》があるが、EV化が進めばモジュールを組み合わせる形になり優位性がなくなる。これは日本の自動車産業を狙い撃ちにした政策だと国内の自動車メーカーは反発していた。トヨタは部品点数の多いエンジンは、産業としての裾野が広いから雇用を守るうえでも必要だとして、ガソリンの代わりに水素を燃料として燃やすエンジン車の開発と普及を働き掛けている。しかし、優れたものを開発しても、水素の供給施設が世界中に隈《くま》なく作られなければ、売ることができない。日本は物作りにおいて、数々の優れたものを生み出してきたが、ガラパゴス化して国内だけで終わってしまったものがたくさんある。その典型的な例が、ガラケーに代表されるドコモが開発したｉモードだ。世界で初めて携帯電話でインターネット網に接続できる画期的な発明だったにもかかわらず、独自規格にこだわったゆえに日本国内だけで終わってしまった。いくら優れた製品を作っても、その規格を一緒に普及してくれる仲間が世界にいなければ、日の目を見ずに終わってしまう。

かつてはビデオ戦争というものがあって、ビデオテープの規格をめぐってソニーのベータ対ビクターのＶＨＳの熾烈《しれつ》な争いが繰り広げられた。当時の一般的評価は「画質・音質」はベータが上で、実際に放送局が使用していたことから裏付けにもなっていた。しかし当時の日本ビクターが、柔軟なライセンス供与でグループづくりに成功し、ＶＨＳ方式が世界を制することになった。

その轍《てつ》を踏むまいと、燃料電池の技術を無償で公開して仲間づくりを始めたトヨタだが、世界中に水素ステーションを普及させなければ、世界初の量産燃料電池自動車ＭＩＲＡＩもガラパゴスで終わってしまう。新車時は七〇〇万円オーバーで販売されていたが、水素燃料が入手のしづらいこともあって中古車の価格はかなり値崩れしている。このことからも、水素インフラの普及の難しさがうかがえる。

水素の普及に関しては、日本政府も重い腰を上げて、国内での水素利用量を一〇〇〇万トン規模とする目標を設ける調整に入って、コスト引き下げを模索している。

　ＥＵは、自動車の製造過程において、化石燃料の割合が高い電気を使って生産された自動車に対しても輸入規制をかけることを検討している。こうなると日本の自動車メーカーがいくらＥＶの開発に力を入れても、火力発電をメインにした日本の電力を使用している国内メーカーは成す術もない。もはやメーカーの企業努力だけではどうにもならないのだから、国策として政府主導で問題を解決するしかないだろう。壬寅の年にあって、今ある問題を全て背負ってきちんと処理するのは、民間では荷が重すぎる。化石燃料の比率の多い日本の電力の問題は、当面は原発の再稼働にかかっているだろう。東日本大震災以降、数々の安全対策を施してきているのだから、後はずさんだと言われてきた管理面をどう是正するかだ。

　日本では報道の影響もあって、世界で脱原発が進んでいるような印象があるが、実はそうでもない。アメリカは安全保障の面や中国、ロシアへの対抗から、原発を重視している。原発の技術が途絶えれば、原子力空母や原子力潜水艦の運用が難しくなり、軍事上の安全保障問題と直結する。また中国、ロシア両国が新興国への影響力拡大のために、原発の輸出に力を入れている。原発の輸出が一度成約すれば、設計から運転、廃炉まで約一〇〇年の付き合いとなるため、その動きを牽制するためにもアメリカにとって原発は欠かせない。

　そこで日本企業の日揮とＩＨＩがアメリカの新興企業と組んで従来の三分の一程度の発電量の小型原発の実用化に動いている。三菱重工や日立・ＧＥ連合もすでに設計協議や商談に入っている。小型原発のメリットは、工場でモジュールを作り現地で設置するので、工期が約半分に短縮できてコストも半分以下になることだ。地下への設置が可能なため、航空機などを使ったテロに備えることができ、プールに丸ごと沈める構造なので、非常用電源なしでも冷却ができて福島のような悲劇は起きにくい構造になっている。

すでに世界各国で一一の新設計画があり、一緒に普及させる仲間がいることからも、まさに壬寅の気に沿っている。いつまでも原発は危険だと言っているだけでは、前には進まない。カーボンニュートラルに向けての現実的な解の一つだと言える。

五黄土星の年は災害が多い

二〇二一年七月に静岡県熱海市で発生した土石流は、豪雨災害の恐ろしさをまざまざと見せつけた。二〇二一年三月末の時点で、土石流やがけ崩れの恐れがある土砂災害警戒区域は全国で約六六万ヶ所に及ぶ。近年は豪雨が頻発していて、一〇〇年に一度という言葉が毎年のように聞かれている。二〇二二年は天候が極端に変わりやすく、ゲリラ豪雨や土石流の被害には注意が必要な年となる。ほとんどの自然災害は、行政が出しているハザードマップの危険区域で起きていることからも、今の生活エリアが該当地域なのか、一度きちんと確認しておく必要がある。また今回の熱海の土石流のように、行政の規制や指導を無視したり、何かしらの方法で無理やり開発許可を取り付けたりと、違法な開発を行った場所が、日本中に多く点在すると指摘する専門家もいる。五黄土星の年はそのような問題が噴出するから、自分の生活エリアにどのようなリスクが潜んでいるかの情報収集は欠かせない。

大雨や台風などの災害が予測される時は、避難指示が出ていなくても早めの避難を怠らないようにしたほうがよい。災害に巻き込まれてから、行政が指示を出してくれなかったと言っても後の祭りなので、自分の身は自分で守ることを肝に銘じておくべきだろう。

過去の歴史から見ても、五黄土星の年は大規模な自然災害が多いので、備えを怠らないようにしたい。二〇二二年は天候が激変しやすい。たとえば、週間天気予報では予測されていなかった前線の停滞が起こり、記録的な豪雨になることがある。ビジネスや個人の生活において、特に必要なのは洪水への備えだ。泥水の流入や土石流によって被害を受けると、場合によっては家屋の建て直しができない。被害を最小限に抑えるために、自宅、オフィス、工場、農地など、自分の生活に関わっている場所の地形を知っておきたい。連鎖倒産やビジネス上の損失を防ぐために、主要な取引先の地形にも目を向けておいたほうがいいだろう。

二〇一九年一〇月、台風19号の影響により長野市の千曲川が氾濫してJR東日本の長野新幹線車両センターが浸水、一〇編成一二〇両の北陸新幹線（長野経由）の車両が水没した。検査庫には高さ三メートルもの泥水が入り込んだため、機能が完全復旧するには約二年を要している。JR東日本のような大企業でさえも、自然災害の前には為す術もなかったのである。被害を防ぐには、過去に氾濫した河川のそばや周辺と比べて低い土地には施設を造らないか、あるいは施設そのものや堤防の嵩上《かさあ》げをするほかないだろう。いずれにしても、土地を知っておくことは大事だ。

同じ台風19号によって、神奈川県川崎市・武蔵小杉駅近くの四七階建てタワーマンションでは電気設備のある地下三階が浸水。全棟停電になり、電気、水道、エレベーターが長期間使用できず、多くの居住者は避難生活を余儀なくされた。この浸水は、タワマンがあるエリアから多摩川へ排水するための水門を通って多摩川の水が逆流し、タワマンの地下四階に備えた受水槽がキャパシティを超えたために起こった。タワマンを設計するうえでは水が流れ込むことを考慮していたが、想定外の大量の水が流れ込んだのである。タワマンがあるエリアは、かつて沼地だったと言われている。低地のリスクを様々な方法で人工的にカバーしているが、キャパシティを超えた途端に土地は素性を見せるのだ。

同じようなことは、日本全国で起こり得る。土地を知り、備えておくことは、経営者や家長という立場の者にとって、壬の年の責任と言えるだろう。

自分探しの旅が流行する

西洋占星術では数年前から風の時代に突入しており、SNSのトレンドワードにもなり、何百年に一度の転換点で時代が変わると方々で言われ始めている。これまでの価値観では物質的な豊かさや安定が大事とされてきたが、パラダイムシフト後のニューノーマルとして、これからは情報や体験といった目に見えない豊かさや人脈などのネットワークの広がりが大切になってくるとされている。閉塞感のある雰囲気のなか、新しい時代に何らかの夢や希望を見出《みいだ》したい願いの表れなのだろう。

　コロナ禍による行動制限が解除されれば、自分探しの旅や聖地巡礼、パワースポット巡りなどが密《ひそ》かなブームとなる。そのような時に必ず起こるのは、良からぬ信仰宗教の流行だ。希望が見出せない時代には、人々はカリスマの登場を願うことを歴史が証明している。経済が困窮している時には、カルトなどの宗教が横行するのだが、今回はそこに格差問題が横たわる。経済は回復傾向にあるのだが、K字型回復により世界的にますます格差が広がっていき、それが大きな壁となって立ちはだかる。

　経済成長が著しかった中国でも最近、若者の間で「横たわり族（躺平《タンピン》）」という言葉が流《は》行《や》っているようだ。「タンピン」とは、元々「横になる」という意味で、結婚せず、子供をつくらず、家や車も買わず、最低限の仕事しかしないライフスタイルのことを言う。今までは豊かになることをひたすら追い求めていた中国の若者が、プレッシャーに直面して現実逃避を始めたのだ。

　天地の気である壬と寅には、どちらも祈りという意味があるから、若者が現実から逃避して祈りに向かう動きが大きくなる。しかし逃避は、人の気の五黄土星のカオスを意味し、悪い結果しか生まない。つまりは現実を直視して、向き合わなければならないのだ。本来あるべき姿が問われる年だからこそ、逃げずに立ち向かえば必ず救いの手が差し伸べられる。

吉方で幸せを獲得する

方位学を迷信だという人がいる。確かに、方向性に幸せが眠るという考えに簡単には同調できないだろう。人間の幸・不幸は努力と心がけが重要だと、一心不乱に人生と格闘してきた人にとっては、方位学など信じられないと思う。

しかし、人生とは非常に不思議なもので、自分の努力だけでは開けないことも事実であり、普段の心がけが良くても不測の事態に遭遇することがある。

人間は、一度原点回帰して、自分を超越した大きな生命を感じながら生活することが大切だ。自然に感謝し、太陽に手を合わせ、月に祈る生き方が欠かせない。偉大な宇宙の摂理に従うことで、自分の力や人の真心を信じる精神が生まれる。

吉方の作用は体験してみることが、最も理解しやすい。だから日盤吉方《にちばんきっぽう》の活用法をぜひ覚えておいてほしい。作用は小さくても、体験するには格好の材料となる。

日盤吉方とは、自宅から七五〇メートル以上離れた吉方位にあるコンビニやカフェに立ち寄り、コーヒーやジュースを飲むことで吉の気を体内に取り入れれば、その日一日、吉の作用が継続するというものである。いつもより早起きして、自宅から出かける時や出社する際に、ぜひ実践してほしい。ひと月も行えばかなりの体験が積み重なるだろう。日盤吉方は、様々な場面で応用できる。たとえば、職場から吉方位にあるレストランで昼食をとるのもいい。職場からの吉方位でグラスを傾けるのもオススメだ。この場合、その後は自宅に戻るため、自宅からの吉方位も有効である。日盤吉方によって、夕食や会食は有意義で楽しいものになるだろう。職場で歓送迎会や打ち上げ、飲み会などの幹事を頼まれる機会があれば、この方法を試してもらいたい。

ただし日盤吉方や旅行程度の吉方位では人生を変える力は小さい。人生を大転換させるだけの大きな天地の働きを獲得できるのは、何と言っても吉方位への引越しだ。

人の生まれには誕生年と月が関係し、それぞれを「本命」、「月命」と呼ぶ。この「本命」「月命」を見ながら、年盤・月盤を吉方位にとって移動する。四つの組み合わせを自在に使うには、コツを身につけなければ難しいが、学べば自分のものになって、吉方位をとることができるようになる。

引越しの吉方位は、家族の代表者一人の吉方位だけで決まるわけではない。引越しする全員の吉方位になる配慮が必要なため、それだけ引越しのチャンスは少なくなる。自宅を持てば引越しの可能性はさらに少なくなる。そこで、一人ひとりが時期を選んで吉方をとれるように考え、「仮吉方《かりきつぽう》」が生まれた。仮吉方のやり方や吉の具体的な作用は、星別の運勢の最終ページに「仮吉方表」が載っているので参照されたい。

仮住まいへの移動は表にあるように行い、最低でも七五日間の別居生活となる。アパートでもいいし、親戚の家でもいい。もちろんマンスリーマンションも使える。仮吉方中に、自宅へ用事で帰ることは一向に構わない。最も気をつけなければならないことは、自宅で宿泊しないことだ。飲み食いもしないようにする。逆に言えば、就寝と食事を除いた日常生活を自宅で行っても構わない、ということになる。

仮吉方について、「家族がいるから無理です」という人がいるが、もっと柔軟に考えてみてほしい。朝早めに起床し、仮住まいから自宅に戻り、家族の食事を作った後に出勤する。帰宅は自宅に直接帰って夕食を準備し、掃除や洗濯などの家事全般を済ませ、その後、仮住まいに戻って一人で夕食をとる。このようにすれば何も問題ない。繰り返しになるが、仮吉方の期間中は、自宅では就寝と飲食をしないように。うたた寝も厳禁である。食事を作るときは、味見はしても飲み込まないようにする。ついつい冷蔵庫にあったジュースを飲んだり、アメを舐《な》めたりしがちだから気をつけることだ。

仮住まいでの食事はどうしても遅くなる。また、家族と食事したいと思うこともあるだろう。その場合は、自宅から離れたところで購入したお弁当などを持ち込んで食べるようにする。さらには、お茶にも気をつけること。弁当や飲み物を買って自宅に帰り、食事時間まで冷蔵庫に入れておくことも厳禁だ。熱は気の作用だと理解しておこう。

仮住まいにガスコンロやポットを持ち込むことは構わない。容器に気はないからだ。しかし、コンロのガスボンベは自宅にあったものは使わないように。マッチやライターも自宅のものはいけない。火そのものは気の作用を伴う。また、自宅周辺で作付けした野菜は、自宅の大地に根ざしているから、仮住まいでも料理してはいけない。しかし、子供や夫、妻が仮住まいに泊まりにくることは構わない。余人を交えない話は心の結びつきが強くなる。二〜三泊すればすっかり心が通じ合い、疎遠だったとしても関係は修復する。ご主人や奥さん、パートナーを呼び、子供たちを呼んで徹夜で話をするには、仮住まいは最適だと思う。

仮吉方は忙しいけれど、とにかく充実した生活になるから経験してみたい。仮吉方中に出張で外泊したり、小旅行をしたりするのも構わない。できれば旅行は一週間程度にしておこう。そして仮吉方先で実質七五泊すること。仮住まいと自宅との距離に関していえば、直線距離で二～三キロメートルは離れたい。四～五キロメートル離れていれば、日常的な家族の行き来にも大きな負担はないだろうし、理想的だ。吉の作用は距離に比例して大きくなることを知っておこう。

コロナ禍をきっかけにあらゆる業種でリモート化が進み、出社の機会が減った。ワーケーションを認める企業も増えてきて、働き方の多様化が進んでいる。長距離の仮吉方は効果が大きいから、これを機に、人混みを避けてリゾート地での仮吉方にチャレンジしてみてはどうだろうか。人によって行ける方位や自宅に戻る時期が異なるので必ず確認してほしいが、二〇二二年の長距離仮吉方で南西が吉方の人におすすめなのは、北海道だ。六月上旬に出て八月下旬に戻るために、ちょうど梅雨の時期から一番暑さが厳しい時期と重なる。近年は気候が不安定なので一概には言えないが、それでもこの時期の北海道は、カラリと爽やかな天気で観光にベストなシーズンとなり、ワーケーションには最高だ。毎日雄大な大自然に抱かれて、地元の新鮮な食材を堪能し、観光地を巡る生活などは贅沢《ぜいたく》この上ないが、時間的にも経済的にも少しずつゆとりが生まれてきた人は試してみる価値がある。気学を学び、実践すると、不思議と生活にゆとりが増えてくるから、自然な形で仮吉方のチャンスがやってくる。

二〇二二年はどれだけの人がそのチャンスに乗って仮吉方へ出かけることだろう。楽しみにしている。ほかにも仮吉方には注意事項が数多くある。セミナーに参加して、学んでいただければ嬉しい限りだ。

二〇二二年の恵方は北

恵方《えほう》とは、一年の徳（正しくは「歳徳《としとく》」）がある方位をいう。

江戸時代には、節分に恵方の方位へ「初参り」に行くのが一般的だった。それが戦後いつしか元日に神社仏閣へお参りに行くようになって、東京では明治神宮や浅草寺《せんそうじ》、名古屋では熱田《あつた》神宮、大阪では大阪天満宮への初参りとなって定着した。

しかし最近では、スマホの普及や趣味の多様化により、団塊世代の風物詩だった「初参り」は、年々寂しくなってきた。果たして人間はどこに向かうのだろうか。

本来の「初参り」は「恵方参り」のことをいう。時期は元日ではなく、節の切り替えの二月四日の立春である。つまり暦の上の新年、立春をもって「初参り」とする。

恵方は、新年の十干を恵方とする。十干とは本来、東西南北の四正《しせい》と中央の五ヶ所に存在し、陽の気「兄《え》」と、陰の気「弟《と》」で構成されている。東は木性の気を持つので「木の兄《きのえ》＝甲」と「木の弟《きのと》＝乙」、南は火性の気を持つので「火の兄《ひのえ》＝丙」と「火の弟《ひのと》＝丁」、西は金性の気を持つので「金の兄《かのえ》＝庚」と「金の弟《かのと》＝辛」、北は水性の気を持つので「水の兄《みずのえ》＝壬」

と「水《みず》の弟《と》＝癸」、そして中央は土性の気を持つので「土《つち》の兄《え》＝戊」と「土《つち》の弟《と》＝己」となる。こうして陰陽五行説の五行、陰陽一〇種類で十干となる。

十二支は地平の全てを担当する。十二支の一つは三〇度で、一二方位三六〇度になる。このうち東西南北の四正は十二支が一つ座る。東は卯、南は午、西は酉、北は子。その三〇度に十干の陰陽が二分して座る。四隅は十二支が二つずつ座り六〇度になる。いつしか四正三〇度、四隅六〇度は、四五度に合理的に分割され、理解しやすくなっていった。しかし、本来は東西南北の四正は三〇度であり、四隅六〇度も変わらない。

さて、二〇二二年の十干は「壬」、恵方は北にある。正確にいえば北三〇度を一〇度ずつ三等分した、最も西寄りの一〇度が「壬」で、恵方はそこにかかる。

方位の作用は自宅から七五〇メートル以上の移動がなければ発生しないから、自宅から七五〇メートル以上離れた「壬」の方位の神社仏閣、教会などをお参りすれば「恵方参り」となる。

「恵方参り」の歳徳は、その年の「知恵」と「チャンス」を我々に与えてくれる。人生は流動し、流れ、流され、拡大し、その流れのなかでチャンスをつかむ。出会いの瞬間は驚くほど少ない。チャンスを知り、一瞬の呼吸に乗る。このチャンスをとらえる一瞬の決断と勇気ある行動が人生を開くのである。乗る決断を一瞬に、勇気を持って行動すること。そのためにも「恵方参り」は欠かせない。二〇二一年に「恵方参り」の機会を逃した人がいたら、二〇二二年は必ず行くようにしたい。

夏至《げし》や冬至の頃、「追参り《おいまいり》」をすれば、さらに「恵方参り」の効果があるという。人はなかなかチャンスに気づかない。「それはチャンスだよ」と言われて初めて気づくことが多い。恵方とは、そのチャンスをしっかりと意識する働きをいい、同時にチャンスに乗る勇気をもたらすと考えられている。だからこそ、恵方を活《い》かして新しい生活を得たいのである。

半年で人生が動いたことを自覚できるから「追参り」はぜひ実行することだ。一年の途中で住まいを変える人、仮吉方中の人がお参りに行くならば、その時に住んでいるところから「追参り」をすればよい。神仏の世界はひとつながりだから、方向が正しければどこへお参りしても同じことになる。

祈りの方法は古式に則《のっと》って実行する。どちらの手が天を指してもよい。もう一方は地を指して、背筋を伸ばして天地の間に自分を立てよう。天・人・地が一線に並べば「恵方参り」が実現する。その時、天からの電撃が全身を貫いて、地へエネルギーを放出する。「天の気」と「地の気」が「自分の気」のなかで一体化して紫雲となり、天から龍が降りて身体の気を覚醒させ、龍は一気に地へと走り抜ける。それを実感するように。ただし雷の日は危険極まりないので、「恵方参り」をしてはいけない。

恵方参りの最中に何を考えたらいいのだろうか。天とは神仏のおわすところ、自分を生かしてくれる大いなる生命の根源である。地とは自分を育ててくれた両親や先祖、母なる大地のおわすところ。そして人とは自分や友人たちだ。それらが人間社会を形成し、自分を中心にして輪をつくる。そうした一念を頭にしっかりイメージして祈りたい。

恵方置きは「蓮」と「水墨画」

恵方は方位的に効果があるというよりは、「初参り」と「追参り」で働きをもらう方位である。そのため、家の中でも恵方を活用してみたい。一年間とどまった恵方を家族全体に及ぼそうとすれば「恵方置き」が有効だ。

二〇二二年の場合は北方位。家の中心に磁石を置いて、北方位の西側、正確には北三〇度を一〇度ずつに分割し、最も西側の一〇度が「壬」の恵方だから、その延長線上の壁際に恵方グッズを置くといい。一番恵方が強いのが西側の一〇度ということだから、もちろん北の三〇度に置いても結構だ。

二〇二二年の恵方になる北には、一白水星が廻座《かいざ》し二年連続となる。二〇二一年同様それを象徴する水仙の絵や写真、切り花があればもちろんそれを置くのもオススメだし、蓮や梅の絵や写真でもいいだろう。一白水星を象徴する色は白と黒だから水墨画や、書初めで一年の決意をしたためて恵方に飾るのも効果的だ。

大いなる生命、地球の息吹、大地の育てる力、それらは人々の可能性を広げ、時空を超えて広がる。そのなかで運気をつかむ出会いの瞬間は驚くほど少ない。よって「恵方置き」で、チャンスを大きく広げ、しっかりとつかみたい。

星別の運勢／仮吉方表

運勢パワー★

一白水星《いっぱくすいせい》

「悩みの深さが
学びの深さに直結。
「避ける」ではなく
「招く精神」が
新たな進化をもたらす」

2022年のポイント

①「苦悩」を「学び・教養」に転換
②心を解放し大衆と新たな歩みを
③常にリラックスと平常心で臨む
④自ら困難を招き入れる決意

一白水星の人物――新井白石《はくせき》

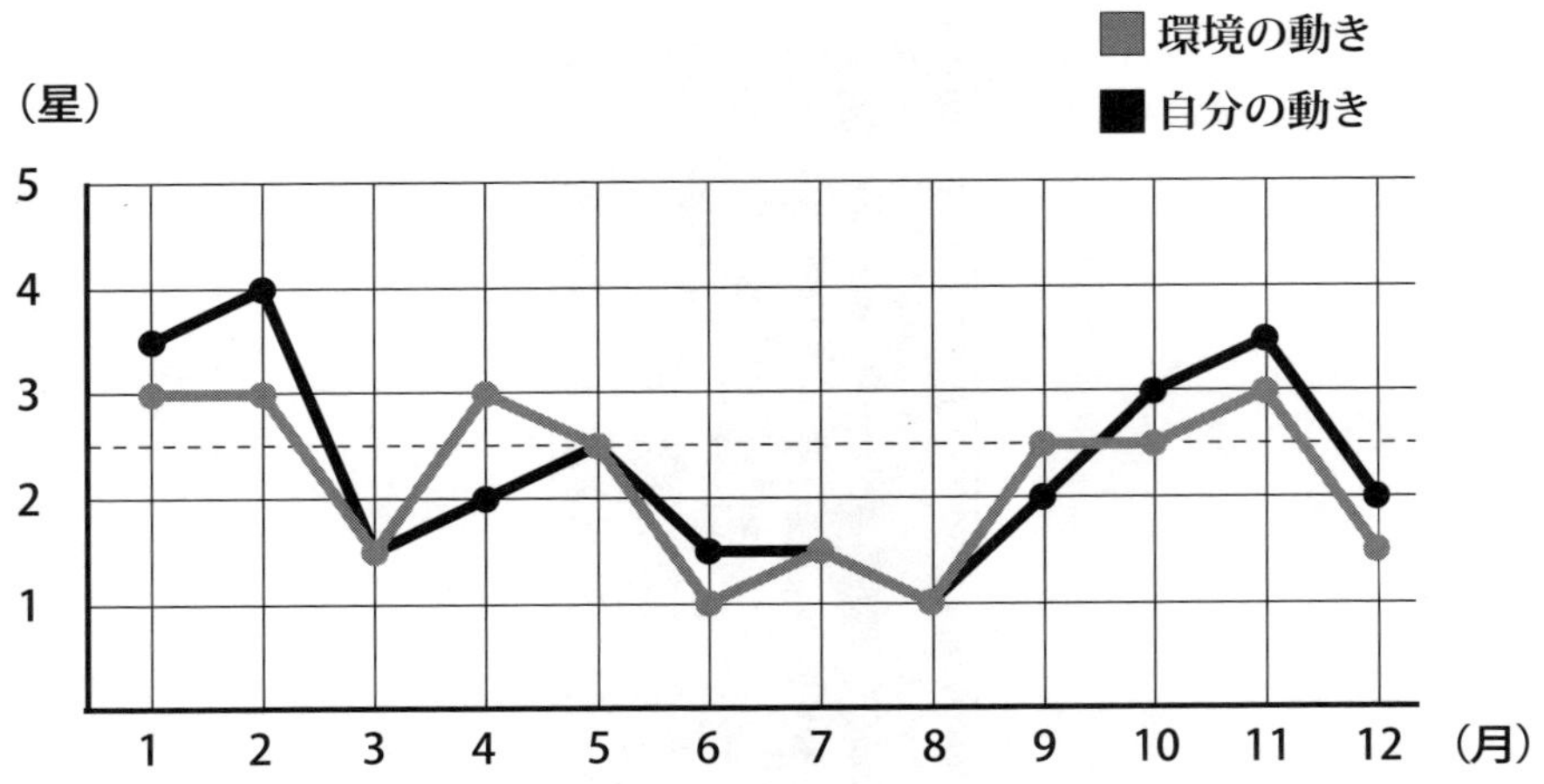

2022年のバイオリズム

年間を通じて運勢は高まりを見せない。しかし、モヤモヤや苦しさは秋を境にして切り替わる。中秋を迎える頃から運勢は徐々に強さを取り戻し、心にも明るさが戻ってくる。坎入《かんにゅう》でつらさが厳しい一年ではあるが、実質的には半年の我慢で済む。年が明ければ自然と大股で歩ける日々が戻ってくるから、2022年は一歩の歩幅を小さくし、着実に歩むことを考えたい。

周囲と共に歩むことに開運のコツがある。周りをお世話しつつ、いつの間にか想像もしない世界の扉を開く奇跡を体感してほしい。

運勢

「苦悩」を「学び・教養」に転換

二〇二二年、一白水星は目覚ましい成長を遂げた。年収アップや売上高の更新、出世や転職の成功、そういった目に見える生活の向上はもちろんのこと、難易度の高い事柄ができるようになったり、実践していることの精度が高まったり、また、より高い目標が見えたり、自身の成長が周囲から見ても明らかになった一年だったと思う。

そうした成長の一方で、不安が増大している人もいる。より高いステージに上った一白水星にとって、新たな人生のスタートが近づいているからだ。

高い山に登れば、さらに高い山を目指す。それが「登山家の習性だ」という人がいるが、まさに二〇二三年の一白水星は「次なる山」への挑戦が近づいていることを無意識に感じ取っているのだ。ここからは、さらに自身の高みを目指す挑戦が用意されている。だから、どうしても不安になってしまう。

しかし、人類の歩みを顧みれば、ここまで幾多の苦難を乗り越えて進化を続けてきた。二〇二三年、一白水星に襲いかかる困難も、全てはこの星をより強くするための天の計らいだ。俗に「坎入」の一年になるが、そうした苦しさとつらさも有り難く受け取りたい。

そもそも「運勢が弱い」と「凶」では、全く概念が違う。運勢の弱さというのは、物事の推進スピードが低下することに過ぎない。いつも全速力で走っていては、身も心ももたない。草木が冬に活動を停止させ、春に備えるかのように、二〇二二年の停滞感や困難さは、今後の飛躍に欠かせない重要な時間を一白水星にもたらすのだ。ただし、こうした苦難のときにあって、気力を失ってしまう人と踏ん張れる人がいる。それは、実力や能力などによって決まるのではない。苦難、苦悩の正体を知っているかどうかに尽きる。

だから、まず「苦」の正体を知っておきたい。仏教では「四苦八苦」といって、「苦」を八つに規定する。すなわち「生《しょう》・老《ろう》・病《びょう》・死《し》」の四苦と「愛別離《あいべつり》苦《く》・怨憎会《おんぞうえ》苦《く》・求不得《ぐふとっ》苦《く》・五蘊盛苦《ごうんじょうく》」の四つを合わせた八苦である。こう並べてみると、苦というものは「自分ではどうにもできないこと」なのだとわかる。どれだけ健康に気を使っていても病気になる。どれだけ若くいたいと思っても肉体は一日また一日と老化していく。生まれた以上、死ぬことは避けられず、だからこそ生こそが苦の原点である。

また、どれほど愛《いと》しい人であっても、いつかは別れなければならず、会社に行けば会いたくない人に会わなければならない。どれだけ手に入れたくても手に入らないものはあるし、自分の身体は、意思と反して重力に負け続け、思い通りになりはしない。

世の中において、どうにもできない事柄は、やはりあるのだ。それを「苦」と呼ぶ。一方で「悩」とは人を恨むことだ。

つまり自分に対する責任を手放してしまうことを示している。人間の脳は、自分で解決できることしか「問題」と認識しない。言い換えれば「問題」と認識した時点で、ほぼ解決できる。にもかかわらず、その問題と正面切って向き合おうとせず、誰かのせいにしてしまう。これが「悩」だ。これら「苦悩」が、二〇二二年の一白水星にもたらされるわけで、ここまで理解すれば、もう解決策はわかるだろう。あらゆることは必然であると受け入れる決意。問題は全て自分のためにあるという確信。この二つが開運の第一条件となる。

坎入は「落とし穴に陥る」という意味を持つ。だから二〇二二年は、まるで落とし穴でもがくかのような苦しい日々が続く。だけど、安心してほしい。この苦しさの大きさは、一白水星の目指す目標に応じて大きくなる。逆に言えば、苦しさが強い人ほど、より大きな自分がすでに見えているのだ。「坎入」は「陥入」とも呼ばれる。「陥」の字は天にかかった階段を上る直前で落とし穴にはまるという形を表した象形文字だ。より高みを目指した人にしか、陥ることのできない穴がある。穴に落ちるのを恥じることはない。天を目指したことにこそ、人が生きる尊さがあるのだ。

まだまだ日本経済はコロナ前の状態には戻れそうもない。ビジネス環境は依然として厳しさを残すが、一白水星はとりわけつらい一年の舵取《かじと》りを迫られる。それでも、荒波を恐れることはない。全ての苦難は自分をより大きくしてくれる。困難を避けるのではなく、困難から学ぶ。より良き未来を確信した表情で、数多くの苦難を明るく乗り越えていく。そんな一白水星が、世の中にたくさん出現することを期待している。

心を解放し大衆と新たな歩みを

こうして苦難を一つ、また一つと乗り越えていく一白水星の姿を見て、多くの人が集まる一年でもある。その人たちが一白水星を助けてくれるかと思いきや、どうやらそうではないらしい。逆に一白水星を頼ってきたり、ただただ愚痴を聞いてもらいたかったりする人が多いと思う。皆、一白水星に対して何かしらの期待を抱いて近づいてくる。一方で、一白水星は苦しみのど真ん中にいて、他人に構っている暇などない。だけど、実はこういった人々を懸命にお世話をすることに二〇二三年以降の飛躍のチャンスが詰まっている。

いわゆる「運勢の良い一白水星」と「運勢の上がらない一白水星」の差は、心の扉の開放度による。一白水星の易卦《えきか》（☵）は「陰中の陽」と呼ばれる。暗闇の中に光があるというわけだ。この光を開放し、世の中に光を広げていく一白水星は運勢が強いし、一方で心の扉を頑《かたく》なに閉ざし、光を心の奥底へと閉じ込めてしまう一白水星は運勢が高まらない。

二〇二二年、一白水星の周囲に集まる人々は、確かに皆どこか頼りなさを漂わせている。だけど、こうした外圧がなければ、心の扉を開けないこともある。これらの人々は、皆、一白水星の心の扉を開放させ、内に秘めたまばゆいばかりの光を外に放出させるためにやってきた、天からの使者だと考えてみたらどうか。

苦境を脱するためのヒントは得られないかもしれない。だけど、こうした人たちの話をじっくりと聴いてみよう。相手の苦しさに共感し、共に涙するのもいいだろう。こうしたコミュニケーションを図るうちに、いつの間にか自分も救われている。相手の背中を支えているつもりが、実は自分も支えられていることに気づくのだ。

こうして集まった人たちと手を取って、ここから一〇年くらいかけてつくり上げる、新しき人生の第一歩を踏み出すことになる。二〇二二年にスタートしたことは、徐々に大きな流れとなり、やがては多くの人々を巻き込んだムーブメントを生み出す可能性が高い。暗い顔をするばかりでなく新しい人生の胎動を感じてみよう。

もちろん、スタートしたとはいえ、まだまだ行き先は不透明だ。すぐさま成果が出るものではないし、順風満帆に進むとも限らない。一白水星は「流水」を表す。一滴の水が天から落ちた後、地下にもぐり、石清《いわし》水《みず》として地上に現れた後、徐々に川幅を広げ大海に注ぐまでのストーリーをその命に備えているのである。

二〇二二年の活動は、まだまだ天から産み落とされた一滴の水。だが、この一滴を大切に守りつつ、動きを止めないことを決意すれば、必ず海にたどり着くから心配はいらない。大切なのは、恐る恐るでもスタートを切ることと、目指すべきゴールを失わないこと。この二つがクリアできれば、一白水星の想像を遥《はる》かに超えた、大きな動きが待っている。

明治から昭和の俳人、飯田蛇笏《だこつ》は詠《うた》う。

「芋の露　連山影を　正しうす」

秋になり、早朝、芋の葉に露がついている。その露の中に、遥か向こうにそびえる連山が映っている。この小さな一滴にあらゆる生命を抱く大山が宿っている。二〇二二年の一白水星は芋の露なのかもしれない。山よりも遥かに小さな芋の、さらに一部の葉っぱの上に頼りなく転がる水滴なのだろう。だけど、その頼りない命の中に、あらゆる可能性が詰まっていることに気づけるだろうか。「こんなところでめげている場合ではない。もっと大きく生きよう」そんな決意を固めよう。それでも坎入の働きは一白水星の一年に影を落とすのは間違いない。時として人間関係に溝ができ、孤独感が生じることもある。一白水星は本籍地を北の暗い場所に持つこともあり、こうした困難の中にあって、闇を探す傾向が強い。長所よりも短所、メリットよりもデメリットにフォーカスしてしまいがちだ。こうなると人間関係の溝を埋めるのは一層困難になる。「どうせ、私のことは誰もわかってくれはしない」。そんな風に白けたムードを纏《まと》ってしまう一白水星も多いと思う。

こうしたときに、最も避けたいのが相手を攻撃してしまう姿勢を持ってしまうことだ。相互理解ができないというのは、実は多くが単純なコミュニケーションエラーに過ぎない。コミュニケーションの基本は、互いの認識を共有することにある。まずは自身の抱えるつらさを丁寧に相手に伝え、また相手の事情を十分に理解すべく耳を傾けることだろう。こうした丁寧なコミュニケーションのあり方は、確かに時間がかかる。だけど、二〇二二年は坎入の一年であって、幸いなことに時間はたっぷりある。中秋くらいまでは運勢が谷底にあって、停滞感を漂わせる。こうした時間は、ここまで疎《おろそ》かにしていた周囲とのコミュニケーションを見直す良い機会として天が手配してくれたものだと知っておきたい。

とりわけ、家族との会話を増やすようにしよう。家族とは社会の最小単位の組織であって、ここがしっかりと機能しなければ、社会活動を円滑にするのは難しい。『大学』で掲げられる八条目は「格物」「致知」「誠意」「正心」「修身」「斉家《せいか》」「治国」「平天下」だ。斉家、すなわち家庭の安寧があった後に平天下、つまり社会活動の繁栄がある。家庭内で白けたムードをつくらないよう。温かい心で家族と触れ合ってみたい。

常にリラックスと平常心で臨む

また人間関係だけでなく、仕事でも苦難が重なることになりそうだ。坎入の特徴は、困難が幾重にも重なるところにある。人員が減ったところに、官庁からの指導が入りタスクが膨れ上がったり、売上が減ったところに元請業者から取引の打ち切りを通告されたり。踏んだり蹴ったり、泣きっ面に蜂、そんな風に表現するのがピッタリの一年だ。

人間の免疫能というのは非常にうまくできている。体内に侵入した抗原をまずはＮＫ細胞やＴ細胞、マクロファージなどが攻撃し、無力化させる。同時にＴ細胞はＢ細胞に抗原提示を行い、抗体を作らせる。抗体とは飛び道具のようなもので、一旦体内に抗体ができれば、非常に速やかに抗原を駆逐できる。さらにＴ細胞は、侵入した抗原を記憶までする。だから一度、抗原との闘いを経験した人体は、次回以降の同一の抗原が侵入した際には迅速に対応し、抗体を作り感染を許さない。

ところが、この次回以降の抗原の侵入時に、時として免疫能が過剰に反応してしまうことがある。蜂に刺されたときの反応が有名だが、二回目に刺されると免疫能の過剰反応でアナフィラキシーショックを起こしてしまうことがある。

二〇二二年の一白水星は、こうしたことに意識を向ける必要がある。大きな困難を一度乗り越えたとしても、二回目の困難でくじけてはいけない。「またか」というため息とともに、生きる活力を失ってはいけないのだ。困難に過度に反応するほどに、二回目のアナフィラキシーショックが起きやすい。すでに述べたように、あらゆる困難は必ず克服できる。いや、困難は一白水星に解決されるために生じたと言ったほうがいいかもしれない。だからこそ、心の余裕を失わないこと。絡んだ糸は、時間をかければ必ずほぐせる。氷に閉ざされた世界にも必ず春は来る。力めば力むほど、二回目の困難がつらくなる。少し肩の力を抜いて、二〇二二年にやってくる苦難に向き合ってみてはどうだろうか。「身を捨ててこそ浮かぶ瀬もあれ」という言葉を贈りたいと思う。

開運を考えるときも、肩肘張らずに簡単なことから始めてみたらいい。一気に運勢を良くしようなどと考える必要は全くない。社会運勢学を学ぶ人であれば、日盤吉方という開運アクションはすでに学んでいるはずだ。日々の九星の遁甲《とんこう》を見つめ、自身を吉の方位へと動かす。吉方引越しと比べると難易度は低いから、学びさえすればすぐにでも開始できる。お金もほとんどかからず、吉方位のコンビニでコーヒーでも飲みさえすれば成立してしまう開運法だ。こうした簡単なことを徹底して行うことが、いつの間にか冬に凍える一白水星の一年を徐々に雪解けへと導く。できることを淡々と可能な範囲で実践する。こうした姿勢に吉が宿る一年だと考えてほしい。

自ら困難を招き入れる決意

二〇二二年は冬の一年だ。ここまで何度もそう述べてきた。そして冬を越せば春が来る。こうした自然の摂理は疑いようのない真実だ。では冬の後には、自動的に春が来るのか。この問いに道元禅師は明快に答えてくれる。

『正法眼蔵《しょうぼうげんぞう》』の「有時《うじ》」の巻に、次の言葉がある。

「いわゆる有時は、時すでにこれ有なり、有はみな時なり」

この「有時」という言葉は「有」と「時」であり、存在と時間という風に解釈すればよい。すると「時すでにこれ有なり」とは「時間＝存在」だと言っているわけである。もう少し噛《か》み砕いて説明すると、どうしても人は時間というものを時系列で捉えようとする。春が来たら、次は夏。夏が終われば秋を迎える、といった具合だ。だけど、実はそうではない。時間は存在と紐付《ひもづ》けられており、季節が順に整理されているわけではない、と道元は言う。

では、どうしたら春が来るのか。存在と時間がイコールなのだから、花が咲けば春になるのである。蟬《せみ》が鳴けば、もう夏なのである。春は春として、春の存在とあり、夏は夏として夏の存在とともにある。

我々は大きな勘違いをしていたのかもしれない。坎入の一年が来たら苦しくなる。坎入の一年が過ぎ去れば、心が明るくなる。そんな風に思い込んでいた。

だけど、道元に言わせれば違うのだ。苦しさを乗り越える力を身につけるために坎入の一年を我々が選んだのである。同様に困難を学び尽くし、味わい尽くして、次なる一歩を踏み出す決意を固めた瞬間に春は来るのだ。いつも決意が季節を運び、人生の四季を彩っている。

逆に言えば、時間は存在をイコールで結ぶのだから、坎入の一年に相応《ふさわ》しい役割を存分に演じてみたらいい。世の中には「方位除《よ》け」とか「厄除け」など、様々な「坎入を避ける」ためのテクニックやお守りがあるらしい。社会運勢学会がそういった風潮に決して乗ることがないのは、坎入には坎入に相応しい生き方があり、それを学んだ先に春を呼ぶ精神がつくられると考えるからだ。「厄を祓《はら》う」ことよりも「役を学ぶ」ことのほうが遥かに重要ではないか。冬が教えてくれる学びを全部受け取って、より強靭《きょうじん》な精神をつくり上げよう。

道元は歌人でもあった。父親は諸説あるが『新古今和歌集』の撰者《せんじゃ》、源通親とされる。すぐれた歌人であった父の血を受け継いだのか、彼の文章は格調高く、詩歌も麗《うるわ》しい。

「春は花　夏ほととぎす　秋は月　冬雪さえて　涼しかりけり」

春は花であり、花は春である。花が本来の自己を発揮するから春になる。四季は全て存在の決意と命の躍動でつくられている。一白水星は冬の一年にあって、心の花を大胆に開き、困難を招き入れ、素直に学ぼう。花が咲けば、春は来るのだから。

一白水星の人物——新井白石

善悪は一瞬にして逆転する。評価も人によって正邪を分かつ。歴史上にも、評価の難しい人は存在する。正徳《しょうとく》の治を断行した新井白石もその一人だ。あまりにも超理想的なその姿勢を、ある人は「経済オンチ」と呼び、またある人は聖人と呼ぶ。

新井白石は久留里藩の出身である。久留里藩主・土屋利直は白石を寵愛《ちょうあい》しており、怒ると額に「火」の字のシワができる白石を「火の子」と呼んで可愛《かわい》がっていたらしい。非常に聡《そう》明《めい》であり、父の読む儒書を全て書き写していたという逸話も残る。ところが利直がこの世を去り、息子の直樹が藩主を継ぐと父は「仕えるに値しない」と出仕を拒否し、土屋家を追われる。次いで仕えた大老・堀田正俊は殿中で刺殺され、堀田家はその後、何度も改易をさせられる。新井家も堀田家とともに全国を彷徨《さまよ》った。生活が安定しなければ、勉学もままならない。そこで白石は自ら堀田家を出て浪人の道を選択する。

こうした悲運の秀才を、天は放っておかない。徳川綱吉の侍講を務めた高名な朱子学者・木下順庵《じゅんあん》に見出《みいだ》され、学費を免除されたうえで入門を許可させる。運命の歯車はこのとき回り始める。順庵は門下生たちの出仕の世話もよくした。ある時、順庵は加賀藩への出仕を手立てし白石を推挙しようと考える。ところが白石は、同門に「加賀には年老いた母親がいるから譲ってくれ」と請われ快諾する。ここで出仕の道が一旦は絶えたように見えたが、まだ逆転劇は残っていた。順庵はその後、綱吉から疎まれていた徳川綱豊（後の六代将軍・家宣《いえのぶ》）が藩主を務める甲府徳川家への出仕を取り付けてきた。

甲府徳川家への出仕から一七年後、家宣は将軍となる。家宣と白石、そして後の相模厚木藩主となる間部《まなべ》詮房《あきふさ》を介し対話し、三人で幕府を動かしていった。この詮房もまた猿楽師から大名になった人で、家宣の眼力の凄《すご》みを感じる。

三人は先代・綱吉の時代の政策を否定し、新たな秩序をつくろうと考える。「生類《しょうるい》憐《あわ》れみの令」は即刻廃止。また、清《しん》とオランダとの貿易で金銀が大量に海外に流出している事態を問題視。年間の取引量の上限を定めた。朝鮮通信使の接待など各種儀礼も簡素化し経費を削減。

最も重要な政策が貨幣の改鋳であった。綱吉の時代に傾いた幕府財政を立て直すため粗悪な小判で貨幣を「水増し」した勘定奉行・荻原重秀を追放し、金の含有量の少ない粗悪通貨である慶長小判を回収。金含有量を以前の水準に戻した正徳小判を発行する。しかし、白石は時流を読み違えていた。慶長小判によりインフレーションを起こしていた市場に、急激な金融引き締めが行われたらどうなるか。引き締めによる急激なデフレーションに市場は耐えられず、経済規模は縮小し、不景気により市井には不満ばかりが募っていく。

白石が理想としたのは家康の時代の政治であった。しかし泰平の世に元禄《げんろく》文化が花開き、職業は多様化し経済規模も大きく拡大した。白石の描いた理想はすでに時代遅れだったのだ。

新井白石、一六五七年二月一〇日生まれの一白水星。彼の推進した政策は、確かに正論に基づくものである。だけど正しさがいつも成功をもたらすとは限らない。水のような澄み切った精神に、ちょっとだけ濁りが含まれていたら、後世の評価は変わっていたかもしれない。

マーケット＆マネージメント

二〇二二年、日本はまだコロナ禍から本格的に立ち上がるとは思えない。とりわけ上半期は経済が一部の業種を除き重苦しさを背負う。そんな中にあって、一白水星の担当するマーケットでは様々なトラブルが噴出することになりそうだ。取扱店や代理店、取次店などとの間で契約の不履行などが問題となる予測があるため気をつけておきたい。

コロナ禍による業界再編や新しい生活様式への移行によって、ビジネスのルールは大きく変動している。コロナ前の契約内容が相応しくなくなっている場合もあるだろう。「契約は契約だから」などと硬直した態度で向き合えば、反発を招き、溝は深まる一方となる。物腰柔らかに、先方の要求に対しても柔軟に対応できる体制と心積もりでいたい。

マネージメントの場面では、情報が混乱することで組織の統治が難しくなりそうだ。情報が独り歩きをしてしまう中で、誤解されて伝播《でんぱ》されてしまうことはビジネス上よくあることだ。収拾がつかなくなる前に、正しい情報をオフィシャルで発信することを考えよう。

管理職にある一白水星の下に多くの人が集まってくる。皆、それぞれ主張があって、全ての願いを叶《かな》えるのは難しい。関係者が増えるほど関係性は複雑になり、人間関係の糸はもつれるばかりだ。どこに地雷が置かれているかわからないからヒヤヒヤもので一歩、また一歩と歩む一年となる。そういった困難から逃げたくなるけれど、どうやら前進する他に道はない。このギリギリの歩みさえ周囲の評価は受けられないから、自分で自分を褒めつつ進もう。

家庭と健康

二〇二二年、最も避けるべきは、家族、特に夫婦間の溝が深まることだ。仕事も困難で、家庭内も冷たい空気が漂う。そんな日々であれば、生きる活力も湧いてこない。

こうした事態を避けるためには、まずは一白水星が心をオープンな状態に保つことが必要となる。家族だけには自身の情けないところも全部さらけ出してしまったらいい。会話が難しいのであれば、共通の趣味を楽しむでもいいし、映画館に出かけ二人で思い切り涙を流すのもいいだろう。意義あることをしなければならないという概念を捨て去ろう。二人の体温を感じることができさえすれば、何をしてもよい。

健康面でも要注意の一年だと言える。風邪が治ったと思ったら今度は蕁麻疹《じんましん》ができたり。腎盂《じんう》腎炎になったと思ったら、今度は中耳炎になったり。とにかく身体的に困難が重なることだろう。何とも理不尽な思いになるが、こうした病気にならない限り、一白水星は活動を止めることがない。「少し止まれ」という宇宙の意志だと受け取ることだ。

停滞の中でしか見えない自身の内面がある。ここまで数年間、激動の中で生活を送ってきたのだから、こうした坎入による停滞感を活用し、一度、自身の内面の点検をしてみよう。禅寺を訪れ、静かに坐《すわ》るのも悪くない。オイルトリートメントを受けつつ、自身の身体に感謝を語りかけるのもいい。また、腎臓や膵臓《すいぞう》に癌《がん》ができれば進行は速い。いつもの健康診断にプラスαしてチェックしておくべきだろう。

恋愛・ファッション

二〇二二年は恋愛でも冬の厳しさを感じることになりそう。交際中の二人には、どちらかに浮気の気配が近づいてくる。浮気をされたとしても、不誠実なことをしてしまう自分にはなりたくない。外で余計な色気を漂わせないように。こちらにその気がなかったとしても、相手がその気になってしまうとタチが悪い。誤解が広がっていくことも考えられるから、身の上は常に潔白に保つようにしておきたい。

そのうえで、二人の時間をできるだけ多く取るように心がけよう。何をするでもなくても、ただただ同じ時間を過ごすことが大切だろう。そうした小さな幸せを積み重ねた先に、大きな幸せがくるという事実を知っておきたい。恋愛もキャリアも継続と積み上げが大切だ。常に刺激に満ち溢《あふ》れた生活ばかりが幸福ではない。

ファッションは全体的にシックにまとめるように。白や黒、グレージュといった定番カラーをオシャレに着こなせる自分でもありたい。また、同じ白でも明るい白を選択すること。心の明るさがモノを言う一年なのだから、まずは身にまとうものから明るくしてみよう。「衣は意を表す」とはよく言ったものだと思う。穴が開いたジーンズなどは、二〇二二年は避けるようにしよう。つまらない誤解を受けたくないから、露出の多い格好もしないほうが無難。

トップスと同様にインナーにも気を使いたい。見えない部分にこだわりを持つほどに、この星は運勢が高まる。下着も同様に、お金をかけてみたらいい。

月の運勢　一白水星

一白・一月

気分は軽快、最後までしっかりと　◎◎(

二〇二二年、一白水星はつらい一年を迎えるが、一月と二月の運気は割と強い。朝日のエネルギーを受けて、気分は軽快。起床したら身体を伸ばして準備しよう。

積極的に取り組めるから、計画通りに行動を開始したい。正月休みを終えたら、企画の準備や挨拶回り、問い合わせの対応など、やることは多い。お世話になっている人たちに限らず、しばらく音信がなかった人にも連絡をとってみるといい。どうしているかと顔が浮かんだら、声かけしてみよう。一白水星の元気そうな雰囲気に話もはずむ。

連絡が入り、一白水星に声がかかることもある。誰に何を話したかわからなくなりそうならば気をつけよう。軽い気持ちで口にしたこと、行ったことが、マイナスに受け取られる場合がある。フットワークの良さはいいけれど、人間が軽いと思われて信用問題につながったり、自分の知らないところで囁《ささや》かれる。強い運気の時でも思わぬミスをしやすいから、気をゆるめないように。

トラブルが起きても、動揺したり大騒ぎしないこと。やるべきことは決まっている。決着を急がず、周囲との関係を良好に維持しながら進めていこう。長い人生に予想外はつきもの。不確実な時代ならばなおさらだ。気持ちが途中で切れたり嫌になったりしなければ、大きな問題にはならない。一白水星が号令をかけて話し合いの場をつくるのも賛成。

野菜のかき揚げうどん、吉。

一白・二月

恵方参りはチャンスを呼ぶ、運勢は強い　◎◎◎

立春を迎えて恵方参りへ。出張中や外泊中ならば、宿泊先から方位を見て神社などに立ち寄ってみたい。苦労にもめげずに頑張ってきた人は、たくさんいると思う。チャンスを求めて足を運びたい。少し遠くてもできるだけ出かけてみたい。開運MAPSというアプリを活用するといい。わからない人は、わかる人に尋ねてみてほしい。

先月にも増して気分は軽い。年間を通して労多い一年だが、二月は最高。あらゆることを前向きに考えて、行けるところまで行こう。担当者と話をし、あるいは関係者を訪ね、行ったり来たりの毎日のなかに意味がある。自分の運勢がいいことを知って、あちこちとの関わり合いを大切にしよう。信頼しているからといって、距離をあけたままにしておくことはあまり賛成できない。人間関係に「もう十分」はなく、常にこちらの理解と努力がなければ維持できない。

今月は良くも悪くも一白水星の周辺で噂が立ちやすい。憶測が憶測を呼び、不穏な空気が流れることがあっても、騒がずに遠くから見守っていよう。やがて落ち着くから心配はいらない。

一白水星はやさしい雰囲気そのままに、信じてやってきた道を突き進むだけだ。こうした姿勢が距離を越えて伝わり、誰かの人生を、ひいては世界を、少しずつ変えていくものだと思う。そうして自分がいる意味を見つける。

「杓底一残水　汲流千億人」　道元

一白・三月

勝負には向かない、静かに丁寧に　◎

三月は運気が傾く。月をまたぐとこうも変わる。先月とは打って変わって、何か心が重い。ちょっとしたことですぐ気分がナナメになるから注意。今月は一白水星が不機嫌になれば、周囲にマイナスの影響が大きい。周囲はこちらの気分に敏感のようだ。嫌なことがあったときの対策を忍ばせておきたい。こちらはこちらで気持ちを引きずりやすいから、すぐに気分を変えるようにしよう。ちょっと微笑んでみたい。

今月は、物事がスムーズに運びにくい。予定がズレたり時間がかかったり、意見が一致しなかったり。踏んだり蹴ったりだ。こうした時期だから、わざわざ大きな勝負に出ることはない。自分がバタバタ動き回れば混乱するばかりだ。いまは足元のことを丁寧にやりたい。周囲の物事を把握するのに適しているから、静かにしていて考えをまとめよう。年度末でもある。これまでの歩みを振り返って、相談をしておきたい。

周囲を気遣う行動は、吉となる。ただし、「やってあげている」と考えないように。人のためにやることが、自分のためにもなっている。だから、「させていただく」と言う。それに、天はちゃんと一白水星の努力を見ているから安心しよう。虫や植物や自然はいつも私たちの知らないところで、私たちを支えてくれている。支えているとも思わずに。

時に疲れやすい、休息してリラックス。

納豆に卵の黄身をまぜて食べると吉。

一白・四月

チャンスは目前だ、イライラや喧嘩腰はダメ　◎◎

新年度となって一白水星はやる気に満ちている。春を感じられて気持ちはどこかおだやかで、のびやかだ。天気のいい暖かい日には出かけたい気分になる。

先月の苦労を乗り越えて、明るさが戻ってきた。やるべきことが明確になってくるとともに、忙しくなってくる。人によっては目上から依頼や指示があり、いくつもの仕事を抱える。今月は頭脳が回転するから、レベルが上の仕事でも断らずに挑戦してみたい。自分のやりたいことのみが自分の能力を押し上げるわけではない。任されることほど、一白水星を成長させてくれる。そうしてチャンスに会える自分になっていくのだと思う。

次第に日程は埋まり、せわしくなる月。急げばトラブルは起こりやすい。早く早くと気が急《せ》いてしまう時ほど気をつけよう。今月は生き急がず、大きなものに抱かれて生活したいのだ。忙しいなかにあっても心はゆったりと。四季は自分を超えたところで巡っている。春や夏は人の命令や都合で駆け足をしない。

また、目上と喧嘩《けんか》したり反感を持てば、運勢は一気に弱まる。対立すれば今後に影響が及ぶから注意。予定通りにいかないことや、待たされるような状況があってもイラつかないように。少々のことも待てずに大は成せない。ここまで成長してきた自分は、いったい誰に待ってもらって現在があるのだろう。

車や自転車に乗る人は、違反のないよう安全運転を心がけよう。

一白・五月

楽しいひと時、度を超さない ◎◎

五月は肩の力が抜けていい雰囲気だ。楽しいことに気持ちが向かい、誰と会っても嬉しい。こうしたひと月を利用して何か楽しいことを計画したい。家族で出かけたり友人とお茶したり、学習や習い事を始めてもいい。

これまでに人間関係のトラブルがあった人は、今月のどこかで時間をつくって和解しておくといい。五月は周囲と心を合わせやすいから、一白水星が楽しくやさしく話をすればわかり合えると思う。負けた気がするなどと意地を張ったりしないように。こだわり続けた何ヶ月間より、こだわりを捨てて前へ進む何ヶ月間のほうがきっと楽しい。

楽しい一方で、陰りもあるから心得ておきたい。早い人は今月の後半にも運気が低迷し始める。夏の数ヶ月間に経済的な困窮が強まる人もいるから、心配なら今月の出費は控えめにしておこう。といっても、締めるばかりではつらい。何に使って何を抑えるかメリハリをつけたい。

家族との食事の時間は大切に。話を聞きながら団欒《だんらん》すれば最高。でも、自分の発言に注意。冗談でもきつい言葉を口にしたりしないように。楽しい場にならなければ、こちらが度を超したことによる。仕事上のミーティングや内輪の雑談、ここだけの話など、話をする機会は多くなる。何気ない発言に自分の価値観が表れる。簡単に会話が録音できる時代、誰にも問題意識が問われる。

歯が欠けたり痛めば、すぐ歯科へ。

一白・六月　我慢のとき、指導に沿う　◎

梅雨は気分も滅入《めい》りがち。髪がまとまらないのも嫌になる。傘は今月のラッキーアイテム、新調して気分を上げよう。

六月は一年の折り返し、正念場で我慢が続きそう。人間関係はもたつくし、仕事上でも何かの変化が起こる。どうしてこうなるのか、何につけても大変だ。でも、変化自体は悪いものではない。変化に乗っていけないところが苦境、まずは乗ってみることだろう。

今月は成果が出るような時ではない。大胆に出たり、人をグイグイ引っぱったりする必要は全くない。強引に進めればまとまらなくなるだけだから、誰かをリーダーに立てるか、アドバイスに従っていくのがいい。自分から進んで指導を受け、あるいは下に頼んだりするほうが賢明。

人によっては、家族の誰かのことで気をもんだりする。自分を取り巻くものと自分との葛藤や軋轢《あつれき》、何かしらの停滞感がつきまとう。ここは全面対決をしないで、もう少し時間をかけて様子を見てみよう。すぐに答えは出てこない。心のモヤモヤ状態に耐えるのは苦しいけれど、自分の気持ちをおさめるようにしたい。ここで自分の願いを諦めるでもなく、人を責めるでもない。できる限りやさしい自分でいよう。それがこのひと月を乗り越えるコツだ。つらくなったら話を聞いてくれる人を見つけたい。気軽に専門家やその道のプロの力を借りていいと思う。

関節を痛めやすい。

一白・七月

感情を抑えて、後半は気を引き締める　◎

七月になって運気はやや回復。梅雨が明ければ夏の太陽が顔を見せる。

今年も中盤を過ぎて、やらなければならないことは多いけれど、走らないこと。七月の一白水星はあせってはいけない。低迷期に入っているから、歩幅は広げなくていいと思う。今月の一白水星には、物事がよく見えている。でも、周囲はそうではないから、あまり要求を大きくしないようにしよう。

また、策を弄して立ち回る必要もない。正々堂々と皆の前で話をし、わかりにくいところを取り去って進めていこう。全ての人にわかる透明性を意識したい。やはり順を追ってやっていくことが必要だ。

時として、何かやり切ったような、ひと区切りついたような気持ちになる。成熟世代の一白水星ならば、これから徐々に先細りしていくようなイメージで生活していてはいけない。これからの夢を考えるところにきている。もしなければ考えてみよう。目をキラキラさせて生活したい。鏡を見てチェックしよう。余分なものがつけばギラギラしてしまう。

人から言われることについカッとしたり、感情の波が激しくなったりと、運気が落ちてくる後半はゴタゴタしやすい。人とぶつからないように。対決するのは簡単だけど、人はついてこない。矛をおさめよう。心を柔らかくしておくと、吉。

人によっては、月末から体調を崩し始める。頭痛や熱中症に注意。早めに漢方を。

一白・八月

悩むことあり、その裏に幸せの種もある　◎

うだるような暑さがこたえる。今月の一白水星は谷底だ。朝起きれば身体がだるい、やる気が出てこない、何をするにも億劫《おっくう》なのだ。ボーッとする時間が多くなりそう。体力も落ちているから、体調を崩さないように気をつけたい。夏風邪にも注意。冷たいものを摂《と》りすぎたり、エアコンで身体が冷えるといけない。偏食は避けること。

普段なら周囲に合わせてうまく対処できる一白水星でも、今月は人間関係のトラブルがあったり、金銭的に苦しかったりと、穴に落ち込んでいる。解決の道筋は見えないから苦しい。応援は得られず、悩むことが多くなる。目に映る景色は自然と陰を帯びてくる。

大空に一羽の鳥がスイーっと飛ぶのを見れば、「あの鳥も孤独に生きているんだな」と呟《つぶや》きそうだ。でも、きっと鳥は孤独に生きていない。なぜなら彼らは自然と調和して生きているからだ。病床につく人全てが、悲しみに沈んで生きているとは限らない。心が何を捉えているかは人それぞれに違うからだ。それは外からは見えない。

今月の一白水星は何を捉えよう。言いようのない日々の中にも幸せはある。何かの苦労があったら新しいスタートだと受け取ろう。人生は一回りして、新しい舞台はひっそりと音もたてずに始まる。大切なのは、悩みがあることで悩まないこと。いま悩んでいることは悪いことでもない。受け入れてそれと一緒に生きていくのが得策だ。

一白・九月　運勢回復、谷は越えた　◎◎

今月から運勢は快方へ向かう。気持ちは徐々に立ち上がる。心配していたことに出口が見えるようになってホッとしている。仕事も忙しくなると思う。地味な作業にコツコツ取り組んで、あっという間の一日。

周囲からお願いされたり、依頼されることがあれば、時間をつくりたい。忙しい人ほど物事が集まってくるのはなぜだろうと思うけれど、快く応じる姿勢が欲しい。新しい顧客が次々とできる時だから、やさしく応対することが肝心だ。

気持ちを共有したり、進捗を確認・報告したり、何でもないことだけど重要。家庭にあっては、妻や母の愚痴も聞く。いつものことだけど、相手にとって一白水星は、やさしく話を聞いてくれる貴重な存在だ。共感できなくても、相手を否定せず言葉をまろやかに。柔らかく触れ合えば、誰もが一白水星についていきたくなる。そばにいる人への気遣いや思いやりが今月の運勢を押し上げる。大きなことを狙わず、日常の一コマに喜びを含ませたい。分けへだてない姿勢にも好感が寄せられる。多くのファンができるといい。

一白水星の周りにやってくるものは、吉凶ともにある。後からくるものは困ったことになる可能性が高いから注意したい。善悪の判断は曖昧になりやすく、迷えば上の指示を仰いでおきたい。

連休は一人で過ごすより、家族や仲間と一緒がいい、束《つか》の間《ま》の休息。肌荒れに注意。

一白・十月

明るく元気に、困難は乗り越えられる　◎◎

十月、虫の音は秋の到来を実感させる。季節の変わり目に身震いしそうだ。ノド風邪に注意。

にわかに騒がしくなってきた。今月の一白水星は、新しいことにも着手するようだ。新規事があれば運気の波に乗っている証拠。乗れていないと思う人がいれば、明るく生活することを心がけてみよう。誰彼なく声をかけ、話しかけたい。明るい声かけが自分の中にもこだまして、前に進むための原動力になる。あるいは音楽にのって、思いきりテンションを上げよう。今月は一刻も早く明るい自分に切り替わることが大切だ。人は困難がないから明るくなるのではない、明るいから困難を乗り越えられるのだ。

純粋に成長しようとする心を宇宙は放っておかない。それは、私たちが宇宙の大生命に包まれて生きているからに他ならない。疑心暗鬼にならず、安心の境地で一歩一歩と前へ足を踏み出していこう。

そのうえで、軽率な行動に注意。今月は思いがけないトラブルが起こりやすい。持ち物や時間、場所なども確認しよう。また、返事はいいが言われたことを忘れてしまったり、大切なメモをなくしたり、小さな間違いも起こる。どうにも気がはやる、落ち着いて行動しよう。失敗した時に「またか」と呟くより、うまくいった時にそう言いたいものだ。

梅干し、タコの酢の物、吉。ラッキーアイテムはブルーのハンカチや靴下など。

一白・十一月　動揺する心を静め、真摯にやり続ける　◎◎◎

朝夕の気温が冷えて、冬が近づいてくる。十一月は先月以上に心が軽い。年末に向けて忙しいけれど、前向きな姿勢を維持して取り組もう。社内外への発信はマメに行おう。イベントの告知や情報更新なども。問い合わせが入り、相談を持ち込まれ、一白水星に確認が入る。今月のうちに通せるものは通しておきたい。来月は動かなくなるものが出やすい。でも、強引には進めないこと。

人によって今月、計画が崩れることがありそう。行き違いがあったりマイナスの出来事に心が揺れる。プラスのことにも目を向けたい。間違っても人間的なトラブルに発展させないように。こちらに何かの誤りがあれば、すぐに訂正しお詫びをしよう。一白水星の変わらぬ真摯な姿勢が欠かせない。築き上げてきた人間関係を継続し、取り組んできたこともやめたりしてはいけない。

取り入れる情報が正しいかどうかの判断はしっかりと。それには、学びを深めていくしかない。世界は広い。知らないこと、知るべきことは尽きない。だから人生は面白い。間違った過去の教育は、まるで私たちに、学びは小難しくて苦しいものと思い込ませる。だから嫌になってしまう。学び続けていく楽しみを個々人がもてれば、世界はもっと違ったものになると思う。社会運勢学会の扉はいつでも開いている、ウエルカムだ。

筋肉や神経を痛めやすい。

熱々のラーメン、野菜大盛りで食べたい。

一白・十二月

笑顔が欲しい、見直しが来年に活きる　◎

二〇二二年も今月で最後。苦しかった一年だったけれど、何とかここまでやってこられた。大勢の仲間と会えば、こんなことがあってさ、と話がしたい。同じ一白水星を見かければ、よくやってきたよなと、お互いをたたえ合おうじゃあないか。そうした時間が何より励みになる。

だから今月は、人が近づきやすいように笑顔を振りまいてみよう。時に話しかけづらい雰囲気が漂う。自分ではそんなつもりはないのだが、今月は考え込むことも多いからか、好意的に見られにくいことがある。なぜか人とソリが合わない。

また、一旦こじれると時間がかかるのも十二月の特徴だ。面倒なことは多いが、仕方ない。自分だけではどうにもならない状況もあるから、周囲に任せることも検討していきたい。今月は何でも自分でやろうとしないほうがよさそうだ。周囲の意見に従って進むか、場合によっては自分が下がったほうが吉と出る。

ここにきて運気はやや低迷しているが、今月が次への布石となる。だからこの一年、うまくいったこと、うまくいかなかったことなどをノートにまとめるなど、必ず整理しておきたい。その理由なども併せて考えてみよう。自分のやるべきことが浮かび上がれば、新しい自分をつくるヒントになる。

お腹《なか》が冷えると下痢になるかも。温かくすること。豆板醤《トウバンジャン》の鍋が吉。

仮吉方 方位移動の効果

東へ帰る

①気持ちは立ち上がり、問題は解決に向かって動き出す
②あらゆる物事が大きく発展を見せる
③多くの人から声がかかり、縁は大きく拡大する
④物事は整い、生活は安定に向かう
⑤信用が広がり、営業は拡大する

南東へ帰る

①環境や精神が整い、人生は飛躍へと向かう
②精神的・肉体的に整い、穏やかな心が得られる
③遠方から声がかかり、豊かな人間関係が結ばれる
④気持ちは立ち上がり、あらゆる問題を解決する気概が生まれる
⑤活動量が増加し、発展・繁栄につながっていく

西へ帰る

①経済活動が活発になり、可処分所得は増加する
②副収入を得て、経済的に豊かさがもたらされる
③交友関係は盛んになり、楽しい人間関係に恵まれる
④講演会など人前で話すチャンスに恵まれる
⑤人生は変化に向かって大きく進む

北西へ帰る

①生きがいが生まれ、人生に充実感が満ちる
②尊いものに出会い、向上心は高まりを見せる
③孤独感が消え去り、人生に安心感がもたらされる
④目上からの引き立てを受け、仕事の規模は大きく拡大する
⑤仕事、人生、健康などあらゆる基盤が固まる

2022年　一白水星　仮吉方表

誕生日	出る方向	出る時期	帰る方向	帰る時期
2/4〜3/5	西	6月初め	東	8月末
	北西		南東	
	東		西	
	南東		北西	
3/6〜4/4	北西		南東	
	南東		北西	
4/5〜5/5	西		東	
	東		西	
5/6〜6/5	西		東	
	北西		南東	
	東		西	
	南東		北西	
6/6〜7/6	西		東	
	東		西	
7/7〜8/7	北西		南東	
	南東		北西	
8/8〜9/7	西		東	
	北西		南東	
	東		西	
	南東		北西	
9/8〜10/8	西		東	
	北西		南東	
	東		西	
	南東		北西	
10/9〜11/7	西		東	
	北西		南東	
	東		西	
	南東		北西	
11/8〜12/6	西		東	
	北西		南東	
	東		西	
	南東		北西	
12/7〜1/5	北西		南東	
	南東		北西	
1/6〜2/3	西		東	
	東		西	

※その他諸注意事項があるので、詳しくはセミナーに参加して学んでほしい

二黒土星《じこくどせい》

運勢パワー　★★★

感謝と穏やかさに
包まれて生きる。
全身全霊で期待の声に
応える時がきた

2022年のポイント

①時間を大事にしながら恩返しを
②あらゆる出来事を善で捉える
③期待に応えるほど運気が高まる
④調和が自身を解放するカギとなる

二黒土星の人物──千家《せんげ》尊福《たかとみ》

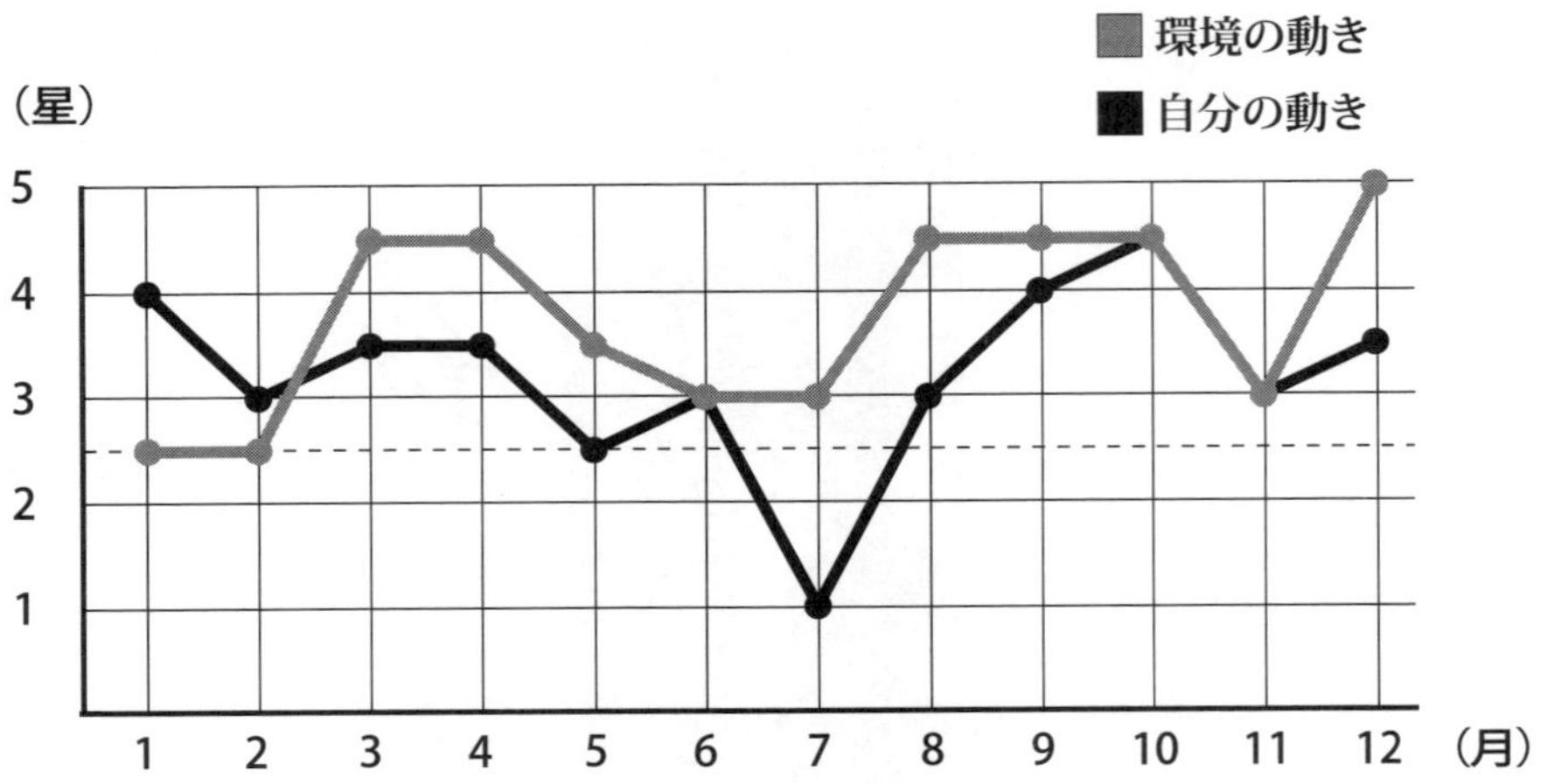

2022年のバイオリズム

運勢は谷底を抜け、いよいよ上昇フェーズへ向かう。ただし、前半は思ったようには運勢が向上しない。

とりわけ、7月頃に不本意なトラブルが連続することになりそうだから注意しておくように。こうしたときに腹を立てれば、年の後半に訪れる高運気に水を差すことになる。前半は持久戦だと考えて淡々と過ごすこと。

一方、立秋以降は運勢が一気に上昇する。ここからは強い前進性を持った運気に背中を押される。そのため、落ち着いて取り組むべき課題は、夏までに終わらせておくことが望ましい。

運勢

時間を大事にしながら恩返しを

二〇二一年の二黒土星は、「厄年」と呼ばれる坎入《かんにゅう》の一年を過ごしてきた。苦しみの中にあって、大輪の花を咲かすことができた二黒土星がいる一方で、体調や人間関係、経済的に困窮を極め、願ったような成長が叶《かな》わなかった二黒土星もいる。いずれにとっても、二〇二二年は春の手前に人生のステージは進む。坎入の苦しさは水に流し、今、立っている場所を納得したうえで年明けを迎えたい。春間近とは言え、まだ寒さは残る。特に坎入後の南西廻《かい》座《ざ》のことを「後厄」などと表現するように、前半戦はつらさが残る一年。秋以降の飛躍に向けて、我慢の日が続く。また、二〇二二年は歳破《さいは》の影響を受けるため、不本意な事態が頻発する。ピンピンしていたはずの母親が急に体調を崩したり、事務手続きでエラーが生じ、経費の申請が通らなかったり。どれも致命的にはならないが、とにかくトラブルが多い。ただし、どれも時間が解決してくれるから、イライラしないように。また、些細《ささい》なことで未来を悲観し始めると、あらゆる可能性の芽まで潰す結果になりかねない。こうした不本意な出来事さえ、持ち前の鈍感力で「そういうこともあるよね」と許すことができれば、事態は快方に向かう。二黒土星の本領発揮だ。

そうしたアクシデントに見舞われながら進む一年。進む先は飛躍であって、二黒土星は二〇二三年に新しい扉に手をかけることになる。怒りの感情は、そうした明るい未来さえ破壊する可能性を持っているから、とにかく穏やかに過ごすことを第一としたい。

生活は徐々に落ち着きを取り戻す。坎入していた二黒土星に限らず、世界中が新型コロナウイルスによって暗闇に突き落とされた二年間だったように思う。それでもワクチンの普及によって、二〇二二年、個人生活は普段の生活が戻ってくる。もちろん、まだまだ自由な行動は制限されるが、二〇二一年までの雰囲気とは違ったものになってくるだろう。

コロナ禍の生活を余儀なくされ、普通のことが普通にできる当たり前の日々が、いかに有り難いことだったのかを身をもって体験したと思う。二黒土星は、坦々《たんたん》とした歩みを好む。物語に描かれるドラマチックな人生よりも、市井に転がっている平凡な人生を求める星だ。こうした二黒土星の願いに沿う静かな一年となりそうだ。だけどそれは、決して永遠に続くものではない。二〇二三年からは、また新しい世界の扉を開けて飛び出していかなければならない。だからこそ、この当たり前で静かな日々を十分に味わいたい一年。こうした安心の生活の中から、次のステップへの活力が生まれてくるのだと思う。ここ数年の忙しさの中で置き去りにしていたものに取り組んでみたらいい。

地域のお世話役などを買って出るのもいい。仕事から離れた場所で結ばれる人間関係から学ぶことは多い。小学校の保護者会に参加すれば、女性の持つリーダーシップに舌を巻く。「女性がたくさん入っている理事会は時間がかかる」と言って東京オリンピック・パラリンピック大会組織委員会の会長を辞したのは森喜朗だったが、地域の寄り合いでいつまでもグダグダと世間話をしているのは男女を問わないだろう。一方で、テキパキと仕事をこなし、「夕飯の準備をするので帰ります」と言って席を立つのは女性が多い。日本の明治以降の失敗の一つに、男尊女卑の考え方が根底にあったのは認めたくない事実だが、未《いま》だに社会の様々な場面でこうした考えに触れるたびに絶望的な気持ちになったりもする。二〇二二年は男性の二黒土星であっても、女性の持つ調整能力やマルチタスクを処理していく能力から学びたい一年だ。また、休みのたびに実家を訪ねてみたい。先ほど母に問題が生じる可能性を述べたが、そういったトラブルを未然に防ぐことも頭に置きつつ、二〇二二年は母との関係性をより近しいものにしたい。母というのは、いくつになっても忘れ得ぬ命のふるさとなのだ。忙しさの中で、いつの間にか疎遠になっていた実家に戻ると、以前よりも母が少し痩《や》せていることに気づく。白髪もいつの間にか増え、食事の量も減っている気がする。自身の命を削ってまで、私をこの世に産み落としてくれた母に恩返しをする時間は思ったよりも少ない。こうした静かな時間を活《い》かして、最大限の親孝行に努めたい。

あらゆる出来事を善で捉える

また自分の命を支えてくれているのは、母だけではない。コロナ禍ではとりわけ社会的弱者の命が危険にさらされた。収入が少ない母子家庭やアルバイトで学費を稼がなければならない大学生などに対して、社会福祉協議会や日本学生支援機構の奨学金相談センターを中心としてセーフティネットがしっかりと機能した事実は、日本もまんざら捨てたものではないと思わせてくれた。我々は知らないうちに、多くの人に支えられて生きている。その自覚が生まれれば、社会に対する見方も変わる。社会に対して真剣になれば、それを動かす政治や行政にも興味が持てる。日本人は、社会という大きなシステムの未来に対して、もっと真剣に向き合うべきだと思う。

こうして我々を支えてくれる社会に、どのようにして感謝を返していこうか。難しく考える必要はない。道に落ちているゴミを拾う、落とし物は交番に届ける。今まで、見て見ぬ振りをしていたこと、誰かがやるだろうと考えて一歩踏み出せなかったことなどを二黒土星が引き受けることだ。やりたくないが、誰かがやらなければならないこと。それを『易経』では「致役《ちえき》」と呼ぶ。この「致役」の積み重ねが二〇二二年の二黒土星の運勢の鍵を握る。

こうした日常の些細な善の積み重ねが、一体なぜ開運に直結するのか。それは『易経』の坤為地《こんいち》に説明がある。「積善家には必ず余慶あり。積不善家には必ず余殃《よおう》あり。臣その君を弑《しい》し、子その父を弑するは、一朝一夕の故《こと》にあらず」。余慶とは予想外で余りある喜び、余殃とは予想外のトラブルを指し示す。善を積めば幸福が、不善を積めばトラブルが。こう書くと、いわゆる「因果応報」などと考えられてしまうだろうが、そうではなく、もう少し深い意味を持っているのが易の思想だ。

善を積むことが重要なのは、善を積んだという事実が尊いのではなく、善を積むという行動の裏に隠れた決意があるからだ。ゴミを拾ったことが尊いのではなく、ゴミに気づけたという精神の余裕と目の前に生じた出来事に対する使命感が心に生じたことが尊いのだ。

一方で積不善の家には親殺しが起こると書かれている。二五〇〇年以上前に書かれた書に親殺しが言及されており、現代に至ってもまだ親殺しが存在すること自体、人類の進歩のなさを嘆くべきなのだが、易では親殺しさえ積不善の結果だという。「一朝一夕の故にあらず」とあるように、積不善を改めるきっかけは長い年月の間にいくらでもあったはずだ。子供の心の変化に気づこうとせず、また自身を改めることもしなかった結果が親殺しとして現れる。

つまり、積善も積不善も重要なのは心の置きどころであって、事実そのものではない。やりたくないことを「引き受けよう」と考えられるようになったところに成長があり、その自己の成長がさらなる向上へと二黒土星を導くと考えよう。

だから、善も不善も実は紙一重なのだ。あらゆる事態にどのように接するか、すなわちいかなる「縁起」を呼び込むかを問題にしている。ゴミがあるという事実は一緒。それにある人は「拾おう」と思い、またある人は「誰かが捨てる」と思う。その判断を分けるわずかな心の動きの差が、いつの間にか人生の幸不幸さえ決定していく。

ということは二〇二二年に二黒土星の目の前に生じる出来事は、全て幸せに向かうためのお手配だ。どのような出来事にも、接する自分の心のあり方は自分で決められる。易は陰陽の相対性でつくられている。相対性ということは絶対的なものはない。これは仏教と非常に似ている概念で、だからこそ東洋思想は易と仏教という二つの教えを軸に進んできた。絶対的な悪はなく、あくまで自分の接し方で悪となる。同様に善もまた自身の心が決める。

二黒土星は大地だ。大地は天の意志を全て受け入れ、それでいて常に生命を生き生きとその上で躍らせている。つまり、大地にとってはやってくるものは何でも構わない。雨だろうが雪だろうが、全て受け入れて豊かな森を育んでいるではないか。こうした自身の本領を存分に発揮し、あらゆる出来事を善として接し、そして一つずつ丁寧に積み上げていこう。そうした決意を固めさせる精神に、今後の飛躍の種が眠る。

期待に応えるほど運気が高まる

こうした身近なところから自身の心を耕していく。それゆえに「坤」は「近」であり「墾」でもある。坎入を乗り切ってたどり着いた場所で、自身の居場所をつくっていくことが二〇二二年の課題となる。海外での生活や実家から離れた土地でビジネスを展開する経験をした人ならわかるだろうが、土地が違えばルールも変わる。当然、求められるものも変わるわけで、その居場所に適した能力の開発は不可避だ。

ここで肝心なのが「求められたことを行う」能力であって、それが自分の望んだものや願ったものと一致するかどうかは問題外なのだ。とにかく二〇二二年は、周囲から期待された働きができることを最優先にして、自己の能力の底上げを考えよう。

もっと言えば、相手の要望に正確に確実に応えていく力が欲しい。二〇一五年、センサーの世界出荷数が二五〇億個を突破した。二〇二〇年には九〇〇億個、そして二〇二五年には一二〇〇億個の出荷を見込むという。世界人口が約七九億人だから一二〇〇億個といえば、一人あたり一五個を消費する計算になる。センサーとは日本語で受容器と訳され、何かしらのシグナルを中枢に送り、シグナルを受け取った中枢はそれに対応すべく効果器に司令を出す。この仕組みは人体の反射と同じで、人間もまた高度なセンサーによって生命を維持している。社会で言えば、電車が寸分違《たが》わず時刻表通りにやってくるのもセンサーのおかげ。自動ドアがひとりでに開くのもまたセンサーによる。

センサーにとって重要なことは、できるだけ早く、正確にシグナルを受け取り、伝えることである。二〇二二年の二黒土星はまさにセンサーとしての役割を担う。相手の希望を早く、正確につかみ、相手の求めるアクションを起こすことだ。だから、仕事は相手の期待を超えたクオリティを発揮するよりも、相手の期待通りのクオリティを早く提示することのほうが重要になる。アパレルの店員さんであれば、相手の予算感をすぐに嗅ぎ取り、それに対して過不足なく提案する能力が求められる。日本の企業はどうしてもハイクオリティを求めがちだ。それによって、日本のケータイがスマホに後れを取り、独自のガラケーを生み出してしまったことは記憶に新しい。世界に出たときに全く使えない高性能な携帯電話。そんなものは誰も求めていなかったにもかかわらず、日本の企業群は顧客のニーズを捉えることなく、技術合戦に邁進していたのだった。それがどんな結果に終わったか、今一度思い出してほしい。

センサーは私情を一切挟んではならない。自身の慢心を一切振り払わなければ、センサーの役割は全うできないのだ。これは口で言うほど簡単なことではない。そこには自身を抑え、律するという想像を超えた精進がある。二〇二二年の二黒土星はこうしたシンプルな生き方に徹したい。創意工夫よりも従順さ。独自性よりも正確性。いわゆる型の習得に近いのかもしれない。こうした基本的能力の底上げは、いずれ世界をあっと言わせる能力の開花につながる。政府は二〇二一年度からの五年間で研究開発投資に三〇兆円を官民合わせて投入するという。このうちのどのくらいが基礎研究に回るかはわからないが、教育が国家の基本であることに疑いはない。日本はようやく基本的能力の向上の重要性に気づいた。すでにアメリカ、中国とは大きな差がつき始めているが、こうした政策によって世界が驚くような発明が生まれてくることを期待したい。そして、そうした国のあり方と二黒土星の生き方が重なるのが二〇二二年なのだと知っておいて損はない。

調和が自身を解放するカギとなる

こうして自身の命の大地を耕し、基盤を整えていくと、その先には未知の世界が無限に広がっていることに気づく。勉強をすればするほどわからないことが増えるのと同様に、自己の能力も開発するほどに可能性の広がりに気づけるのだ。

二黒土星は面白い星で「近い」という意味と同時に「無窮に広がる大地」という意味も兼ね備えている。まるで矛盾するような二つの概念を持つこの星は、自身の持つギャップに苦しむのだが、一方で九星一番の潜在能力を持っていることを忘れがちだ。自身に眠る可能性に、薄々気づいている二黒土星もいるけれど、この星はどうしても目の前の現実にフォーカスしがちだから、その奥にある可能性に対して懐疑的だ。それがこの星の「気後れ」を呼ぶ。相手の要望に応えるのはいい。それは気後れではなく従順だ。だが、自身の可能性を低く見積もり、活動を自ら制限していくのは頂けない。もっと自由に闊達《かったつ》に行動することはできないだろうか。土地を区画化するように、どうして自分で限界線を引いてしまうのか。二黒土星の人と触れ合うたびに、歯がゆい気持ちになるのは、きっと内側に湛《たた》えた可能性に自らの手で蓋をしてしまっているからだと思う。

日本人独特の感覚に「分」というものがある。中年以上の人であれば、一度は親や教師、上司などから「分をわきまえろ」などと叱られたことがあるのではないか。「自分」という言葉は中世から存在する。八二七年に編纂《へんさん》された漢詩集『経国集』にはすでに一人称としての用法が確認できるという。「自らの分」ということであり、ここでは分は力量という意味で用いられているが、ここでの力量とはすなわち身分によるものであって、この頃から日本人は身分によって自分の命を規定していたようだ。

だが、自由主義の現代日本において分をわきまえる必要なんてないだろう。肩書が何であろうが、居酒屋のカウンターで並んだら話しかければいい。大企業の社長さんに、低所得のサラリーマンが話しかけてはならないなどという決まりは、少なくとも日本においてはないはずだ。そんな存在しない壁の中に自分を閉じ込めてはいけない。

二黒土星を表す八卦《はっけ》、坤（☷）の形は美しい。上、中、初の三爻《さんこう》が全て陰で構成され、それは破線で描かれている。どこに対しても蓋をせず、開けっぴろげなのがこの星の最大の魅力なのだ。その魅力を自ら捨て、小さな世界で満足してはいけない。遠慮だとか、謙虚だとか、そんな曖昧なことでアクションを起こさない自分を肯定することのないように。二〇二二年は思い立ったことは全部やる。そんな気概を持って過ごそう。

だから、二〇二二年は坦々とした生活の中に、その実かなり忙しい毎日が待っている。歳破の影響で、確かにうまくいかないことも多い。けれども、それも含めて毎日がスペシャルな一年だ。まだ見ぬ自分に会いに行くために、今日も玄関を開けて出かけよう。

そうは言っても、周囲の先頭に立って、グイグイと周りを引っ張るような生き方はそぐわない。人生に対して積極的になることと、皆の前に出て独断専行するのとは訳が違う。やはりこの星はやさしく、柔らかく生きる姿が美しい。自己実現と周囲との調和。ここでも一見、矛盾するようなテーマが出現する。

だけど、その矛盾を統合し、両方とも実現するところに成長があり、成果がある。

それでもきっと、この星はゆっくりと着実に、この難しい二〇二二年の生き方を体現してくれるだろう。そして、秋から年末にかけ、人生の春という光に向かって意気揚々と駆け出すのだと思う。

二黒土星の人物——千家尊福

日本史は中央集権と地方分権の交代の中で進んできた。大和朝廷は中央集権国家、武家社会は地方分権で、それを中央に集約しようと考えたのが織田信長。信長を反面教師とし、地方に一定の権限を持たせつつ人事権を握って中央の維持をしたのが徳川幕府であった。その幕府が外圧に屈する様を見て、維新の志士たちは中央集権国家の樹立を目指して戦う。ところが、生まれたての明治政府が中心に据えようと考えた天皇の力はすでにないに等しかった。そこで明治政府は「天皇を中心とした国家神道を基盤に据えて権限を中央に集中させる」ことを選択する。神仏分離令を出し、廃仏毀釈《はいぶつきしやく》運動が進む。一方で、神道は国家運営に都合よく作り替えることを模索し、伊勢神宮を中心とした国家神道を再構築していくのである。

そうして、神道が国家運営のシステムに組み込まれていく。「神の国」を自称しつつ、東洋思想を破壊し、西洋の科学と哲学への追随を進めていく。いつしか中心に据えるべき神道は古来のそれとは似ても似つかない国家神道へと変遷していった。自身の歴史を否定する国に未来はない。これは中国共産党や昨今の韓国、バーミヤンの石仏を破壊したターリバーンなどを見れば明らかであろう。こうした流れの中で、日本は少しずつ破滅に向かって歩み始めている。日清戦争、日露戦争の辛勝がその流れを加速させ、太平洋戦争という愚かな戦争へと連なる。日清戦争から太平洋戦争まで、日本の宗教界は沈黙していた。神道はすでに国家システムに組み込まれ、仏教は徹底的に破壊され声を上げることさえできなかった。唯一、浄土真宗は明治政府の中心人物・西郷隆盛と大久保利通によって保護され、勢力を拡大する。これが現在の真宗王国・鹿児島の誕生の契機となるが、政府に懐柔された浄土真宗に反戦を訴える力はなく、むしろ挙国一致を唱え戦争に諸手《もろて》を挙げて賛成した。宗教は戦争に無力だった。

　こうした流れに、真っ向から反発した男がいる。それが第八〇代出雲国造《いずものくにのみやつこ》・千家尊福である。尊福は明治維新の流れの中で、神道が国家の中央集権化に一役買っている現状に猛反発し、伊勢神宮との間で激論を戦わせる。伊勢神宮は天照大神《あまてらすおおみかみ》を祭り、出雲大社は大国主《おおくにぬしの》命《みこと》を祀《まつ》る。天照大神は陽（顕事）で、大国主命は陰（幽事）。伊勢と出雲の対立は、神道の陰陽の対決であった。伊勢派は猛烈なロビー活動を展開し、自身の正当性を政府に認めさせる。この激論は単なる宗教上の教義の解釈の差で起きたものではない。大国主命は日本という国土を造っていった人の神である。その神を祀る出雲大社を代表する尊福としては、汗を流し土地を耕してきた大衆の力を認めず、後から降臨した天照大神のみに力を与えるのは承服しがたかった。尊福は土地を愛し、人を愛した人であった。伊勢派が勝利した後、尊福はそれを受け入れ、出雲大社国造職を弟に譲り、自身は新たに国家神道の影響を受けない出雲大社教会を設立し、教派神道の礎を築く。その後は政治家として、また実業家、書家として、さらには和歌の名人としても活躍する。伊勢神宮との争論では敗れたが、尊福の国家神道への警鐘の正しさは後の時代が証明した。

　千家尊福、一八四五年八月六日生まれの二黒土星。彼の魂は中央と離れた島根の山の麓で、出雲の神々と彼を敬愛する出雲の人々に抱かれ、ひっそりと眠る。大衆の星・二黒土星の傑物。

マーケット&マネージメント

二〇二二年、二黒土星には様々な要望がもたらされることになりそうだ。どれも些細な依頼で、大きな利益に直結するとは考えがたい。それでもビジネスは相手の要求を満たす作業の連続の中で信頼が構築されていく。どれ一つ、無碍《むげ》にしていい依頼はないと心得よう。基礎研究の成果は大きい。どうしても即効性のある研究開発に資金が取られがちだけれど、その開発を支えるのは基礎技術であるということを忘れないように。遠回りに見えるかもしれないけれど、地道な歩みがいずれ新技術への扉を開くことになる。

商品やサービスの販売の際は、多少の値引きは受け入れなければならなそうだ。顧客は育てるものであり、教育のためには母数が必要だ。できるだけ多くの人に自社サービスを体験してもらうように工夫をしたい。モニターの募集などをして、顧客体験の感想を集めることも進めてみよう。集めたデータから見えてくる発見がある。

マネージメントの現場では忍耐がポイントになりそうだ。教育には時間がかかるものだけれど、ことさら二〇二二年はなかなか技術や知識が目下に浸透していかない。社会の動きが速いから、それも仕方のないことかもしれない。教育の際には、できるだけ細切れにして教えること。一気に全てを伝えようとすると、相手も消化不良になるだけだろう。そして、常に相手の近くにいることも心がけたい。手を出すわけでも、口を出すわけでもない。だけど、何かあればすぐに駆けつけるという二黒土星の姿勢が、相手の勇気を湧き立たせる。

家庭と健康

家庭でも様々な役割を積極的に担うように。ただし、自分の得意な分野を率先して行うよりも、家族が困っていることの解決を第一としたい。家族としては、頼んでもいない部屋の模様替えをされるよりも、ゴミ捨てや皿洗いを手伝ってくれたほうが嬉しいということもある。些細なことでも、家族の希望を叶えることを決意しよう。

また、折を見ては実家に帰ること。自分に用事がなくても、相手に用事があることはままある。とりわけ高齢の母が健在の場合は、できるだけ足繁《あししげ》く通うようにしたい。母親に寂しい思いをさせるのは、子供として最も親不孝なのではないか。何をするわけでも、話をするわけでなくてもいい。ただただ無事を伝え、笑顔で言葉を交わすだけで構わない。それだけで母にとっては大きな喜びとなるに違いない。

健康面では若干、不安のある一年。古傷の再発は、二黒土星の健康に予想以上に大きな影響を及ぼす可能性がある。少しでも不安がある箇所については、年が明ける前に一度、チェックをしておくのがいいと思う。

また、アレルギーを持っている人にはつらい一年となりそうだ。アトピーも悪化するかもしれない。普段から清潔に保つことと、乾燥させないことを心がけよう。便秘がつらい一年にもなりそうだ。排泄《はいせつ》物の停滞は、全身に悪影響を及ぼしかねない。たかが便秘などと考えないように。ストレスが溜まりやすいから、気分転換を兼ねた運動の習慣を身につけておきたい。

恋愛・ファッション

二〇二二年の恋愛は、驚きの連続となる。良い意味でのサプライズが続くわけではなく、人によっては、予想外のトラブルで二人の想いが揺れる一年になる。こうしたとき、人は「どうして自分だけ……」などと考えがちだ。だが、それは間違いで、自分が傷ついているときは、相手もまた傷ついている場合も多い。自分のことしか考えられなくなっている愚かさに気づきたい。また、どういうわけか相手が傷つくとわかっている行動を取ってしまいがちな一年でもある。こちらが悪いとわかっているときは、素直に謝ること。この星は頑固になると運勢が落ちる。心に柔らかさを保ちたいから、悪いことは素直に認め、こちらから頭を下げる度量を持ちたい。

デートは日常の生活を楽しむことを心がけたい。背伸びした付き合いよりも、自然体な二人のままで愛を育むことだ。

ファッションはＴＰＯに即したものを。奇抜なファッションは顰蹙《ひんしゅく》を買うことになりそうだ。ただし、地味で無難な色を選べばいいというわけでもない。この星は意外なことに、明るい色と濃いめのメイクがよく似合う。ファッションやメイクは周囲に良い影響を及ぼすためにするものだから、周りがしかめっ面になるようなものでなければ、大胆に明るい雰囲気を身にまといたい。二黒土星はこうしたシーンでも気後れをしがちだから、信頼できる美容師さんなどにアドバイスをもらい、素直に従うのがいいだろう。

月の運勢　二黒土星

二黒・一月　好スタートだが、ゆっくり控えめに　◎◎◎(

　新年は清々《すがすが》しい。気がつけば、これまでのつらさは薄れて、だいぶましになってきたようだ。すっかり立ち直ったとは言えなくても、気持ちは前を向き始めている。独立を決めた人、以前のように力が発揮できなかった人、悲しみに暮れていた人、いろいろあったけれど、間もなく長いトンネルを抜ける。

　仕事に身が入らない時期はもう以前のこと。周囲も何となくそれを察知しているかのように、良さそうと思えば話を持ちかけてくる。だから頑《かたく》なな姿勢をとったり、面倒顔をしたりは禁物だ。難しそうな態度をにじませず、何でも言ってもらえるような自分を維持しよう、参考になる話がたくさん聞ける。アドバイスを受けることなどを中心に考えてみよう。

　あちこちに顔を出したり、忙しく過ごすなかで、予定外のこともあるけど、落ち着いて行動するように。急ぐあまり割り込んでみたり、連絡をしないなど自分都合になってはいけない。今月は心身ともに調子が整い、来る一年の運勢の高まりを予感させるが、いまはゆっくりと控えめに、周囲を見渡しながら歩きたい。そしてどんな相手に出会っても、自分は機嫌良くしていよう。

　情報通の人は、自分の話に夢中になりすぎないこと。嫌われるか好かれるかの差は大きい。配慮を忘れれば相手が引いてしまい、届けられようとしていた有益な情報がゴミ箱行きになってしまう。

　工事や事故に遭遇。ストレスはお腹《なか》にくる。

二黒・二月

強引にならず、やさしく処理　◎◎

二月の寒さに身を縮めて、春が来るのを待っている。立春を過ぎれば本格的に二〇二二年の幕明けだ。

冬の一年を終えた二黒土星、まずは足元のことから始めよう。スロースタートでいいと思う。昨年を思い起こせば、自分を支えてくれた友人や家族がいる。その人たちへささやかでも感謝の気持ちを示したい。身近なところをきちんと整えておこう。

家族のトラブルがあれば、自分が支える側になって問題を処理することが大切。でも強引さが出ると難しい。困難な問題が横たわる人ほど、やさしさは欠かせない。経験者や先輩がいれば話を聞くなどしてみよう。

組織の問題に直面すれば、できるだけ周囲の心に寄り添う対応が必要だ。自分の言動が全体に影響を与える時だから、二黒土星の醸し出す雰囲気が要となる。誰でも、自分の姿勢は自分でなかなか見えないもの。だから問題となって登場し、自分にそれを気づかせようとする。変わらない自分に、どこまでも付き添うのだ。まるで反抗期の子を持つ母親のようにあたたかい。

今月、周囲は周囲でまた別の見方をしている。だから丁寧に触れ合っていかなければならない。不満が解消されないようならば、人のためにやっていると錯覚している。人のためにしていることが、自分のためになっているという事実に気づきたい。

時に気分転換が必要。リラックスしたい。

二黒・三月　運気に乗って、朝から行動開始　◎◎◎

三月は仕事がはかどる。やる気も出てきて、あらゆることが順調に進み始める。今月の二黒土星は頭脳も鋭敏で、外を歩けば足が回転して速い。一旦リズムに乗ればノンストップで走ることができる。

だから昼前まで寝ていたり、朝グズグズしているのはもったいない。運気に乗るためには早くから活動したい。三月はまだ寒いから布団にくるまっていたい気持ちがするけれど、朝日とともにエイヤッと気合で身体を起こしてみよう。何となく気乗りしなくても、動き出してみればスッキリして、よかったと思えてくるから不思議だ。

周囲の運気も強く、二黒土星を応援する力が働く。それも、こちらがやる気になって行動を開始するからだ。できるだけ周囲と話をし、意見を通わせておこう。特に上司や年長者との関係は大切にしたい。提案や誘いなどがあれば積極的に受けること。二黒土星の能力を開発するか、自信をつけるか、とにかくプラスになるものしかやってこない。

なので、小さな出来事にクヨクヨする必要は全くない。マイナスに反応しないこと。自分のやるべきことは次々にやってくる。それに向かって真っすぐに進んでいこう。

実家に両親がいれば連絡したい。お彼岸でもある。近ければ訪ねて、一緒にぼたもちでも食べながら家族の近況を話したりしよう。頼まれ事は吉、忙しくても文句を言わないで力になろう。

二黒・四月

関係は良好、積極的に話し合う　◎◎◎

季節の変わり目。春を感じられて気持ちがいい。所によって花見の時期。一年のうち開花の期間はごく短いけれど、一斉に咲く桜は圧巻、実に見事だ。

今月の二黒土星は、ここ一番の力を発揮する。先月に続いて意欲は高い。話し合いをすれば互いの理解は深まり、周囲との息も合う。勝負が控えているようだ。組織で大事な話し合いの場があるならば、二黒土星を伴って行きたい。無理そうだったことも、お願いしたりやってみたりすれば通る。支援を依頼する話なども諦めずに行動しよう。また、費用がかかっても、それ以上の成果が見込める可能性も出てくる。

ベースは明るく朗らかな雰囲気を忘れないように。それがあって人間関係は良いものになり、結果がついてくる。そのことを覚えておこう。思いがけない収入がある人もいる。出費も割とあるから、無駄使いは控えておくように。誘いが多かったり、買いすぎたりする傾向もある、気をつけよう。

それと、今月のうちにやっておかなければならないことがありそうだ。来月以降やや運気は下がるから、早めに決定して処理しておきたい。最もやりやすい時期だから、生産性の上がらないことや、そろそろ卒業すべきことなどを手放そう。問題を先送りしないこと。余白をつくって、新たなものを受け入れることが可能になる。賛否両論あるが、味方と一緒に。

二黒・五月　変化に対応、平静の心で生活　◎◎

五月は夏の始まり。年頭からここまで強い運気できたけれど、今月もその調子で進めば危うい。少し勢いをゆるめてみたい。走って転んだり、ケガをしたり、事故を起こしやすい。周囲や足元を確認しながら進もう。

今月は新たな展開がありそうだ。店に向かえば閉店していたり、立ち止まったり変更になったりもする。担当替えなどがあっても、涼しい顔をして動きを受け入れよう。曲がり角に差し掛かっている。あせらないこと。自分をつくる道は駆け足ではいかない。

自分がもっと成長していれば、何か変わっていただろうか、とふと思ったりもする。でも、過去はもう変えられない。大切なのはこれからだ。過去を宝とすることができるのは、未来へ向けた現在の歩き方しかない。心を新たにして、自分の歩みを確認しよう。やろうとしていることや、やっていることを声高に話したり、実力を示そうとする必要はない。いまは静かに自分と目標とのつながりを感じていよう。自分の目標に真剣になれば、周囲の頑張りを認められる。自分がやるべきでない教訓も見出《みいだ》すことができる。

時として、思いがけないトラブルが発生する。普段から落ち着いた心を備えて生活したい。自分をとがらせたり出すぎることなく、柔軟に対応すればいい。自分を基準にして周囲を変えようとすればうまくいかない。自分が変わってみること、自己修正することから問題は解決に向かう。

二黒・六月

強さを隠して、自己研鑽の月　◎◎

六月はあらゆることで忙しい。覚えることや調整すること、やらなければならないことが盛りだくさん。人によっては、多方面に引っ張り出されて目まぐるしい生活になりそう。

こうした時に、周囲との言い争いが起きると大変だ、疲労も倍増する。今月の二黒土星は人の動きがよく見えるから、思い通りにならないことに腹が立ちやすい。ついカッとなってみたり、感情を荒立てたりすれば、周囲の心は離れていく。痴話喧嘩《ちわげんか》などしないように。自分の強さを隠して、吉となる。周囲に理解してもらえないことは、いまはどうにもできない。自分の考えを説明しようとすればぶつかるから、そっと心の内にとどめておきたい。対立を避け、必要以上に出ないことも知恵となる。あらゆる問題は、自己を抑えて処理することが求められる。無理を通さず、時機がくるのを待ってみよう。

ポイントは、自分の実力を表に出そうとしないこと。今月は頭角を現そうとするよりも、上に向かう努力が必要だ。自分がもっと向上すればいいのだと切り替えたい。周囲の言っていることを冷静に考えてみたり、人の見ていないところで努力を重ねるなど、自己研鑽《けんさん》が最も大切になる。

六月の太陽のように、大方は梅雨の雲に隠れていよう。でもその間、太陽そのものは光を失うわけではない。二黒土星も明るい心で生活したい。

眼精疲労に注意。

二黒・七月　ちょっとしんどい、睡眠を十分に　◎

今月は運気の谷に落ちている。頭も働かないし、動きが鈍いようだ。何に対しても気が乗らない。金銭的に余裕がなかったり、人々と楽しく触れ合える時間も少なく、沈んだ日々を過ごしそう。あるいは体調を崩す人もいる。後半になってお腹が痛くなったり、風邪を引いたりする。

人間関係にも波風が立ちやすい。いつも以上に心を砕かなくてはならないから、夕方にはグッタリしそう。今月は睡眠を大切にしよう。ストレスを溜めないようにして、夜はよく眠ることが欠かせない。熟睡できない人は、眠る前に一〇分間ゆっくりと深い呼吸をしてみよう。肺の中の肺胞が膨らみ、副交感神経が優位になる。

身体のシステムは素晴らしい。些細なことにも反応して、来る危機に備えようと動き出す。まるで全ての器官がつながって会話しているみたいだ。

今月は正しい判断ができにくいから、足元の危険をよく見て生活するように。崩壊は小さなほころびから起こる。気がつかないところから抵抗が生まれ、争いは生じる。心を決めてかからなければならない。気分を引きずって人前で沈んでいたり、苦労が多いと愚痴をこぼしたりするのは控えよう。来月になればずっと良くなる、それを信じて頑張りたい。この苦労を糧にして前に進もうとする姿に、陰ながらついてくる人たちがいる。

ものをこぼし、落としたりするから注意。

二黒・八月

穏やかな気持ちで、自分を後にする　◎◎◐

地域によって漁が盛んになり、夏の忙しさがやってくる。

八月の二黒土星は、先月の不調が消えて、徐々に動けるようになってきた。気づけば用事をたくさん抱えている。内容はそれほど大したことではないけれど、人と触れ合う時間が増えてきて、もう寂しさは感じなくなっている。いつもの自分が戻ってきた。心は穏やかで安定している。

人によっては、かなり大事なひと月を迎える。重要な気づきや、後の発展に欠かせないキッカケなどがある。それは些細な顔をしてやってくる。一年の運勢のページを何度となく開いておきたい月。

二黒土星が相手を立てながら一緒に進んでいこうとすれば、予想以上の成果を得る。選択肢が多い時には、遠慮なくアドバイスをもらおう。自分の考えや主張を先にすると思い通りに運ばない。先陣を切れば、叶いそうだったこともうまくいかなくなる。親であれば、小言を多くしないように。自分の思い通りに子供の人生を歩ませようとしないで、子供自身の人生を尊重したい。

女性とのトラブルは避けること。相手にキズが残るかもしれない。悪くすれば問題が複雑に絡み、回復に時間がかかる。力を持たない者や、労力がかかることを不要と切り捨てないように。

お盆休みには、可能ならば実家を訪ねたり両親や祖父母の使いを引き受けよう。

二黒・九月

積極的に、計画に沿って行動　◎◎◎

今月、来月と二黒土星の運勢はかなり高まる。先月から立ち上がってきた気持ちは、一層軽快になる。一年の中で最も活動的になっているから、何事も積極的に取り組みたい。周囲には興味深い話が多い。進展するかどうかは別としても、面白いひと月だ。

新しいことを始めるならば、ダメもとでやってみよう。結果を案じれば、不安が先立って行動できない。三回は行動することを事前に設定しておくなど、工夫を凝らしてみたい。初回にうまくいかないのは普通のこと、一回だけで判断するのは早計だ。少なくとも三回はやってみれば学びがある。

そのうえで、しっかり計画を立てて、それに沿って行動したい。進め方や優先順位を間違えてトラブルが起こる。飽きてしまったり勝手な判断で飛ばしたり、軽く考えてはいけない。自分の言動が一つ違うだけで、結果は異なる。落ち着いて順序通りに進めていけば、大きな問題には至らないだろう。

また今月は、以前に失ったものが再び返ってくるチャンスがある。忙しい日々の中で、どうでもいいことばかり問題にしたり、話題にしていれば、チャンスにはなかなか気づけない。事態は好機を失って一層悪くなる。それの繰り返しが日常と化す。人生は同じ日はないというのに、新鮮な気持ちで生きられなくなってしまうのだ。忘れていた青春を取り戻すことで運気が上がる。

ノドのケアを。レモンサワーは吉。

二黒・十月

心身の調子がいい、指導を受けて吉　◎◎◎

運気の強さは継続している。体調は整い、先月以上に活躍できる。雰囲気はとても良く、話がスムーズに運ぶ。外へ出れば、会う人会う人に挨拶し、訪問できなかったところにも足を延ばしてみたい。連絡できずにいた人がいればコンタクトをとろう。向こうも気にしているかもしれない。

今月は閉じこもっていてはダメ。率先して興味のあるテーマにも関わってみたい。オンラインイベントも吉。学びは最高、少しずつレベルアップを図りたい。

自己判断もすぐれているけれど、それ以上に周囲からのメッセージに意味あるものが多い時だ。信頼する上の人からの助言や指導などを大切に。行き詰まったら、アドバイスが欲しい。二黒土星の運勢は今年一番だけど、進み続けていく中で迷いや悩みは生じてくる。問題があれば相談しながら一つずつ解決していこう。個人で仕事をする人も、関係者や指導者はいると思う。その人たちと情報共有したり近況報告したい。返信はなるべく遅らせないこと。思いがけず行き違いが起こりやすい。

十月にもなれば、早い人は来年の高運期がゆるやかに始まっている。ウッカリすると気持ちが舞い上がり、調子のいいことを口走ってしまうから注意。悪評が立たないよう気をつけておいて損はない。

仲間と一緒にプチ旅行の計画があれば嬉しい。南がオススメ。

二黒・十一月

落ち着いてゆったりと、身を低くする　◎◎

あっという間に年末に近づいてきた。もう十一月だ。今年のこれまでの歩みを今一度振り返っておきたい。来月にその余裕はない。最も忙しい時期になるからだ。急ぎでないかと、後回しにしてきた雑用などがあれば、処理したい。気になるところのメンテナンスを行ったりもしよう。

今月は落ち着きを取り戻して、ゆったりと取り組むひと月だ。そのため、時間的にも精神的にも余裕のある生活を心がけたい。以前と同じような勢いで進めば、思わぬトラブルが生じる。周囲の動向をよく見ながら、あるいはジックリと話を聞きながら、物事を進めていきたい。思い込みで判断しがちなので、実際に生の声を聞こう。

自分が身を低くすることで周囲がまとまる。まとめようとして上に立ったり、人を見下すような雰囲気が漂うとうまくいかないものだ。二黒土星が正しい態度で接すれば、自然に事は運ぶから不思議だ。どこの場所でどの役割にあっても、声を荒らげたり、乱暴に対応してはいけない。職場の人、家族や親戚、あるいは顧客など、誰かしらが面倒なことを言ってきてもやさしく対応しよう。

時として気持ちが塞ぐことがある。リラックスして友人と会う時間は貴重だ。気の合う者同士がくつろいで話をすれば活力になる。考えていることや悩んでいることなど、思いのままに話してみたい。思いもつかないようなヒントがもらえそう。

二黒・十二月　忙しい師走、成果を手にする　◎◎◎

十二月は休んでいられない。時間はタイトになり、落ち着いてお茶を飲んだりしている暇がなさそう。

二黒土星のやる気は十分だから、何も心配はいらない。ただ、忙しすぎると疲れが出てくる。今月は周囲の期待も高く、手が足りなくてお願いされたり、依頼や提案を受けたり、残業する人もいる。本部からの指示や上司からの依頼などはできるだけ優先したい。その中に自分がやりたいことが含まれていたり、結果として幸運が訪れたりもする。考えていた成果を得たり、人によっては予想以上の成果が出る月。一年の実りがやってくるから、自信を持って取り組みたい。売上目標は達成できそうだ。

その理由は、意思を通わせているからに他ならない。上は下の意見を取り入れ、下は上の考えを理解して、上下の心が同じになるからだ。意識して風通しを良くしておこう。そうすれば今月の二黒土星は無敵だ。無敵とはいかにも強靭《きょうじん》な印象があるけれど、敵が無いとは何とも穏やかな心地がする。

今月は早めの処理がいい。後にしようと考えると、疎《おろそ》かにしていると思われたり好機を失ったりする。でも、懸命にやって失うものにはクヨクヨしないこと。総じて手にするもののほうが大きい。

年末年始や連休には、必ず両親とよく話をしておきたい。オシャレなコートを着て出かけよう。

仮吉方 方位移動の効果

南へ帰る

①智慧《ちえ》が輝き、判断力は冴《さ》えわたる
②人生は華やかになり、衆目を集める
③不要な縁は離れ、よき縁に恵まれる
④向上欲が生じ、謙虚さが身につく
⑤新たな動きが生まれ、人生は大河の流れのごとく流れ始める

西へ帰る

①経済活動が活発になり、可処分所得は増加する
②副収入を得て、経済的に豊かさがもたらされる
③交友関係は盛んになり、楽しい人間関係に恵まれる
④講演会など人前で話すチャンスに恵まれる
⑤人生は変化に向かって大きく進む

北西へ帰る

①生きがいが生まれ、人生に充実感が満ちる
②尊いものに出会い、向上心は高まりを見せる
③孤独感が消え去り、人生に安心感がもたらされる
④目上からの引き立てを受け、仕事の規模は大きく拡大する
⑤仕事、人生、健康などあらゆる基盤が固まる

2022年　二黒土星　仮吉方表

誕生日	出る方向	出る時期	帰る方向	帰る時期
2/4〜3/5	北	6月初め	南	8月末
	東		西	
	南東		北西	
3/6〜4/4	東		西	
	南東		北西	
4/5〜5/5	東		西	
	南東		北西	
5/6〜6/5	北		南	
	東		西	
	南東		北西	
6/6〜7/6	北		南	
	南東		北西	
7/7〜8/7	北		南	
	東		西	
8/8〜9/7	北		南	
	東		西	
	南東		北西	
9/8〜10/8	北		南	
	東		西	
10/9〜11/7	北		南	
	南東		北西	
11/8〜12/6	北		南	
	東		西	
	南東		北西	
12/7〜1/5	東		西	
	南東		北西	
1/6〜2/3	東		西	
	南東		北西	

※その他諸注意事項があるので、詳しくはセミナーに参加して学んでほしい

三碧木星《さんぺきもくせい》

運勢パワー　★★★★

朝日を浴びて大躍進。
驚きの連続のなか
「無難」は「魂の挑戦」へと
昇華する

2022年のポイント

①命をまっとうする真剣な生き方
②毎日の祈りが精神性を高める
③驚きの連続により真に成長する
④直感を研ぎ澄まし誠実に生きる

三碧木星の人物――佐藤一斎

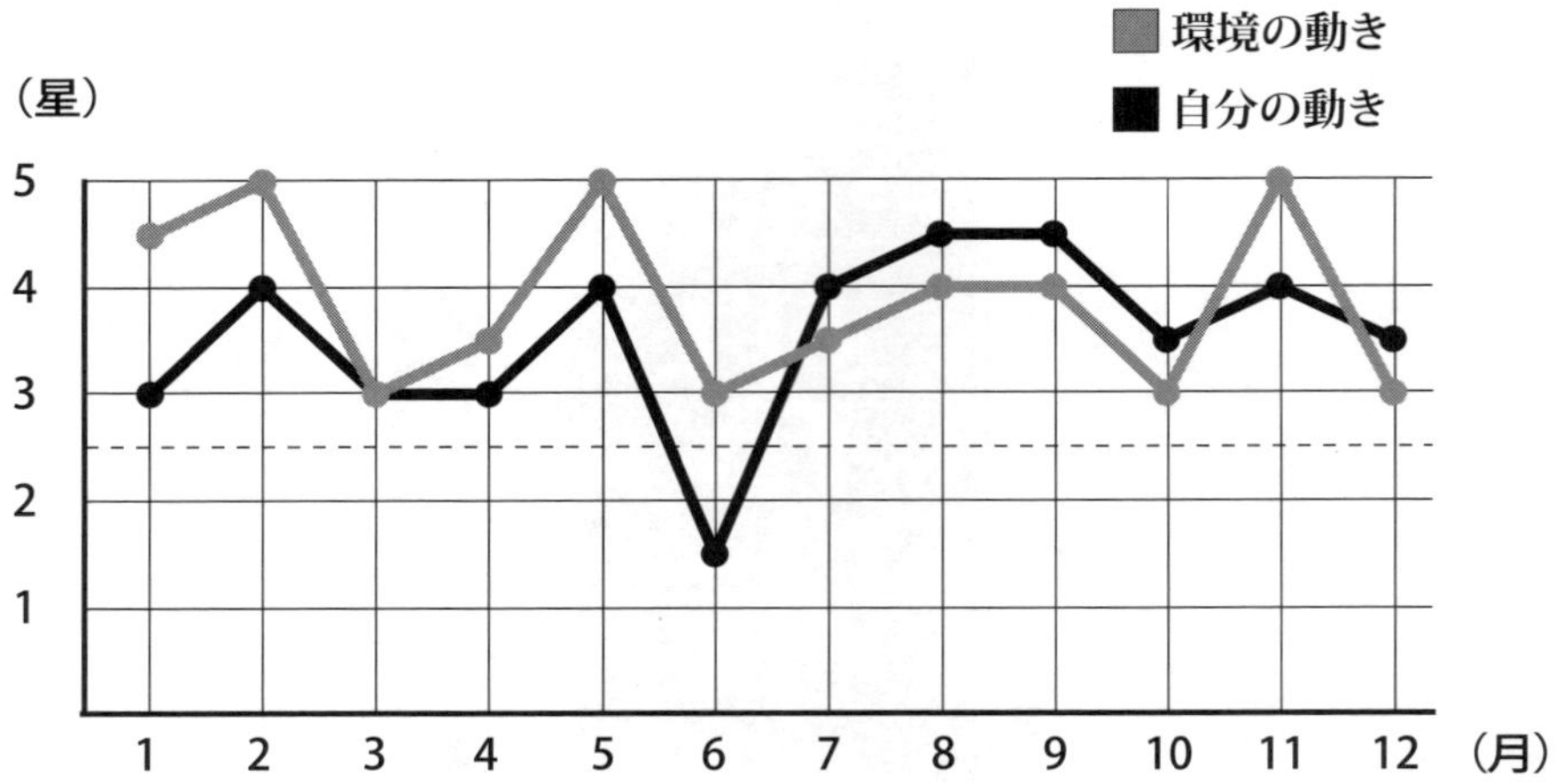

2022年のバイオリズム

一年を通じて強い運勢。ここ数年は不本意の連続であった人も多いが、ここまで諦めずに進んできた自分を褒めてほしいと思う。やっと三碧木星に春が到来したのだ。

年明けから一気《いっき》呵成《かせい》に走り出すも、おそらく春先から夏の入り口までは、なかなか思ったようには物事が進まない。その後も順風満帆とはいかず、変化の連続となるが、それはさほど問題とならない。

心の明るさ一つであらゆる困難を越えていく底力を持つから、本領発揮の一年としたい。ただし、6月は大きな判断は控えること。

運勢

命をまっとうする真剣な生き方

二〇二一年、三碧木星は春の予感を抱きながら過ごしていたと思う。思い通りに進まないこと、理不尽なことに見舞われても、一進一退の運勢の中で諦めず前を向いていた。三碧木星は、目の前に生じた現象が「出来事の全て」と考えやすい。だから、一つの物事に大喜びし、また一つの物事に真剣に悩む。全く忙しい星だと、周囲は三碧木星を評価する。

ただし、これがこの星の良さでもある。感情の起伏が激しい中で、時に自身を深く省み、また次の日には新たなトライを試み、学びを得ていくのである。だから、二〇二一年は自分で思っている以上に様々な経験を通じ、成長させてもらった。何度も諦めたい、投げ出したいという思いが湧き上がってきたけれど、腐らずに歩き続けてよかった。振り向けば、この一年で壊れてしまったものも多かったけれど、失敗は全て学びとなっている。また、どん底の中でも成果の若葉を芽吹かせてくれた動きもいくつかは残っている。こうした可能性の芽は、これからも大切に育てていきたいと思う。失敗と成功、損失と利益、出会いと離別。様々な相反する動きの中で、三碧木星の精神は磨かれ、また心のひだは深くなっていった。冬から春に向かうときは三寒四温。陰に振れ、陽に振れつつ、人生は拡大へと導かれるのだと改めて実感していることだろう。そして二〇二二年を迎える今、春の足音はにわかに大きく響き渡るようになった。いよいよ、躍動のときがきた。

こうしたとき、人間は謙虚さを失いがちである。春の日差しに心躍り、顔は自然と上を向く。それ自体は決して悪いことではないけれど、どうしても足元への視線は失われてしまう。とりわけ三碧木星は視野が広い星ではない。だからこそ、浮かれて足をすくわれないように注意しておきたい。せっかくの高運期を自身の不注意で台無しにしたくはない。

それでも前に進まなければならないことには変わりない。周囲が思っているほど、楽観的ではない。それでも、二〇二二年は明るい未来を信じ、新しい扉を開けなければならないところに来ている。思い切って扉を開け放ってみよう。そこには未知の世界が広がっている。

新しい人生には失敗がつきものだ。二〇二一年に引き続き、二〇二二年もまた失敗や損失は多いと思う。だが、それらも含めて人生の財産なのだ。だから、どんな結果になろうと、まずはトライすることが大切だ。だいたい、この星がトライしないということは、自分らしくいてはならないと命じられたようなものだ。挑戦心の塊のような星なのだから、三碧木星の本籍地・東に戻るこの一年は「自分らしさ」を存分に発揮してみたい。

ただし、「失敗してもいい」というのはちょっと違う。最初から負けることを想定して戦いに出るのは無謀である。まぐれでチャンピオンになれる人がいないように、やるからには全て勝つつもりで勝負に出ることだ。つまり、あらゆることに対して真剣に向き合いたい一年だ。

我々の行動というのは、常に陽の光のもとで大衆にさらされる。昨今のネットリンチなどを引き合いに出すまでもなく、個人の些細《ささい》な行動さえ周知され、評価される。

ネットリンチだとか匿名での言葉の暴力を投げつけるような輩《やから》に用はないとはいえ、それでも自身はいつも社会に接しており、評価されているという自覚は失いたくない。つまり、一つひとつの行動は全て真剣勝負で、失敗してもいいと言いつつも、一つも落とさないつもりで勝負しなければならない。あらゆる行動が評価されるということは、当然、賞賛を受けると同時に批判にもさらされる。二〇二二年はまさに毀誉褒貶《きよほうへん》の一年。名声を得る反面、三碧木星に批判的な相手も登場する。

だけど、それらの声は甘んじて受け入れること。というよりも、両方の声が起こって当然だと考えるべきだ。二〇二二年の三碧木星は振動だ。空気が振動すれば音となる。音は波であるから、周囲に伝播《でんぱ》する。そして、伝播した波は到達した先の物質を揺らし、さらに音を生じさせる。

つまり賞賛という性質を持った人に三碧木星の活動やその奥にある決意が届くから賞賛が生じる。一方で、批判の性質を持った人に届けば批判が生じる。つまり、賞賛も批判も、そこまで波を届けたのは三碧木星で、それによってどんな音が生じるかは相手の性質次第であって、三碧木星に責はない。どんな音が出るかはわからなくても、とにかく周囲のできるだけ遠くまで音を届けたい。そのためには、三碧木星が強く震え、強い波を生じさせなければならないだろう。だから、批判も賞賛も、音が鳴ればそれでいいのである。二〇二二年に最も避けたいのは、無難な生き方を選択したことにより「無風の一年」となることだ。真剣な生き方は、周囲に感動を与える。プラスの感動は賞賛に、マイナスの感動は批判に。どちらも相手の心を大きく揺り動かした結果だと考えよう。

毎日の祈りが精神性を高める

未知の分野への挑戦という不安と、自身の活動が周囲にどのように評価されるかという不安。二つの不安を背負って歩む三碧木星の二〇二二年。こうした不安を撥《は》ね除《の》け、さらに一歩進む勇気をくれるのが神仏の存在だ。日本人は生活の中で随分と宗教的実践を失ってしまった。宗教というのは学問と信仰という二つの側面を持っていると考えていい。その教義を理解していくことと、その教義のままに生きること。教義の理解は時間がかかり、一朝一夕で身につくものではない。一方で、実践は理解ほどにとっかかりに時間のかかるものではない。毎朝、神棚の前で柏手を打つ。また、仏前に御仏供《おぶく》を捧《ささ》げ手を合わせる。こうしたことは、教義を理解せずとも誰しもが実践可能なものだ。

理性よりも情感が豊かであった中世までの人々は、皆、教義を理解せずともこうした実践を通じて神仏の加護を体感していたのだろう。このような宗教的実践と体験は近代化の流れの中で国家神道という旧来の神道とは似ても似つかないものに蹂躙《じゅうりん》され、第二次世界大戦の終結以後はそれさえも失われ、日本人の多くは頭を垂れる対象を失った。その結果が自称

「無神教者」が人口の六〇％以上を占める現代日本なのだ。そして、この現状は教育にまで影響を及ぼし、現在の日本の低迷につながっていると考えている。

神仏への尊敬というのは、人格の完成と人生の拡大に欠かせない。決して自身が超えることのできない存在を常に心の中に置くことで、人は謙虚になれ、また慎《つつ》ましくあれる。神仏を捨てることは、自身の欲望のリミッターを失わせてしまう。電車に乗れば、床に座り込む中高生がいる。スマホを延々といじり、睡眠不足となる学生も多いと聞く。こうした自律の精神を失わせたのは尊敬の心の喪失であり、信仰の実践を行ってこなかったからに他ならないだろう。

だからこそ、二〇二二年の三碧木星は自身の信仰に今一度立ち返る必要がある。信仰の対象は何でもいい。仏教でもキリスト教でも、神道でも。もちろん新興宗教と呼ばれるものでもいいだろう。とにかく、自身の小ささを感じさせてくれ、また、そんな小さな自分が大いなる存在によって生かされているという事実を教えてくれるものであれば何でも構わない。

一九九三年、東京デザインセンターにインテリアデザイナーの内田繁らが新しい概念の仏壇を展示した。その名も「マインドギア」。その名の通り、仏前で手を合わせるという行為は精神を切り替える。落ち込んだ気持ちをグッと下支えし、高揚した気分を落ち着かせる。不安を勇気に変え、傷心を癒《い》やす。こうした心の切り替えに信仰は欠かせない。

二〇二二年の三碧木星は心がどうしても不安定になりやすい。元々、落ち着きはない星だけど、二〇二二年は挑戦と挫折の繰り返しの一年となるから、より一層そうした特徴が顕著になる。そして、三碧木星の不安定な心は周囲にも動揺をもたらし、事態の進展に悪影響を及ぼすことにさえなりかねない。

だから二〇二二年は、自身の生活の中に信仰の対象を持ち込んでみたい。マンション住まいでスペースがあまり取れなかったとしても、最近ではコンパクトな仏壇も売られている。価格も一万円を切るものもあるから、部屋の一角に置いて手を合わせるだけでも構わない。もちろん、ホームセンターで神棚を購入し、近所の神社で買ってきた御神札《おふだ》をお祀《まつ》りするのもいい。とにかく、自分が生かされているという事実、そして自身の中にも神仏と同様の働きが備わっているという事実を自覚できればよい。手を合わせ、頭を下げ、そうした日常のほんのわずかな宗教的時間が、三碧木星の心に安定と勇気をもたらし、より一層の活動と飛躍を可能にしてくれると知っておこう。

驚きの連続により真に成長する

また、二〇二二年は驚くべきことがいくつも起こる。おそらくそれは、ビジネスシーンだけでなく、家庭や恋愛、個人の自己実現の場など、複数の場面で起こってくるはずだ。しかもそれは、喜ぶべきものばかりではなく、時として理不尽なことも多い。仕事で思いがけないクレームを受け、東奔西走で対応する。帰宅すれば反抗期の息子が親に相談もせずに大学を中退してくる。娘はアルバイト先でケガをして帰ってくるし、趣味のドライブに出かければ追突事故にあう。ただでさえ忙しい日々が続いているのに、追い打ちをかけるようなことが連続するからたまらない。だけど、こうした驚くべき事態は、全て吉とすることが可能だ。クレームを処理することで、さらなる信頼関係を築くことができるし、息子の反抗期によって親としての至らなさを知る。娘のケガはバイトから正社員を目指すきっかけになるかもしれないし、事故によって車の修理を依頼すれば、思いもしなかった故障の前兆に気づく。人間万事塞翁《さいおう》が馬とはよく言ったものだ。吉凶入り交じる一年だからこそ、吉の中に凶の、凶の中に吉の存在を見抜くことができるだろうか。

だからこそ、あらゆるトラブルにも善なる心で触れるようにしたい。全ての現象に陰陽が存在するのであれば、三碧木星に選択権が存在しているはずだ。陰を取るか、陽を取るか。決めるのはいつも自身の心であって、いつもチャンスは心にあるのだ。

あらゆる凶を吉に変えていく。これを実践したのが釈迦《しやか》であった。仏教とキリスト教の伝道の方法の違いは、その人数にある。釈迦は「独り歩め」と言い、キリストは「汝《なんじ》ら二人して行け」と説いた。どちらが良いという話ではない。二つの宗教は誕生の経緯も発生した土地も、その時代背景もまるで違うから単純に比較するのはナンセンスだ。そうではなく、なぜ釈迦が「独り歩め」と言ったかに着目したい。

基本的に仏教は「敵」を想定しない。釈迦は恐怖を離れたから「独り行け」と説いた。もちろん、釈迦を邪魔するものはたくさんいた。経典の中でも釈迦の行く手を阻むものは多い。十大弟子の一人、阿難の兄とされる提婆《だいば》達多《だつた》もその一人で、阿闍世王《あじやせ》を唆《そそのか》して釈迦の殺害を企てたり、象を酔わせて釈迦を襲わせようとしたりした。それでも釈迦は提婆達多を遠ざけず、あまつさえ法華経《ほけきよう》においては成仏さえ約束する。

釈迦にとって提婆達多を始めとする疎外者たちは、決して敵ではなかった。彼らの疎外や迫害は自身の決意を強めるために存在し、それを受け取る自身の心のあり方に解脱のためのポイントがあると考えたのであった。こうした心のあり方に至ったとき、あらゆる世の中に敵は存在し得ず、それを「無敵」と呼ぶわけだ。

二〇二二年の三碧木星は無敵の一年だ。あらゆる出来事を自身の成長の原動力に変えてしまおう。こうした出来事を排除しようと考えるのは、自身の心の根底に恐怖がある証拠であり、また事態をコントロールできるという慢心の存在を証明している。宇宙は三碧木星が理解できる範囲を超えた論理で形成されている。自身に不都合な出来事を、必然として捉えた先に真の成長があると考えたい。

直感を研ぎ澄まし誠実に生きる

自身の挑戦と周囲の理不尽な動き。自分と周囲の二つの軸で動く二〇二二年の運勢は、まるで二匹の龍がじゃれ合って上下しながら天に昇っていくような激しいアップダウンを描いていく。日常はまるでジェットコースターであって、油断したら振り落とされるような激動の一年となることが予測される。こうした中にあって、いつしか自身の足で歩いている実感が失われ、大きな流れに呑まれ、流されていくような感覚が心に生じる。事態を必然として受け入れることは確かに大切だけど、その一方で「自分の人生を決めるのは、いつも自分自身」という強い決意もまた必要な一年だと言っていい。

これを『易経』の震為雷《しんいらい》では「匕鬯《ひちょう》を喪わず」と表現している。二〇二二年の三碧木星にとって、宗教的実践が重要だとすでに述べた。古代中国のそれは、神に煮炊きした食物を捧げる行為を指し、その際に鍋から供物をすくい、皿に移すときに使われる神聖な匙《さじ》を「匕鬯」と呼んだ。この匕鬯を失ってはならないと言う。これはどういうことだろう。

さらに、この「匕鬯」には「神を降ろす」力があるとされる。祭主はこの匕鬯を手にし、神に供物を捧げると同時に、自身の内面に神を降臨させるわけだ。そうした不思議な力が匕鬯には備わっている。そして、この匕鬯を三碧木星はすでに持っている。生まれながらにして神に成る力を持っている星なのだ。それゆえ三碧木星には「雷」すなわち「神成」という名称が与えられているわけだ。この自身に内在している「神たる素質」を決して失ってはならない。上に下に、右に左にと激しく動く日々の中で、自身の可能性を決して見失ってはならないと易は告げる。

この星は全身がアンテナのような星で、周囲の動きを感知する力が非常に強い。流行《はや》りものはよく知っているし、近所の噂話にも興味津々だ。誰かが何かの投資で儲《もう》けたと聞けば、興味を示して話を聞きに行くし、東京で流行っている物事を福岡に持っていこうと考える。いろいろな周囲の音を敏感に聞き分け、成果の水脈の流れる音に聞き耳を立てる。

そうした中で、いつの間にか匕罾を失ってしまうのだ。周囲の動きに敏感に反応していく中で、自分の大切な可能性を失ってしまう。これほど悲しいことはあるだろうか。

非常にすぐれた技術や知識を持った三碧木星が、流行りのビジネスに乗っかって大切なものを失ってしまった現実をたくさん見てきた。多くの顧客を持った美容師さんが、マルチ商法にはまり信用を失ったり、面倒見がよく周囲から信頼の厚かった人がSNSで喧伝《けんでん》されるデマや陰謀論にハマって周囲から人がいなくなったり。こうした事態が予想されるからこそ、まずは自身の「匕罾」が何なのかをしっかりと見つめたい。

ビジネスの目的は顧客と付加価値の創造にあろう。顧客をたくさん作ることと、その顧客に価値を提供することに他ならない。だからビジネスにおいては顧客と付加価値を作り出す自身の知識や技術、個性といったものが匕罾に当たる。これらを失うような行動は厳禁だ。

家庭では、まず家族の仲が良いのが一番大切なことだろう。帰宅したら「おかえり」と言ってくれる人がいてこそ、心は休まり、明日への活力が湧いてくる。こうした人をおざなりにしてしまうのが匕罾を失うということになる。夫や妻、パートナー、娘や息子、また実家との関係を悪化させるような行動は慎み、すでに関係性が良くない人であれば、改善の可能性を捨てることなく真摯に向き合おう。

個人の夢もまた匕罾に他ならない。いくつになっても、「いつか、ああなりたい」という夢や目標を失わないこと。もう一度言おう。三碧木星は「雷」であり「神成」である。自身の内に眠る神の存在を疑ってはならない。強い決意が道を拓《ひら》く一年だ。

三碧木星の人物——佐藤一斎

愛知県と岐阜県の県境に岩村町という小さな町がある。いわゆる平成の大合併により岐阜県恵那市の一部となった山あいの町で、江戸時代に岩村藩三万石の城下町として栄えた。岩村城は絶世の美女として名高い織田信長の叔母・おつやの方が女城主として治めた城で、今でも町のシンボルとして親しまれている。このかつての岩村藩が生んだ天才が佐藤一斎だ。

佐藤一斎その人はこの山あいの町ではなく、江戸の岩村藩邸で生を享《う》けた。大坂に遊学し、現在の大阪大学の前身となるとされる懐徳堂で学ぶ。その後、岩村藩主・松平乗蘊《のりもり》の三男・乗衡《のりひら》の侍者として昌平坂《しょうへいざか》学問所に入門。頭角を現し、三四歳で塾長になる。昌平坂学問所はいわゆる「湯島の孔子廟《こうしびょう》」で、当時の公的学術機関のトップであり、今の東京大学に連なる系譜を持つのだから、一斎の才能のほどは理解いただけるだろう。

佐藤一斎は表向きには朱子学者である。当時はちょうど「寛政異学の禁」が発布され、朱子学以外の学問を事実上、禁止していたわけだから当然だ。しかし一斎の学識は朱子学におさまるようなものではなかった。彼は独自に陽明学をも修め、「陽朱陰王」などと敬意を込めてあだ名されるほどの知性を備えた男であった。

また、我々、社会運勢学が大切にする「易」の名人でもあった。『周易欄外書』『易学啓蒙欄外書』などを著しているが、難解な易の文章が非常に詳しく解説されているから機会があれば読まれるといいと思う。

彼を一躍有名にしたのが『言志四録』だ。二〇〇一年、当時の首相・小泉純一郎が教育関連三法案の審議中に公明党・西博義の質問に対する答弁で『言志四録』の言葉を引用した。

「少くして学べば、則《すなわ》ち壮にして為《な》すことあり。壮にして学べば、則ち老いて衰えず。老いて学べば、則ち死して朽ちず」

幼き日に学べば、後々大事を為すことができる。壮年期に学べば、老いても精神の瑞々《みずみず》しさは失われない。老いてから学べば、死した後もその精神は風化しない。この一斎の言葉通り、彼の元からは日本の近代化の過程において重要な人物がよく学び、巣立っていった。松平春嶽《しゅんがく》を補佐した横井小楠《しょうなん》、備中聖人・山田方谷《ほうこく》、天保《てんぽう》の大飢饉《だいききん》の際に一人の餓死者も藩内から出さなかった渡辺崋山《かざん》、そして多くの維新志士が輩出した佐久間象山《しょうざん》。皆、佐藤一斎に学び、薫陶を受けた人たちだ。死後数百年を経た現在でも、彼らの功績は生き生きと語り継がれ、朽ちることはない。一斎の語ったことに間違いはなかったのだ。

もちろん、佐藤一斎を批判する声も歴史上、いくつかある。孫弟子に当たる吉田松陰は日米和親条約締結の際に補佐役を務めた一斎のことを「老仏（老子と釈迦）の害より甚だし」と批判しているし、明治以降は蛮社の獄の際に渡辺崋山を擁護できなかった一斎のことを「言行不一致」と批判する向きもあった。それでも一つも失敗のない人生などないし、誰にも批判されない人生もない。だから、これらの批判によって一斎の功績が朽ちることはない。

佐藤一斎。一七七二年一一月一四日生まれの三碧木星。この星は「教育」を担当する。その通り教育に生きた人だった。

マーケット&マネージメント

二〇二二年、三碧木星の担当するマーケットは荒れ模様。物事が順調に進むことは少なく、クレームや横やりにより、進行が止められるのも一度や二度ではないはずだ。取引先からの仕様書も変更の連続でイライラさせられる。ただでさえ導火線の短い三碧木星だから、二〇二二年はビジネス上でかなりの我慢が必要になる。ここで切れてしまえば、他の部分にも影響が及び、全体が崩壊することにもなりかねない。必ず事態は好転に向かうと信じ、あらゆる面倒事さえ学びと受け取ることだ。こうした謙虚な仕事の進め方は、三碧木星に新たな発見をもたらしてくれることになりそうだ。クレームを処理する中で、新しいサービスを思いついたり、新商品のアイデアが湧いてきたりする。

マネージメントの現場では、かなりのリーダーシップを要求される。「誰かにやらせる」という考えに立脚した指示に快く従う人間などいない。リーダーが先頭に立って祈りを捧げる姿勢に、人はついてくる。つまり、二〇二二年は三碧木星自身が誰よりも自己成長を願い、そのためのプロセスを実践していくことだ。三碧木星がまず変われば、周囲は自然と変わっていく。ということは、人材教育の場では「教えよう」と考えるよりも、「学ぼう」と思って部下に接することが大切になる。「相手に教える」から「相手から学ぶ」、「指示をしてやらせる」から「自然と相手がこちらを真似る」に。社会が大きく切り替わる中にあって、三碧木星が目指すべきリーダーシップのあり方も大きく変わってきているのだと知りたい。

家庭と健康

二〇二二年の家庭内は明るさを保つことを考えよう。元々、三碧木星は明るい星だけれど、その反面、怒りっぽい星でもある。会社で嫌なことがあれば、家庭に帰っても怒り散らすし、その上、翌日にはケロッとした顔で「朝ごはんまだ？」などと言ったりする。こうなれば、三碧木星本人の心が明るくても、周囲の明るさを奪いかねない。二〇二二年は家庭ではワガママを抑え、丁寧に家族に触れ合うことだ。

また、家族皆で早起きを心がけるといい。この星は早朝に強みを持つ星であって、朝を気分良く過ごすことによって、一日を通じて快く過ごすことができるのだ。反対に朝でつまずくと一日を通じて運勢は高まりにくくなる。一日の始まりをいかに気分良くスタートできるか。ここに家族が一日を明るく過ごすための分水嶺《ぶんすいれい》があると知っておきたい。

さらに結婚のチャンスが近づく一年でもある。四〇代の三碧木星には、ここから数年がラストチャンスとなりかねない。どこまでも積極的に考えるように。また年配の三碧木星であれば、子供が結婚したり、就職したりで家族構成が変わる可能性もあるから、心の準備を。

健康面はさほど心配はいらない。ただし、朝食は必ず摂《と》るように。最近はダイエット目的で朝食を抜く人もいるようだが、食事の回数を減らすと胆汁が分泌されずにうっ滞し、胆石の原因となったりする。四〇代（Forty）、肥満気味（Fatty）、多産婦（Fecund）な女性（Female）の四つのFは胆石症のリスクが高いとされる。当てはまる人は特に注意しておこう。

恋愛・ファッション

二〇二二年の恋愛は楽しいものになりそうだ。元々、人間関係の中で生きることを好む三碧木星にとって、こうした賑《にぎ》やかな毎日は生きている実感を与えてくれることだろう。良いことも悪いことも含めて、刺激的でジェットコースターのような毎日を求めている星だから、二〇二二年の運勢は願ったり叶《かな》ったりだと思う。だけど、相手が同じような人生観を持っているかと言えば、そうでないこともある。自分一人で泣いたり笑ったりと振る舞えば、相手は白け、また三碧木星を恐れたりしてしまいかねない。運勢が強いときだからこそ、慎み深い生き方が求められると知ろう。恋愛の素晴らしさは相手の願いを叶えていく精進を相互に続けるところにある。自分一人で恋愛はできないということに気づくことだ。

また、交際が長くなっている二人であれば、結婚に向けて動いてみたい。相手がなかなか煮え切らないときも、粘り強くチャンスを狙い続けること。二〇二二年の運勢は、暗闇から朝日が昇るように一気に明るさが生まれる。それを信じて待つことだろう。

ファッションは自身の心の明るさを存分に表現するといい。運勢が上昇フェーズにあるときは、自然と明るい色合いを好むものだ。同じ黒でも明るさには違いがある。できるだけ発色の強いものをチョイスするといいと思う。ただし、明るければいいというものでもない。人は肌や目の色合いによって、明るく見える色がある。この辺りはパーソナルカラーを診断してもらうと一目瞭然だから、専門家に頼んでみたらどうだろう。

月の運勢　三碧木星

三碧・一月

昨年を振り返る、始まりは落ち着いて　◎◎◟

年末年始を過ぎた頃から、落ちついてものを考えられるようになってくる。こたつに入って、ゆっくり書き物でもしよう。過ぎし日々をあれこれ思い返したり記録をつけたり。また、後手に回っていた片付けや掃除、パソコン作業など。身のまわりをスッキリとさせて、立春からの新しい一年に備えておきたい。

仕事では、昨年行ったことを自己評価してみたい。振り返ったりメモを取ることを面倒に思いがちだけど、自分なりに成果物を確認しておくことは大切だ。脳トレのつもりでやってみるといい。

年の運勢で述べたとおり、今年の三碧木星は高運期に位置する。バイオリズムを見ても年初から勢いを持っていて、何やら忙しくなる予感がしているはずだ。今年は昨年以上の活躍が期待できる。これまでも毎日忙しかったけれど、今年はもっと積極的に前進するだろう。

人によって、プロジェクトや社会的意義の含まれた内容、新しい役割など、大きなことが始まる。そうした人ほどやる気に満ちていると思う。でも、前のめりで走らないこと。突っ走らずに、全体の動きをしっかりと把握して進もう。今月は、三碧木星の動き方が周囲に影響を与える。不満や文句を口にしたり、周囲の都合を無視して進めるのは避けておきたい。ある意味、自分を忘れて取り組むといいと思う。

ボランティア活動も吉。

三碧・二月

運勢は強い、活躍できる　◎◎◎

いよいよ一年の運気が本格化する。忙しさが加速して、目まぐるしく動くことになりそう。家にいても仕事に出ても、やることが駆け巡る。三碧木星に向かって「無理せず休んでね」と言っても難しそうだ。人が足りないと頼りにされたり、ベテランともなれば知識や経験を買われて期待を背負ったり。とにかくジッとしている暇はない。一日があっという間だ。

二月の三碧木星は能力もあって、考えることも的確で正しい。周囲の間違いは一つも見逃さないだろう。だから、言い方や接し方には気をつけよう。自分の正しさしか見えなくなって、間違いは起こる。人を責めるのは容《た》易《やす》いけれど、敵をつくっては来月にも影響してつらい。今月は運勢が強いのだから、その運勢を持っている自分がどうすべきかと考えよう。自分に改善の余地が生まれるほうが、成果につながる。同じ言動を繰り返しながら、「なぜ状況が変わらないのだ」と文句を言う人にはならないようにしたい。

また、年上や上司との意思疎通はこの時にしっかりとしておこう。積極的かつ丁寧に確認作業など行いたい。手を止めて足を止めて、きちんと向き合って話をしよう。今月のようにやる気がみなぎっている時は、あわてないことだ。落ち着いて取り組めば、どれほど成果となるだろう。戌年の人なら、さらに運勢は強大。

また、正しさに応援あり。なければ、やりすぎている。

三碧・三月　トラブルあるが、やさしく対応　◎◎

気がつけば早三月。春の陽気が待ち遠しい。しび花見に出かけたい気分で、友人とお茶したり、気になる店へ足を運んだりしてみたい。

運勢はやや低下して、三月はトラブルが起こりやすくなる。何かの争いや理解不足が生じたり、これまで順調にやってきたけれどイマイチな月。こうした時は、ソロリソロリと歩くこと。独断や大決断に向かないから、じっくり考えてから実行するのがいい。周囲とよく話し合って、様々な意見を持ち寄ってみよう。

今月は、自分の意見を優先しないこと。人の話を遮ったり、こちらが言いたいことだけ話したりしないように。たまには自分の考えを一旦横に置いて、静かに相槌《あいづち》を打ちながら人の考えにもじっと耳を傾けてみよう。しびれを切らして早々に手を出したり、不満顔をのぞかせてはダメ。人の話を聞き逃せばミスにもつながる。

人によっては、家庭で話し合いが必要だ。人生は話し合ってすぐに解決する問題ばかりではないけれど、たびたび話し合うことは無駄ではない。意見が相違することも想定しておき、人間関係を壊すようなことはやめよう。叶わない思いがあっても、人を批判しないように。いまはひたすらやさしく対応しておくべきだ。自説を強くして相手にわからせようとしても、望む結果は得られにくい。

思いがけない出費がありそう。食事や喫茶の機会は大切に、費用は準備しよう。

三碧・四月

変化の月、速度を落として　◎◎◎

四月になって新学期。子供たちは大きく成長してきた。何もかも世話をしていたのに、少しずつだが確実に手がかからなくなっていく。

今月は切り替えの月。仕事の内容が変わり、家族内に変化が生じ、三碧木星の生活に切り替わりが起こる。今月の変化の出来事は運気に乗っているから、三碧木星にとって悪い動きではない。グループをやめたり所属が替わったりすれば、反射的に「残念だね」などと言ってしまいがちだけど、新しく変わっていいのだ。変わることを選択しよう。予想外の動きを楽しみたいと思う。

考えなければならないこと、やらなければならないことは多い。自分の関わる業界の問題やシステム、コンセプトから下の育成など、どこから手をつけていいかわからない。いずれの三碧木星も、今月は小さなステップを計画して進みたい。速度を落として、順を追って取り組むことが大切だ。

三碧木星には、ここまでやってきた自信がついてきている。でも今月は、周りを優先しながら、一員として振る舞い行動してみよう。渡り鳥の一匹が群れの後方に回って、次に前へ出る時のために力をためるように、三碧木星もとどまるところを知って、吉となる。

親族の行事には参加したい。「自分の用事ができなくなる」「私は行かない」など、頑固な態度は控えよう。

背中を丸めない、背筋を伸ばして。

三碧・五月

よく気がつく、早めに手を打ちたい　◎◎◎

五月になれば、再び運気の強さが感じられる。明るい気持ちが戻ってきて、生活にハリが出てくる。やらなければならないことは多岐にわたり、とても昼寝などしていられない状況だ。笑顔を大切にしたい時期。

今月の三碧木星は頭脳明晰《めいせき》、大事なことにもよく気がつきそう。だから、遠慮するような相手にも回りくどく伝えたりしないで、考えていることを率直に話してみよう。熱意のままストレートに。

一方で、問題と対峙《たいじ》すると、マイナスが許せないという気持ちが前面に出ることもあるから気をつけよう。三碧木星が感情を落ち着かせて生活すれば、成果は自《おの》ずとついてくるはずだ。自分の心の中のマイナス感情やできない理由は、プラスのものを見つけにくくする。だから、自分の思考の悪いクセとは思い切ってサヨナラしよう。

先月はどうなるのだろうと案じたこともあったけれど、何となく目途が立ってきている。これはこうなるのだろうと、曖昧だったものの輪郭が見え始めてきた。感覚が研ぎ澄まされてくるから、いろんな動きを見て、あらゆる手を打っていくべきだ。やりたいことは早めに動いておくように。

また、組織に三碧木星がいるなら、この人の考えを聞いてみることは大切かもしれない。あるいは、本質を突いた意見などは用いること。

頭痛がすれば、夜はしっかり休息を。

三碧・六月

解決のチャンスを見逃さないで ◎☾

六月は一転して思うように運ばないことがありそう。順調にきていたけれど、急に体調を崩したり、当てが外れたり、物をなくしたりもする。気分が滅入《めい》れば、疲れがドッと出る。今月は気分転換しながら過ごそう。

周囲に気持ちが行き届かなくて、人間関係にトラブルが起きたり、ケガをしたりもする。あるいは、手にしていたものを失《な》くしたり当てが外れたりと、様々な失敗が起こりやすいから注意。派手に騒がず、心をしっとりと落ち着けて行動するようにしたい。

周囲もそうした振る舞いを望んでいる。決してトラブルにイライラしたり、当たり散らしたりしないこと。解決が遠のくばかりである。実は今月表に出てきた問題は、解決できるチャンスが来ている。隠れたままでは手のつけようもないが、起きたことには対処できる。タイミングを逃さずに処理に向かおう。その姿勢が吉を生む。

一般相対性理論でブラックホールの存在を予言した若きアインシュタイン。彼は理論と矛盾するにもかかわらず、宇宙は静的なものと信じ、それを証明するための方程式もつくった。しかしその後、ハップルらの観測で、宇宙は膨張していることが明らかとなった。この時アインシュタインは不機嫌になるどころか小躍りして喜び、ハップルを訪ねて礼を言ったそうだ。二〇一九年、理論から約一〇〇年間の検証と観測が積み上げられ、ブラックホールの撮影が成功した。

三碧・七月　運気は回復、心を合わせて謙虚に　◎◎◯

七月は梅雨最中、ゲリラ豪雨の発生などにも注意したい。

梅雨の始まりは悩んでいたけれど、七月になればもう心配はいらない。体調がイマイチだった人も徐々に回復。人間関係につまずいていた人も元に戻って嬉しい。

七月に入れば運勢は安定してくる。それを見越して、やりたいことを進めていきたい。小さくても計画を立てて、それに従って次々にクリアしていくのは楽しい。着実に前進していけば、後には大きな喜びが待っている。

チーム活動には最高の時だ。周囲と一緒になって取り組めることに力を注ぎたい。皆で共通の目標に向かって心を合わせられる。集まって話し合いを行ったり、溝ができていた関係をしっかり修復しよう。自分が力量不足の場合は、すぐれた人かリーダーの指導に沿ってまとまる。考え方や処理の仕方など学べるところは多いから、謙虚に学びたい。

普段から丁寧な態度や言葉がけを心がけておこう。それを忘れてしまうと、些細なトラブルが起こりやすい。今月、周囲が求めているのは三碧木星のやさしさだ。相手のために時間をつくったり、ひと手間を惜しまなければ、どれだけ喜ばれるだろう。

今月は周囲のために、自分の持っている力を発揮してみたい。あの人をどうやって応援しよう、と考えよう。家族の問題があれば皆で話し合うこと。

お腹《なか》を冷やさないように。

三碧・八月

騒ぎが起こりやすい、落ち着いて行動する　◎◎◎

夏を駆け抜ける蝉《せみ》の声。三碧木星も早朝から起きて活動する。

八月は今年の特徴が最も表れる月で、三碧木星の周辺は忙しくなりそうだ。フットワークも軽く、テキパキ動いている。来月にかけて運気は強く、本領発揮となる。周囲から見ていても、明るい笑い声を響かせて、とても元気だと思う。急いでいてドアをバタンと閉め、階段をドンドンと駆け上がる。それで全く疲れないのが不思議なくらいだ。

なかには、三碧木星の動きについていけない人もいるから、周囲の人を置いてけぼりにしないように。自分がしたほうが早いからと勝手に判断して進めたり、人がやろうとしているところに口を出したり指示すれば、反感を買うかもしれない。あるいは、些細なことに大騒ぎしてしまい、周囲の心をざわつかせる。あわてれば忘れ物をしたり、連絡をしていないことに気づいたり、失敗が重なる可能性もあるから気をつけよう。

それもこれも三碧木星の調子が良い証拠なのだけど、少しの落ち着きがあれば、ほとんどの災難はまぬがれる。思いがけない事件が発生しても、全て対処可能だ。過ちがあればしっかり反省を述べて、次へ活《い》かそう。

職場でも家庭でも、いろいろな話が登場する。小言を増やさず、実現を前向きに考えたい。いまは発展に向かっている。集中して取り組めば成果がある。アイデアをメモしたい。

夏祭りが楽しい。

三碧・九月

動揺しやすい、計画通りに　◎◎◎

台風シーズンのピーク。暴風にも気をつけよう。備えあれば憂いなし。離れている知人や友人、家族などへ連絡したり、会いにいってみたい。新しい報告や元気にやっていることを伝えよう。

体調は良好、先月に続いて忙しいひと月。出張が入ったり、クライアントを訪問したり、あるいは研修に出かけ、同行を求められ、何かの課題に向かう人もいる。それぞれやるべきことに向かい、積極的に取り組む。同じ環境にいても、考え方は十人十色。周囲とよく相談して進めていこう。その姿勢がトラブル回避につながる。

時として、予想外の展開があり、ショックを受けやすい。怒ったりイラついたり、一時のことに振り回されがちだから気をつけよう。心を静めて対処したい。簡単にやめると言い出したり、方針を変更したりするのは賛成できない。人がついてこなくなってしまう。今月は計画通りに進めて、問題を上首尾に処理していける。根本から大きく変えてしまうことは控えておこう。やり続けていけば成果を得られる。運勢は強く、それほど間違った判断はしないはずだから、安心して進んでいけばよいと思う。

長期休暇の予定がある人は、久しぶりに遠出するのもいい。夫婦や家族で出かけて、リラックスして過ごしたい。仲良くしている近所の人や職場仲間にお土産を買って帰ろう。ストレスはお腹にきそう。アロマを。

三碧・十月

立ち止まって確認、時間がかかってもいい ◎◎◎(

気がつけば十月、一年は早い。

今月は落ち着いて仕事をしたい。これまで重要な活動に時間を割いてきたけど、後回しになっていたものが足元に転がっていること に気づく。それらを整理したり片付けておこう。積極的に動いてきたことを今月は見直してみることが大切だ。十月にゆっくりしなければ、来月は忙殺されてきつくなる。

内々の動きにも目を配りたい。一旦立ち止まったことで、見えなかったものも見えてくる。不確実な要素があればしっかり確認し、修正なども加えておこう。身近なところのほころびを直すのに最適な月だ。ここでやるのかやらないのかが差につながる。

国が滅びるのは、外からの攻撃ではなく、内からの腐敗というようなことがよく述べられるが、なるほど納得してしまう。上は下に思い通りに動いてもらいたい。そのほうが安全でやりやすいと錯覚する。しかし、実際は個々の能力を活かせていなければ、結果として全体の質の低下につながる。反対に、個々を活かそうと思えば、あれやこれやもめることはあるし、時間はかかる。今月の三碧木星は、時間がかかってもよしとすること。

自分を抑えて、全体をよく見ながら個々に応じてサポートしよう。自分が解決に出て行かず、解決の動きを待ってみるのも一案だ。言いたいことは半分ぐらいに。そうすれば、周囲の動きが活発になる。誰もが自分の人生を生き始めるように。

三碧・十一月　やりがいのある月、頭は回転する　◎◎◎

十一月は仕事が忙しくなる。スケジュールが埋まり、次々にやることが押し寄せる。ひととところにとどまっていられない。お願いされることも多いけれど、来たものは全てこなす能力があるから、ここまでにやろうと決めて開始したい。頭は回転し集中力もある。

三碧木星には、誰もが簡単にできないようなことをやってのける力がある。でも、あまりにも多くのことをやらなければならなくなると、常にセカセカした雰囲気が漂いがち。言葉が強くなり、早足で動き回る。忙しければ忙しいほど、ゆったりとした気持ちで取り組みたい。それが次の成長へ向けた課題でもあると思う。

一人で突っ走らずに、たまには人がやっていることを参考にしたい。自分の目指したいイメージや人物像を持っていない人は、この機会に現在の自分はどこを目指しているのかを明確にしておこう。誰のために何をやっているのかを伝えられるようにしたい。

関わる人も増えてきて、配慮しなければならないところもたくさんになった。何か自分ばかり一生懸命にやっているような気がする。自分がやらなければ誰がやる。でも案外、三碧木星がゆったりと動けば、周囲は違った動きを見せたりしてくれる。でも、それが待てない。やりすぎは禁物だ、文句を言いながらやることになる。

自分を超えた人を訪ね、話をしたい。自分の成長に欠かせない。

三碧・十二月

関係を良好に、喜びを与える　◎◎(

先月はかなり忙しかったが、十二月は肩の荷を下ろして過ごしたい。ホッとできる時間をつくるようにして、家族団欒《だんらん》で過ごしたり、年末の予定を話し合ったりしよう。季節柄、イベントも多い。セミナーや懇親会、クリスマス、お茶したり買い物に出かけたり。普段できなかった家のことを一緒にこなし、たくさん会話をしたい。

その一方で、出費が続きそうで心配だ。大きい金額でなくても、何かと入用になるから、計画的に使いたい。通りかかった場所で自分の欲しいものを見つけても、今回はパスしなければならないということも。

できれば実家に帰省したい。ここのところ帰れなかった人もいる。顔を合わせて話をすれば、予想外の成果がありそう。でも、自分一人で決定できず、反対にあったり予定が立たなければ難しい。考えの違いが起こりやすい時だから気をつけよう。自説を押し通せば、関係が悪化するだけだ。意地になったりせず、いまは引き下がろう。

今月は勝負には向かないから、先月よりもずっと控えめに。強い気持ちをやわらげて、人間関係を良好にすることを心がけよう。トラブルがあれば、穏便に処理したい。そのうえで、不満顔をしないで過ごすこと。忙しさを一段落させて、周囲の人を喜ばせることを考えてみよう。三碧木星が手を止めて心を寄せると、喜ぶ人がいる。

歯が痛めばすぐに歯科へ。

仮吉方 方位移動の効果

北へ帰る

①新たな動きが生まれ、人生は大河の流れのごとく流れ始める
②人間関係は予想を超えた広がりを見せる
③人生の苦悩は解決へと動き始める
④家庭は円満となり、やさしい雰囲気が満ちる
⑤売上高は飛躍的に向上し、人生は輝きが増す

南東へ帰る

①環境や精神が整い、人生は飛躍へと向かう
②精神的・肉体的に整い、穏やかな心が得られる
③遠方から声がかかり、豊かな人間関係が結ばれる
④気持ちは立ち上がり、あらゆる問題を解決する気概が生まれる
⑤活動量が増加し、発展・繁栄につながっていく

南へ帰る

①智慧《ちえ》が輝き、判断力は冴《さ》えわたる
②人生は華やかになり、衆目を集める
③不要な縁は離れ、よき縁に恵まれる
④向上欲が生じ、謙虚さが身につく
⑤新たな動きが生まれ、人生は大河の流れのごとく流れ始める

2022年　三碧木星　仮吉方表

誕生日	出る方向	出る時期	帰る方向	帰る時期
2/4～3/5	南	6月初め	北	8月末
	北		南	
3/6～4/4	南		北	
	北		南	
4/5～5/5	南		北	
	北西		南東	
	北		南	
5/6～6/5	南		北	
	北西		南東	
	北		南	
6/6～7/6	北西		南東	
7/7～8/7	北西		南東	
8/8～9/7	南		北	
	北西		南東	
	北		南	
9/8～10/8	南		北	
	北西		南東	
	北		南	
10/9～11/7	南		北	
	北		南	
11/8～12/6	南		北	
	北西		南東	
	北		南	
12/7～1/5	南		北	
	北		南	
1/6～2/3	南		北	
	北西		南東	
	北		南	

※その他諸注意事項があるので、詳しくはセミナーに参加して学んでほしい

四緑木星《しろくもくせい》

運勢パワー　★★★★★

言い訳を捨て、壮大な目標に
向かって羽ばたく。
多くの人々の想いを乗せ、
どこまでも高く遠くへ
飛んでいく

2022年のポイント

①大胆な目標を明確にする
②不自由さから生み出す自在さ
③強運の風と偉大な師の存在
④自己実現が周囲の恵みとなる

四緑木星の出来事――新大陸の発見

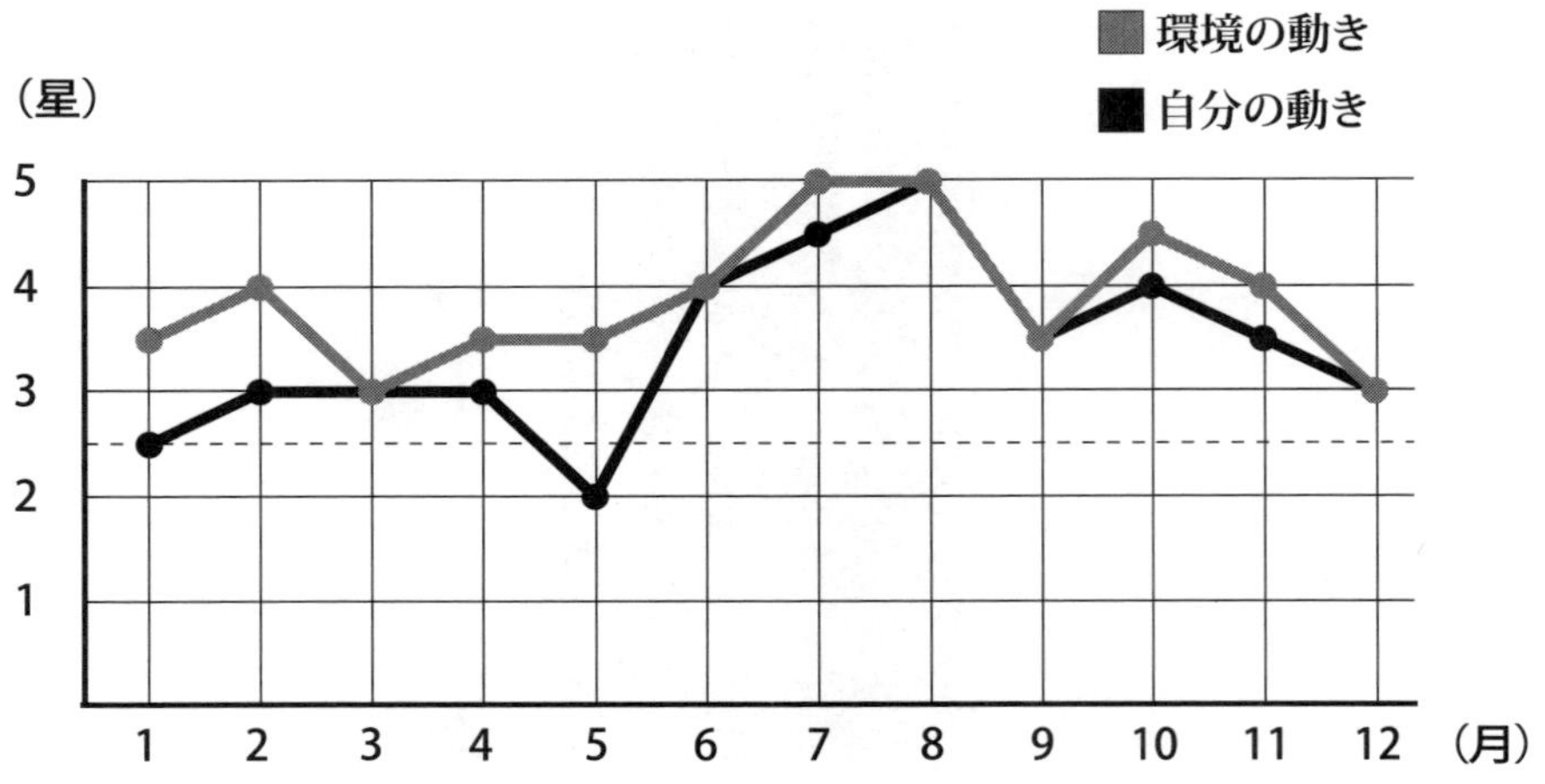

2022年のバイオリズム

年間を通じて運勢は強い。とりわけ6月から10月にかけての運勢の強さは異常なほどで、四緑木星の願望を全て叶《かな》えるほどのパワーを持っている。この運気の力を自身の開運につなげるだけの決意と行動力があるかどうかだろう。

縁に乗れる年でもあるため、とりわけ4月、5月の運気が低調な時に、そばにいてくれた人との関係を大切にしよう。好調な時には多くの人が集まるが、低調な時にいる人は本当の友だけだ。

ただし4月、5月は運勢が落ち込むから、ここで大きな決断は避け、周囲に頼ること。

運勢

大胆な目標を明確にする

二〇二一年、四緑木星は一人、未知なる世界の扉を開けた。穏やかな生き方を好む四緑木星にとっては、目まぐるしい変化の連続でいろいろとつらく困難な一年だったと思う。四緑木星は平然と構えているが、おそらく人には言えない苦労もたくさん背負ってきたはずだ。そのたゆまぬ努力に心から敬意を表したい。

二〇二二年は、こうした努力が認められ、生活は大きく飛躍する。功績に光が当たり、四緑木星を呼ぶ声があらゆる方面から聞こえる。そうした声に応えていくうちに、自然と活動範囲は広がり、新たな人間関係が構築される。まさに飛躍の一年となる。

こうしたときに、四緑木星はどこか遠慮がちで大胆な歩みを好まない。元々、陰陽では陰の特徴を持つことが原因なのかもしれない。外で活躍するよりも、家でのんびりしていたい。ある意味、幸せな星だけれど、時には人生の大冒険に出かけてみるのもいいだろう。二〇二二年がその冒険の一年だと考えてほしい。自分にはまだ見ぬ可能性が備わっており、またその才能の発揮を心待ちにしている人もいる。潜在意識下に横たわる自身への期待、周囲が抱く四緑木星への期待。二つの期待を背負って、世界に飛び出したい。

二〇二二年を過ごすうえで重要なことは、目標の明確化だ。四緑木星は生まれつき強運な星で、それゆえに「何となく」生きていける。周囲の手配によって、生活に整いがもたらされるから、自力でどうにかしようという気分に欠けるきらいを持つ。こうした「ほどほどの人生」を心地よく感じているうちは人生の拡大はない。人の脳は理想と現実にギャップを感じたときに、初めて理想を現実とすべく動き始める。だから、思い切って手を広げて、大胆な目標を描くことから始めてみよう。実現の可能性など考える必要はない。この星は、幼少期に寂しい思いをした人が多い。父親がなかなか帰ってこないので母の愚痴を聞いて育ったとか、親が下の兄弟にかかりきりで、かまってもらえなかったとか。寂しさの内容は人それぞれだけど、その過去の寂しさを捨て去り未来に向かって歩む決意を固めよう。未来は他の誰でもなく、自身にしか責任がない。これまで、ほどほどの人生で満足していた「言い訳」を捨てて、あくまでも自身の手で夢を描くこと。

描いた夢に対し、必要なものは全て手配される一年。そのため、二〇二二年の生き方のヒントとして、手にするもの以上に何かを求める必要はない。手にしたもので、夢の実現に向かうのだ。「掃除機がないと掃除ができない」と言う人がいる。箒《ほうき》で掃けばいいし、雑巾で拭き掃除をすればいい。それだけのことなのに、先にできない言い訳を考えてしまう。二〇二二年の四緑木星はできない言い訳を捨て、手に入れたものを最大限に活用して目標へ突き進みたい。「お金が貯まったら……」「時間が確保できたら……」「子供の手が離れたら……」。これらの言葉は、全て二〇二二年の四緑木星の運勢の足を引っ張る呪いの言葉だと考えていい。不自由さを感じたら、創意工夫をするべきだ。お金がないなら、どうやって工面するか。時間がなければ、誰に手伝ってもらうか。子供の手が離れないなら、実家の両親にお願いするなど、いくらでも方法はあるはずだ。要するに、あらゆる言い訳は自身が変わりたくないという慢心の証拠なのである。事態を変えたいなら、まずは自身が変わるべきだ。つまり、二〇二二年の運勢の強さは、四緑木星が頭を下げ、謙虚になればなるほどに強くなっていく。そのことを覚えておいてほしい。

だからこそ、二〇二二年は「ありがとうございます」「ごめんなさい」「お願いします」の三つの魔法の言葉を持って、強運の風に乗ることだ。すでに述べたように、二〇二二年はこままでの四緑木星の歩みにスポットライトが当たり、四緑木星を呼ぶ声がたくさん聞こえる。チャンスというのは常に外からやってくる。外からの風に決意を持って乗ってみたい。

一方でピンチというのは、いつも自身の内面にある。二〇二二年の四緑木星の運勢の強さにブレーキをかけるとしたら、それは自身の心の中にある。皆が持ち込んでくれたチャンスを当たり前と受け取る高慢さ、自身の非を認められないワガママさ、誰かにお願い事をできない臆病さ。こうした心の弱さを克服し、二〇二二年の人生は大きく進む。

不自由さから生み出す自在さ

二〇二二年のチャンスは、おそらく自身よりも大きな存在からもたらされることになると思う。急に社長に呼び出され、大型プロジェクトの責任者に命じられる。また、取引先の社長が珍しく納品の現場に来たと思ったら、大規模案件の発注をくれたりする。こうしたとき、すぐさま「はい！」と返事をできるかどうかが人生の分岐点になる。

四緑木星は九星の中でも割と気後れしがちだ。だから、大きなチャンスが来たときに、なかなか「はい！」の一言が言えない。「私なんかじゃなく、他の人のほうが……」などと言ったりしたら、すぐにこのチャンスは消える。

だいたい、自分の立場などで行動を決める人間は大物にはなれない。自分が何者であるかなど、人生の大きな流れの前においては無意味で、それよりも「こんな自分の前に、チャンスを置いた宇宙の意志」を考えることのほうが、遥《はる》かに重要なのだ。なぜ、宇宙は私にこんな大きな仕事を任せようと思ったのか。なぜ、社長は私のことをこんなに評価してくれたのか。自分は大した力など持っていない。だけど期待をかけられた以上、きっとやりきれる。期待をかけられたということは、宇宙の意志が私の背中を押してくれているからだ。

こうして大勝負の一年が思いがけない形でスタートを切ることになる。宇宙の応援があるからといって、安心などできない。もたらされる仕事の利益は大きく、だけどそれと同等の責任を背負うことになる。責任はおそらく二つ背負うことになるだろう。自社の社長と取引先の社長の双方から大きな期待をかけられて、それが重荷に感じたりする。こうした責任を背負うことを四緑木星は好まない。できるだけ、自由に制限なく生きていきたいと思ってしまうからだ。だけど、宇宙がそれを許さない。場合によっては、仕事と家庭で大きな責任を背負わざるを得なくなったりする。義父母と共に生活をすることになり、介護を担当しつつ仕事をしなければならないとか。とにかく生活からは余裕が失われ、神経をすり減らすような日々が続くことになる。

どちらの場合であっても、四緑木星が背負う人は、かなりワガママで自分勝手に思えてしまう。要求は多岐にわたり、全てに応えようとすれば不自由さを感じることも多い。時として、全てを手放してしまいたくなるけれど、ここはグッと我慢が必要だ。

福沢諭吉は「自由在不自由中」という言葉を残した。自由は不自由の中にこそある。一定の制限があるからこそ、新たなイノベーションが生まれる。あらゆる国家の独立・建設も既存の勢力からの解放がスローガンになった。自身を上から押し付けてくる不自由さというのは、四緑木星を新たな自分に生まれ変わらせるために必要なものとして存在しているのだ。だからこそ、この不自由さから逃げてはいけない。不自由さから逃げずに、それさえも超越していく力を手に入れたい一年なのである。

「自由」という言葉と「自在」という言葉の違いが我々にはあまり理解できない。しかし、少し考えてみると、自由は不自由という対義語を持つが、自在には不自在という対義語は存在しない。自由も不自由も超越したのが自在である。二〇二二年の四緑木星は確かに不自由さを感じる一年だ。「運勢が強いのに、なぜこんなに足を引っ張られるのか」などと思ってしまうこともあるだろう。だけど、不自由ささえ自在に乗り越えていきたい。不自由さを感じるほどに、実は運勢が強い。その不自由さから、どんな自分を自在に生み出していくか。

宇宙は大いなる期待を持って四緑木星を見つめている。

強運の風と偉大な師の存在

自由と自在という言葉の違いがあまり知られていないのと同様に、「リスク」という言葉も実は誤解されてしまっている。「リスク」はラテン語で「船乗り」を表す「リズカーレ」を語源に持つ。中世の水の街・ヴェネツィアには海運業により一攫千金《いっかくせんきん》を狙う船乗りたちが多くおり、海賊や嵐などの危険にも果敢に挑み、人生を切り開いていた。そこからリズカーレが「挑戦すること」という意味を持つようになり、リスクという言葉になっていく。リスクとは決して危険性だけを指し示すのではなく、望外の喜びもそのうちに含む言葉だ。

四緑木星の橋下《はしもと》徹はイソ弁時代、所属する事務所と個人で取ってきた仕事の報酬の三〇%をマージンとして支払う契約をしていた。他のイソ弁たちは報酬を全額懐に入れるのが当たり前だったにもかかわらず、なぜ橋下はマージンを支払ったのか。橋下はそれを「表裏一体だ」と述べた。イソ弁とは弁護士事務所に居候させてもらう弁護士のことだ。居候させてもらう以上、事務所から回ってきた仕事を優先させるのが当然で、橋下はそれによって個人の仕事が後回しになることを嫌った。事務所としても、集客活動をせずに得られる三〇%の成果は大きいため、自然と橋下には個人の仕事を頑張ってもらうようになる。こうして橋下は個人の活動を増やし、早い段階での独立を勝ち得て、その後、政治家として力を発揮していく。あのとき橋下が三〇％のマージンを支払わなかったら、今の立場はない。マージンという陰があってこそ、成果という陽がある。成果を得たいなら、それなりに支払うものも大きくなる。

二〇二二年の四緑木星には大きな強運の追い風が吹く。四緑木星は「船」を示す星であるから、大海原に広げたマストいっぱいに追い風を受け進む船の様子が二〇二二年の運勢の形だと考えていい。向かう先は新大陸。そこには未知の自分と望外の成果が待っている。

当然、風が強すぎれば船は転覆する。二〇二二年の四緑木星も運勢の強さを笠に着て、物事を一気《いっき》呵成《かせい》に進めようと考えれば大きな失敗をしてしまいかねない。だからこそ、かなり慎重な歩みが大切で、足元をしっかりと見つつ進めなければならない。目標は遥《はる》か遠く高く、行動は慎重に正確に、だ。東洋思想というものは面白いもので、運勢が弱いときは顔を上げろと言うし、運勢が高まってきたときは頭を下げろと言う。こうした学問を学んでいくほどに、高慢な性格や卑屈な性格は改められ、運勢さえも超えて発展を持続する力がついてくるのだと思う。二〇二二年はうまくいっているときほど、周囲に対し「おかげさまで」と伝えられる自分になろう。そのうえで、リスクを取り、果敢にトライする一年だ。

ただし、リスクはあって当たり前なのだが、大きいリスクを小さくしていく活動を疎《おろそ》かにしてはならない。そのためには「師」の存在が欠かせない。判断を下す前に「師」に教えを請う。また、師が鬼籍に入っていたら、墓前に立ち「先生なら、このときどうしますか？」と尋ねる。こうした時間が四緑木星に自省のきっかけを与え、不確定要素の多い大海原にあって、舵《かじ》を失うことなく目的まで達するための力となる。四緑木星は「尊順」の星だ。この星は生来、尊敬する対象についていくことを命の本質として持っている。だから二〇二二年は、師を持つ四緑木星の活躍は目覚ましいものがある。そうした師を持っている四緑木星は、忙しい中でも時間をつくり、師の下に走ろう。

自己実現が周囲の恵みとなる

『易経』の巽為風《そんいふう》に「重巽《ちょうそん》はもって命《めい》を申《かさ》ぬ」という一節がある。巽とは風であるから、どうやら二〇二二年の四緑木星には、何回も風が吹くらしい。だから、何度もチャンスが訪れる。同様に様々な指示も訪れる。顧客からの仕様書は何度も書き換えられやってくる。上司からの指示も繰り返され「わかってるよ」と言いたくもなる。だけど、ここで反発してはいけない。向こうもそれだけ真剣なのだ。また、指示が何度も繰り返される中で、見落としていた問題に気づけるきっかけにもなる。有り難く受け取るように。

同様に四緑木星が指示を出すときも、何度も繰り返すように心がけておきたい。「書は言を尽くさず。言は意を尽くさず」と孔子は言う（『易経』周易繫辞上伝）。その通り、文字に起こされたものは、口頭での指示を書き尽くせることはないし、口頭での指示もこちらの意を全て表現できているものではない。コミュニケーションは非効率なものであって、よほど注意して進めなければ、指示は独り歩きして、全く違った形で周囲に伝わってしまいかねない。何度も何度も繰り返し、丁寧に意思を伝えていくことだ。

次に違う角度で「命を申ぬ」を解釈してみたい。『説文解字』によれば、この「申」は「伸」であり「神」である。巽為風の卦《け》は風の下に草がある形であり、風がやさしく草を撫《な》で、草はそよぎながら茎を伸ばしていく。そこで古《いにしえ》より王者の徳を風になぞらえ、民を草にたとえてきた。『論語』の顔淵《がんえん》編にも「君子の徳は風なり、小人の徳は草なり。草、之に風を上《くわ》うれば必ず偃《ふ》す」とある。

二〇二二年の四緑木星は王者の徳を湛《たた》えたい。自身の活動は、周囲の皆をやさしく撫で上げ、さらにその成長までをも促す活動であってほしいのだ。だからこそ、自身の枠を大きく超えて、高く高く目標を掲げるべきなのだ。風は高い場所から吹き下ろすと、下の大地に大いなる実りをもたらす。米どころである秋田県では「宝風」と呼ばれる風が吹くことがある。奥羽山脈を越えてやってくるこの風はたっぷりと水蒸気を含んでいて、その風が山脈を越え秋田に向かって下りる際に、通常よりも高い温度となり、やさしく暖かな風となる。こうした現象を「フェーン現象」と呼ぶが、この風は米の生育を促進させるから、「宝風」と呼ばれるわけだ。フェーン現象にも二種類存在し、山が介在するフェーン現象を「湿ったフェーン」と呼び、力学的に生じるフェーン現象を「乾いたフェーン」と呼ぶ。後者は山がなくても発生し、宝風は前者に相当する。風が山を越えて恵みをもたらすのだ。だからこそ、二〇二二年の四緑木星はどこまでも高く飛びたい。自己の目標達成とともに、周囲へ恵みをもたらすために高く飛ぶのだ。

二〇二二年の四緑木星の活躍は、自身だけではなく、周囲にも成果をもたらしてくれる。四緑木星が高く飛ぼうと精進するのを見て、周囲もまた稲を上に伸ばすがごとく成長を始めるのだ。だから、「命を申ぬ」は命を伸長させることでもあり、それは神たる四緑木星の頑張りに応えるかのごとく自然発生的に起こるのだ。そのため、二〇二二年の四緑木星は周囲の成長にも責任を持ちたい。部下が動かないのであれば、自身の説明のやり方に問題があると捉えると同時に、自身の生き方を見直してみよう。自分には、周囲を感動させ、行動に移させるだけの輝きがあるだろうか。いつも命令ばかりで、自身は向上のための行動を取っていないのではないだろうか。古代の王者たちは、干ばつによる飢饉《ききん》さえも自身の不徳であると考えて恥じた。非科学的だと笑う前に、あらゆる周囲の問題に対して、自身の責任と捉える人間性の輝きを見たい。

あらゆる生命は一つでは存在できない。宇宙の中にいて、環境とともにいる。環境を離れて自己は存在しないのであれば、環境さえも自身に責任があると考えられないか。二〇世紀のアメリカが生んだ発明家、バックミンスター・フラーはこう言った。

「宇宙とは自分を含めた全て。環境とは自分を除く全て。自分とは宇宙と環境を結ぶただ一つの存在」

地球を「宇宙船地球号」と名づけ、「愛とは形而上学《けいじじょうがく》的な引力である」という名言も残した彼の生命観に、今こそ全ての四緑木星は学ぶべきだと思う。

四緑木星の出来事――新大陸の発見

コロナ禍によって海外への移動が厳しく制限されている今、それでも物流を担う人々は世界を飛び回っている。とりわけ近年の「船余り」状態によって、厳しい経営を強いられていた海運業はコロナ禍による人手不足などの問題を乗り越え、巣ごもり需要などにより、ようやく順風が吹き始めた。また二〇二一年七月、国土交通省は自動運航船の国際運航ルール策定に向けた協議を開始し、海の上でもいよいよ自動運航が現実のものになってきた。

人はなぜ海に魅せられるのか。それはきっと水平線の向こうに、未知なる世界と可能性を見るからだと思う。危険とチャンスが隣り合わせの海運業は、保険業や株式投資の礎も築いていく。生命保険は「生きるか死ぬか」を賭けたいわばギャンブルという側面も持っており、まさに航海は「命を賭けた」ビジネスであったことを物語る。また株式投資は積み荷に対する責任を有限とし、危険性と利益のポートフォリオを可能にした。これにより投資は促され、洋の東西の交流は盛り上がりを見せることになる。このように航海業が人類に寄与した功績は大きい。船により世界地図を小さなものにするために、人々は今日も海に出る。その海運業の一大転換期となったのがヨーロッパに端を発する大航海時代の到来だった。十字軍の派遣以降、ヨーロッパにおけるアジアへの関心は高まる一方であった。その反面、ヨーロッパとアジアの間には強大なオスマン帝国の広大な領土が広がっており、オスマン帝国を介さず陸路でアジアと交易をするのは難しい。しかし、オスマン帝国を介することで、当然のことながら利益は圧迫されることになる。こうしたビジネス上の動機により、ヨーロッパ諸国は海路でのアジア到達を試みる。とりわけヨーロッパの貴族社会で重宝されていた香辛料の獲得を目指し、彼らは海に出たのだった。

こうした流れの中で、西廻り航路を主張した人物がいる。それがコロンブスであった。コロンブスは当時信じられ始めていた「地球球体説」と二世紀のギリシア人地理学者・マリヌス、九世紀のイスラム人天文学者アルフラガヌスの言説を元に独自の海路を構築し、前人未到の大西洋横断によるアジア到達を考えた。コロンブスはマルコ・ポーロの『東方見聞録』にある黄金の国・ジパングに非常に興味を持っていた。コロンブスは香辛料だけでなく、金の獲得にも意欲を燃やし、スペイン王室に自身の西廻り航路の売り込みをかける。ポルトガル王室には相手にされなかったが、スペイン王室は彼に興味を持ち、有名な「サンタ・フェ契約」を結ぶ。そうして西廻り航路への出発を果たした彼を待っていたのは、アジアではなく新大陸であった。そして、そこに黄金はなく、コロンブス一行は奴隷貿易に手を染める。原住民を虐殺し、アメリカ大陸における植民地を広げていった。こうして入植した人々がアメリカを建国し、コロンブス同様に原住民を虐殺していったのだった。

コロンブスがインドを目指し大西洋を出発したのは一四九二年八月三日。四緑木星の年の出来事であった。彼の功績と裏にある恥ずべき奴隷貿易の実態。栄光という光の下に眠る負の遺産。負を背負うことによって得られる成果。二〇二二年の四緑木星に、海は何を教えてくれるだろうか。

マーケット&マネージメント

二〇二二年、マーケットを牽引《けんいん》することになるのは四緑木星だと思う。二〇二一年、未知なる市場に挑み、傷つきながらも試行錯誤してきた中で、確かに四緑木星は成長してきた。そうした成長を市場は四緑木星以上に理解しているから、様々な場所でスポットライトを浴びることになる。それにより出会う人々の数は多くなり、訪問数や商談数も跳ね上がる。噂を聞きつけてきた人たちにやさしく接し、あらゆる要望を叶えられるように考えよう。

また、遠方との取引が活発になりそうだ。レスポンスを早めるためにも、ネットの環境は見直しておくといい。今どきＡＤＳＬ回線のところはさすがに少なくなってきたが、光回線であってもＬＡＮケーブルを新しい規格のものにするだけで、随分とスピードは変わる。

時として、随分と昔に縁を頂いた方から連絡があったり、ずっと以前に提案した企画に興味を持ってくれる人が現れたりする。かなりの確率で成果に直結するだろうから、丁寧に対応するように。利幅の少ない仕事であっても、声がかかり、形になったという事実が重要。

マネージメントの現場では、自己の向上が周囲の成長につながっていく一年。マネージメントと聞くと「いかに命令に従わせるか」と考える人も多いけれど、そればかりではない。大切なのは「指示を受けたい」と思ってもらえる自分になることだろう。また、現場のことは隅々まで目を配るように。そういった意味で、一年を通じて席を空けることが多くなる。重要な情報が抜け落ちないように、連絡網はしっかりと確立させておくこと。

家庭と健康

二〇二二年は忙しさの中にあっても、家を整えることに心を砕きたい。どれだけ忙しく活動していたとしても、部屋が汚いようでは開運には程遠い。休日は布団から出たくない気持ちに打ち克《か》って家事に勤《いそ》しもう。とりわけ長男、長女もしくは父、母である四緑木星であれば、家庭内の問題をいち早く処理することを心がけておいてほしい。子供の問題、親族の問題、地域の活動など、家というものは驚くほどの量の問題に囲まれている。こうしたことは、ここ数年間見ないようにしてきたけれど、そろそろ「待ったなし」のところまで来ている。外ばかりでなく、内側に向けた目線が運勢の良し悪しを分ける一年だ。

問題がなかなか改善に向かわないときは、家族そろって旅行に出かけてみよう。日常から離れてみることで、初めて見える真理もある。できれば自然に囲まれた場所がいい。木々の緑はリラックス効果を与え、緊張を解きほぐすことで、これまでまとっていた心の鎧《よろい》が一枚、また一枚と剝がれていく。じっくりと話し合ってみたらいいだろう。

健康面でもあまり心配はいらない。頑張りが利く一年だから、普段は決して自身のキャパシティを超えて活動することのない四緑木星が実に頑張り屋さんな一面を見せてくれるだろう。風邪などの多少の体調の悪化はあるだろうけれど、それによって実は健康が保たれる。持病のある人は、ゆっくりのんびりと付き合う決意を持とう。疲れすぎるとお腹《なか》を壊しがち。また、股関節が痛んだら、早めに専門家のところに走るように。

恋愛・ファッション

二〇二二年の恋愛は素晴らしい。ここまで縁に恵まれなかった人にも良縁がもたらされると思う。相手は、かなり見た目も良い。男も女も生き方は顔に出るもので、とりわけ顔色の輝きと鼻筋の美しさには注目しておこう。こうした人は精神的にも成熟しており、また収入なども過不足なく整っている。四〇代の四緑木星であれば、この辺りでそろそろ婚活にも決着をつけたい。あとは勇気を持って一歩踏み出すだけだ。ただし、行動はゆっくり慎重に。性急になれば、相手も引きかねない。まずは相手を誘い、食事の場でいろいろな話をしよう。どんな関係性も、互いを知ることが第一で、その先に交際があるということを忘れないように。

長い交際になっている場合は何らかの決意を固めるべき時にきている。結婚か互いの解放か。どちらの結論であっても四緑木星の人生にとって良い方向に進んでいくのは間違いない。最もいけないのは、優柔不断に結論を先延ばしにすること。決意なく自身の、そして相手の時間を奪ってしまうのは避けたい。

ファッションはTPOをわきまえるのが重要。奇抜な服装は周囲から怪訝《けげん》な目で見られることになる。場の邪魔にならない服装を常日頃心がけたい。女性ならスカーフや長めのイヤリング、ネックレスなどでアクセントをつけるのがいい。男性ならネクタイで明るさと清潔感を演出しよう。ロングヘアーに吉が宿る一年。トリートメントにもこだわって、美しい髪を維持したい。

月の運勢　四緑木星

四緑・一月　予想外のトラブル、心を尽くして　◎

新年早々から忙しく、四緑木星は元気に活動中だ。依頼や指示が立て続けにあって、今月に入って急に忙しさが加速してきた。二〇二二年は最も運気の強い一年だ。一月はまだ昨年の運気を残しているけれど、今年の動きはすでに始まっている。日に日に意気も高くなりそうだ。

一月の注意事項は、予想外のトラブルが起こりやすいこと。事故にあったりコケたり、通りすがりに文句をつけられたりと、散々な目にあう人もいそう。対人関係はもめ事にならないように柔らかい態度で対処しておきたい。

大事なのは不満を溜めないこと。やることがとんでもなく多かったり、上司の言い方が気にいらなくても、いま自分に求められていることに焦点を当てよう。人の言葉や態度にとらわれることなく、目の前のことに集中したい。時には、起きているマイナスをどうにかするより、プラスを生み出すことを考えてみよう。

心にしこりを残したまま次へ行かないように。必要ならば、双方の考えを話し合ってみれば、わだかまりが解ける。そうした時間は積極的につくろう。可能なら食事やお茶しながらできれば最高。苦情はユーモアで解決することも知恵の一つだ。

職場では気が抜けず、家庭でも心配りが必要になるけど、人のために尽くして吉。疲労が溜まれば口内炎になる。

四緑・二月

人間関係がいい、心をカラに　◎◎◐

二月になれば、努力の甲斐《かい》あって人間関係が楽しくなる。友人や仲間との会話がはずんで、恋愛も最高だ。好きな人がいるならばバレンタインを利用して、思いを伝えてみよう。もし思いが叶わなくても、また次の恋に向かえばいい。今年は出会いのチャンスがある。より良い人に会えると期待しよう。パートナーがいる人は、デートを重ねたい。夕食時には家族そろって楽しく席につこう。

本格的に今年の運気が始まった。高運期の一年、勝負は夏ごろ。いまはその前段階にある。二月は周囲との関係づくりを万全にしておきたい。ミーティングなどには全て出席し、顔合わせがあれば参加すること。思っていることを率直に話し、良い意見には賛同しよう。

また、話し合うことも重要だから、まんべんなく皆の考えを聞いてみたりもしたい。そうした機会がこれからのうねりを生み出すもとになる。信じ合える人間関係があれば、何でも乗り越えていけるだろう。

今年は関わる人間も責任も増す。そのスタート位置について念頭に置きたいのは、策を弄するよりも心をカラにすること。無心の行動によって信頼関係は生まれる。それは言葉で説明のしようがなくとも、確かに感じられる。

また、本音で語り合える関係は大切に。四緑木星の救いになってくれる。自分事で言えば、本音の部分で願っていること、語っていることに注目したい。それが現実をつくる。

四緑・三月

変化に乗る、順序を確かめながら　◎◎

三月、卒業シーズンの到来。子供たちは学年がまた一つ上がる。

四緑木星は家族に変化が生じ、あるいは自分の仕事で異動や変更などが起こる。今月の変化は気に乗った動きだから、どんどん切り替えてよい。価値観が変わりつつある時代、四緑木星は特にこれまでの慣習を時代に合わせて更新していくことが必要だ。

でも、性急に行ってはいけない。物事には順序がある。三月はそれを瀬踏みしながら進まなければならない。向かうところを見据えながらも、気持ちはあせらず、じっくりと取り組むように。階段を上るようにして、順序を確かめながら進みたい。そうすれば間違いはない。それがとても大事だから、軽く考えないでおこう。指示や連絡事項にしても、細かく具体的に行うとよい。

人によっては障害にぶつかったり、立ち止まることがある。でも、あわてないように。腰を落ち着けて目の前の問題に向き合ってみよう。新しいアプローチや取り組み方も試してみたい。他に方法がないと思い込んで行き詰まりを感じているかもしれない。「方法はたくさんある」と口にしてみよう。

お彼岸には、できれば家族でお墓参りへ行きたい。故人の存在があって現在の自分の人生につながっている。墓前で手を合わせたい。親族関係のイベント事には顔を出すようにしよう。もめ事があれば、ゆっくり解決へ。

腰痛に注意。

四緑・四月

内の問題を処理、よく話し合って　◎◎☾

桜の季節、四緑木星の気分は明るい。春は本当にいいものだ。自分の人生がこれから輝いていくような気がしてくる。

今月はかなり目立つようだ。人前で喋《しゃべ》ったりすることも多いから、いつも以上に姿勢を正していたい。猫背ぎみの人はちょくちょく肩甲骨を回そう。

自分の見え方が気になったり、意識が周囲に向く。話している相手を見ずに、キョロキョロしたりよそ見をすれば、真剣に聞いていないと思われてしまうかも。些細な態度や行動から判断され、好感を持たれたりその逆であったりする。アドバイスできる知恵があるから、相談事などは真剣に引き受けて解決に向かうこと。

四月は言い争いが起こりやすいから注意。言葉はまろやかに、怒りの感情はしずめるように。内の問題を処理する時だから、話し合いの場につく。四緑木星が皆をまとめたり、話し合いていてはおさまらない。その時にイライラしていては、課題を明確にしっかりと向き合うためにも、課題を明確にしよう。何が問題なのか、戦うものが何なのかわからないまま突き進めば混乱する。話し合いには女性をいれること。組織内の男性が仕切る会議や企画も依然として多い。そこを大胆に変えれば一歩前進。「女性が入ると時間がかかる」発言が話題になって久しい。今月は皆で十分に話し合わないことで問題が大きくなる。

オシャレは、吉。目にゴミが入りそう。

四緑・五月

解決に向かう決意と一歩を　◎◎

　五月になると、四緑木星に疲れが見えてくる。身体の不調を感じ、風邪を引いたりする。仕事の忙しさであまり身体を顧みなかったから、今月はしっかりと体調管理をしたい。心や身体のちょっとした変化に気づきたい。

　季節柄、悩んだりもする。仕事の人間関係で気をもむかもしれない。先月の明るい気持ちはどこへ行ったのだろう。どうにもならないことを考えがちで、モヤモヤする。でも、時間とともに霧は晴れていくから心配しないように。

　流れる水のように事態は常に動いている。それを静かに見守りながら、しっかりと判断していくことが大切になる。解決はそう遠くない、自分を信じて進もう。気になっている問題があれば、関係者に会って話をしてみてもいい。一歩を踏み出せば、次の一歩につながる。

　スピード感のない月だけど、いろいろな問題に解決の目途が立ってくるようだ。これから夏に向かって少しずつ運気は高まっていく。その時に備えて、陰にあること、足元のことをやりたい。表ざたにされていないが、確実に存在している問題。見て見ぬふりをされている問題。四緑木星が自覚していれば、どれほど時間がかかろうとも、着手しようと決意してみたい。その決意に動きがついてくる。そして夏が来るまでの間は、気持ちに緊張感を持っているぐらいでいこう。

　腎臓が疲れる、むくみに注意。

四緑・六月　落ち着いてやる、ありのままで　◎◎◎

気分が回復して、四緑木星はあちこちから引き合いがある。誘いを受けたり、些細なことを頼まれ、面談が増える。何でも快くやってみよう。それだけ必要とされているのだと思う。

あわただしくなっても、今月は急がないように。見過ごすことが多くなってしまう。忙しくともゆったりと構えて、物事を見極めるようにしよう。動きが激しい時だから、かえって自分は落ち着いていたい。

そうした自分のやり方や姿勢を、今月は多くの人たちが見ている。目立った動きをしているわけではないのに、値踏みされ、評価される。今年一番の活躍をする四緑木星だから仕方のないことかもしれない。なかには一時評価が下がってしまう人もいるだろう。でも、四緑木星は評価を上げようなどと考える必要はない。取りつくろう言葉は響かず、自分を良く見せようとすれば、どこかでボロが出る。そんなムダなことはやめておこう。四緑木星は不思議なことに、多くの人にはわからないだろうなと思うけれど、少数の理解者が必ずいる。こちらの姿勢を見ていてくれる人がいるのだ。だから頑張れるし、自分の目指すところを諦めないでほしい。

これまで当然のようにしてきたことのなかにも矛盾や無理が見つけられつつある。本当の自分らしさに向かっている時代に、四緑木星も自分を偽らず、謙虚に。

便秘に注意。マッサージと足つぼが吉。

四緑・七月

全て順調、声かけが重要　◎◎◎

七月と八月は最高だ。大いに活躍したい。この好機を逃さず積極的に動こう。考えていたこと、やりたいことを行動に移してよし。目標に向かって前進したいひと月。

良い考えが浮かび、対応は素早い。気がついたことはその場で周囲にフィードバックしよう。今月は四緑木星の声かけが効果的だから誰彼かまわず声をかけるように。特に下におりていくことが思いがけない成果を生む。現場に足を運び、あるいは新人に話しかけてみたい。誰も無視することのないように言葉をかけてみれば、普段聞くことのできなかった内容が聞けそう。

四緑木星の周りにはいろいろな人がやってきて賑《にぎ》やかだ。全てが順調に運んでいる。でも、こうした時ほど慎重な姿勢を忘れないようにしよう。ノリで人の批判をしたり、確認をしないで実行したりするのはいけない。手を抜いたところがあれば、いくら運気が強いといっても利益にはつながらない。せっかく持ち込まれた話も実にならないで終わってしまう。自分の言動と利益が関連していることを自覚しておくこと。過失があれば反省したい。教訓は活《い》かされる。

下から要望などが上がってくれば、本気で関わることが必要だ。四緑木星がその実現に向かって動き出さなければならない。自分の何かを差し出すことになるが、文句を言わないで力になろう。

ノドに痛みあれば、自分に見当違いがある。

四緑・八月　多忙な時期、柔らかく正しさに従う　◎◎◎

運気は頂点に達して、四緑木星は絶好調だ。体調が整い、判断力も素晴らしい。どのような問い合わせにも対応できる。だから、四緑木星には多くの仕事が持ち込まれてくる。目いっぱい仕事を抱えて走る人もいるだろう。

人間関係も良好だから、連絡を密にして進めていこう。メッセージのやり取りはこまめにチェックして、すぐに返信したい。思わぬ紹介を受けたり、重要な話が舞い込むかもしれないから、放置しておかないように。

こちらがどんなに気をつけていても、周囲はいろいろなことを口にする。一々それに心を煩わせたり、思い悩むことはない。気になるなら、信頼する人に相談してみよう。気持ちが楽になって、また前向きになれる。

夏休みは帰省したり旅行へ出かけたりできれば、良い気分転換になる。遠ければ遠いほど吉。忙しい時にそんな時間はないなどと考えず、実行できる方法はないだろうかと発想してみることも大切だ。出かけた先に仕事を持ち込んで集中して取り組むなども賛成。

今月は大変なことが押し寄せても、自分一人で思い悩まないように。一緒に解決しようとしてくれる人はいるはずだ。柔らかい姿勢を維持していれば、必ず助け舟はやってくる。力になってくれた人たちには御礼を忘れないようにしよう。

運勢は強いから、勝負に出てもよい。ただし、正しくないことはダメ。正しさに従って。

ストレッチやヨガは吉。

四緑・九月　全体を把握して、丁寧に処理　◎◎◎(

忙しい日々が過ぎ去り、そろそろ仕事の疲労や夏の疲れが出やすくなる。九月は先月のように走り回らず、落ち着いて生活したいひと月。やり残していることや、書類整理などしてみたい。見渡してみれば、気がつくことは多いと思う。それらをじっくりと考えたい。今年は走る一年であっても、こうした一時停止も必要だ。そこから課題が浮き彫りになり、次の自分の成長が始まる。

やらなければならないことは山積みだ。でも、今月はあわてて処理してはいけない。何をするにしてもよく確認をして、計画通りに手をつけたい。全体像をしっかりと把握して、小さなステップを積み重ねよう。時間に遅れやすいから、事前準備を忘れずに。

周囲をコントロールしようとすれば、疲れが倍増してしまう。今月は四緑木星の発する言葉や態度が、周囲に大きな影響を与える。「あれして、これして」と、人に先んじて口をとがらせないように。時には口を慎み、全て良い方向に動いていると呟《つぶや》いて、ゆったりと状況を待ってみよう。周囲の成長や良くなることを信じているかどうか、自分に問いかけてみたい。信じていないのに、そうなる道理はないのだ。

時として、周囲に不満を抱きやすい。特に自分のことを棚上げしていれば、周囲は動かない。四緑木星の生活のあり方をよく見ているのだ。今月は自分を顧みて成果あり。

自宅の掃除や整理をしたい。

四緑・十月　能力以上のことをやる、諦めない気持ち　◎◎◎

十月は忙しさが復活して、目まぐるしいひと月となりそう。自分の計画していた動きに加えて、上からも指示が飛んでくる。周囲は四緑木星を頼ってくる。忙しい四緑木星に限ってやってくるのは、どうしてだろう。頼まれた以上はやり遂げたいと思うから、全力で取り組む。だから今月は本当に忙しい。でも、そうした四緑木星ほど運勢は強い。いまは能力を上げる時だ。

問題が持ち込まれてくることもある。それを処理することが自分に求められれば、全力で取り組もう。骨の折れる問題だったり、時間がかかったりすることが予想されても、一つひとつが自分の力になると信じて取り組みたい。悪いのは、他のせいにしたり諦めてしまう自分の気持ちに他ならない。

指示や指導の言葉を取り入れて、上司や本部などに応援してもらえる自分を確立したい。言われたことに反発したり、足りないところを見て文句を言ったりしないこと。マイナスの出来事やできない人を責めたくなるのをこらえて、自分の向上を決意する力に転換しよう。人をどうにかするより、自分の壁を突破して進むことが肝心だ。

決意は強くありつつも、外見は柔らかく応対したい。周囲から強く見られがちだから、やさしく話をするとよさそう。わかってもらえない時もある。物言いに気をつけたい。

目上との食事の機会があれば参加を。

疲労が続けば、めまいがする。

四緑・十一月

語り合いは積極的に、喜びを与える ◎◎◯

秋が過ぎて冬に近づく十一月。先月より気持ちに余裕が生まれてくる。

今月は年内に終わらせておくべきことや、来年に向けた計画など、いろいろな打ち合わせをしたい。話し合いの機会を持てば持つほど、互いの理解が進む。日頃話せないでいた内容を語り合ったり、距離があいてしまっていた人と話したりを意識しよう。意見の違う人たちと話をすることもつとめて積極的にしたい。立場が違えば、考えていることが違うのは当たり前だけど、それらを分かち合って上下のつながりをしっかりと確認しておきたい。そのチャンスが今月来ている。上下が一致して行うならば、大きな成果を得る。

リーダーなら、部下の批判は控えよう。忙しいからと聞き流したり、話を丁寧に聞いてくれそうもない雰囲気が漂えば、せっかくの運勢を活かせない。四緑木星が誠実に対応して、思いやりが伝わるから、利益がついてくることを忘れずにいよう。

四緑木星と話をしたい人は多いから、誰とでもにこやかに会話したい。食事会やパーティなどに誘われれば出席してみよう。夜店やイベントに足を運んだり、月見や茶会などあれば、人を誘って出かけてみよう。

仕事でも家庭でも、四緑木星が喜びを与えることが大切な月。経済的な援助や、精神的な尽力など、できる限りのことをしてみたい。助ける者によって助けられる。

歯が痛めば歯科へ。治療は早めに。

四緑・十二月

変化はポジティブに、着実な歩みで　◎◎

十二月、新しい動きが始まっているようだ。周囲に変化が起こる。どんな変化かわからないけれど乗ってみよう。たとえ予期せぬものであっても、変わることは吉。閉じた店も随分とある。人間から見れば都合の悪いことに感じるけれど、宇宙の意思からすれば必ずしもそうとは限らない。身のまわりに起きる変化をポジティブに捉えてみたい。そうすれば、自分の行動もいつの間にか変わる。

忙しかった一年も終わりに向かいつつある。今年一年、随分活躍してきた。気の早い人は、停滞感を抱き始めている。どうやら思うように進まなくなってきていることが原因のようだ。何かモヤモヤする。それは、目標とそこに至っていない自分とのギャップから生まれている。ここからエネルギーが湧いてきて、目標を達成しようとする。

つまり、自分に目標がなければ、ギャップは起こらない。モヤモヤは存在しないのである。その意味でも、十二月に停滞感があるのは全く悪いことではないから心配しないように。人間は変革のプロセスのなかで、向かう先が明確には見えない。いま自分にできることは、自分の目標をしっかりと見据えて、一歩ずつ進めていくことだ。一つひとつの着実な歩みを大切に。

先方の都合で連絡待ちがあれば、待ちの姿勢で。自分が柔軟に対応すればいいと思う。来月に持ち越すものがあっても大丈夫。

人によって、上から目線に注意。

仮吉方 方位移動の効果

北へ帰る

①新たな動きが生まれ、人生は大河の流れのごとく流れ始める
②人間関係は予想を超えた広がりを見せる
③人生の苦悩は解決へと動き始める
④家庭は円満となり、やさしい雰囲気が満ちる
⑤売上高は飛躍的に向上し、人生は輝きが増す

東へ帰る

①気持ちは立ち上がり、問題は解決に向かって動き出す
②あらゆる物事が大きく発展を見せる
③多くの人から声がかかり、縁は大きく拡大する
④物事は整い、生活は安定に向かう
⑤信用が広がり、営業は拡大する

南へ帰る

①智慧《ちえ》が輝き、判断力は冴《さ》えわたる
②人生は華やかになり、衆目を集める
③不要な縁は離れ、よき縁に恵まれる
④向上欲が生じ、謙虚さが身につく
⑤新たな動きが生まれ、人生は大河の流れのごとく流れ始める

2022年　四緑木星　仮吉方表

誕生日	出る方向	出る時期	帰る方向	帰る時期
2/4〜3/5	南	6月初め	北	8月末
	西		東	
	北		南	
3/6〜4/4	南		北	
	北		南	
4/5〜5/5	南		北	
	西		東	
	北		南	
5/6〜6/5	南		北	
	西		東	
	北		南	
6/6〜7/6	南		北	
	西		東	
	北		南	
7/7〜8/7	南		北	
	北		南	
8/8〜9/7	南		北	
	西		東	
	北		南	
9/8〜10/8	西		東	
10/9〜11/7	西		東	
11/8〜12/6	南		北	
	西		東	
	北		南	
12/7〜1/5	南		北	
	北		南	
1/6〜2/3	南		北	
	西		東	
	北		南	

※その他諸注意事項があるので、詳しくはセミナーに参加して学んでほしい

五黄土星《ごおうどせい》

運勢パワー ★★★

活動は「表舞台から裏舞台へ」
本来の役割を担う。
謙虚さの本質を知ると
力を発揮できる

2022年のポイント

① 求められるままに生きる
② 停滞は未来への準備運動
③ 天命と向き合う真のリーダー
④ 乱世こそ変わらぬ真理が輝きを増す

五黄土星の人物——
ガイウス・ユリウス・カエサル

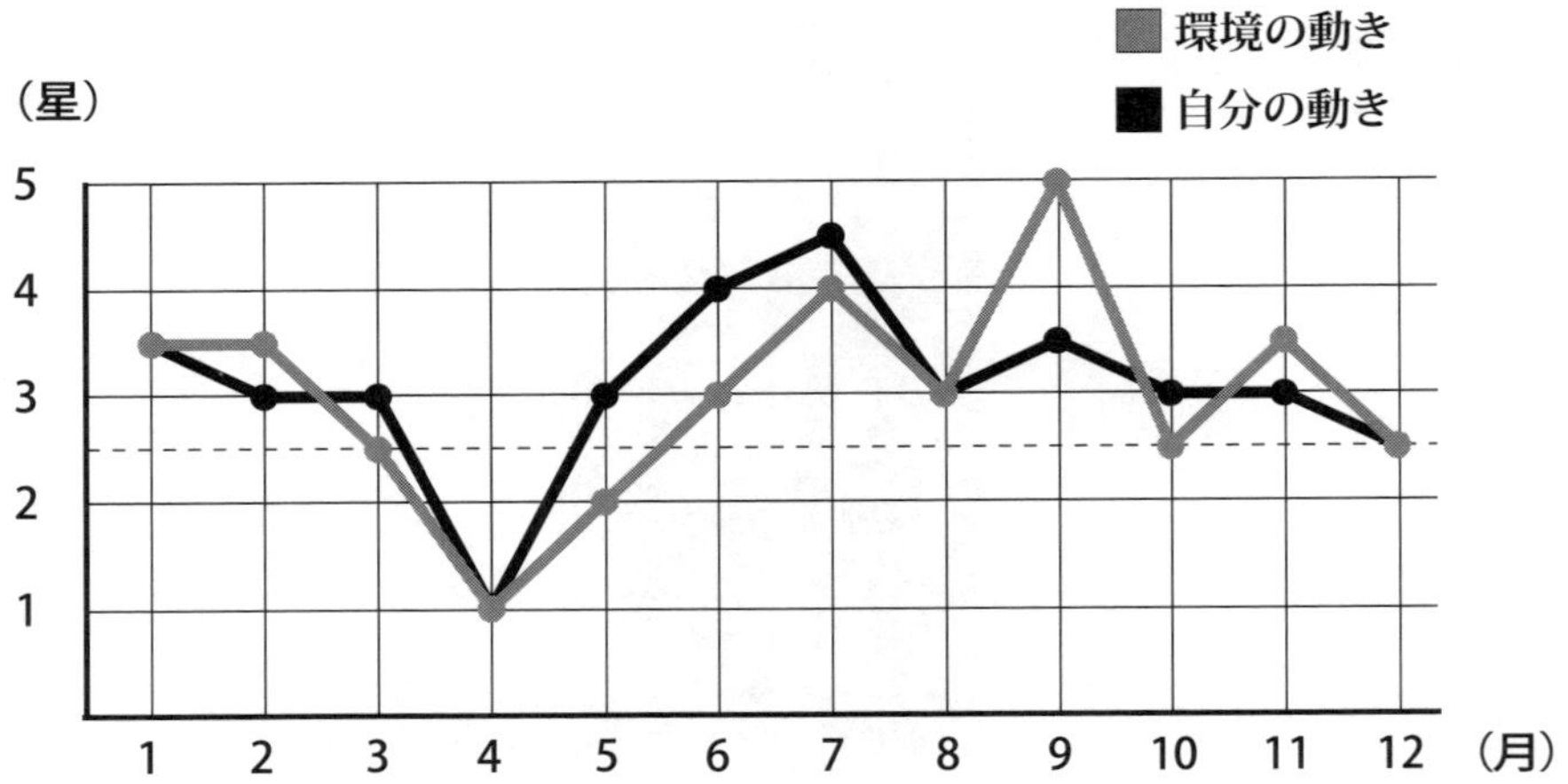

2022年のバイオリズム

２０２２年の五黄土星は、前年までと一転して落ち着いた生活が求められる。４月に向かって運勢は下降の一途をたどるが、悲観する必要はない。宇宙が五黄土星に対して、今年の役割を果たさせようとブレーキを掛けているのだ。その流れに従って立ち止まればよい。

中宮という元々の立ち位置に帰ってきたのだから、周囲の面倒を見ながら全体をまとめていくという本来の役割に邁進《まいしん》しよう。バイオリズムもそれを表すように、自分の動きと環境の動きがピタリと合っている。それに逆らって周囲の動きに合わせせないと、運勢のリズムが崩れて悩み多き年となってしまうだろう。

運勢

求められるままに生きる

二〇二二年の五黄土星は世界の中心に立っている。この場所は元々、五黄土星の場所であり、九年間かけて各場所を廻座《かいざ》し、故郷へと帰ってきたのだ。一年ごとに各場所を巡る廻座は、ただ単に高運期や衰運期という運気の振幅や人生の栄枯盛衰を表すだけでなく、その年その場所での明確な人生のテーマが示されている。振り返れば、ある時には困難と向き合い、またある時には思わぬ人生のサプライズに遭遇し、そしてまたある時には長年の努力が花開いて大きな成果を手に入れるなど、数々の試練や、涙と感動の物語を経験したことだろう。足かけ一〇年にわたる長い旅を終えて、以前とは見違えるように成長した五黄土星は今、故郷に凱旋《がいせん》したのだ。数々の経験をした五黄土星には、九年前の自分とは明らかに違うものがある。当然ものの見え方も、捉え方も変わってきて不思議はない。

成長を遂げた今、世界の真ん中に立って周囲を見渡せば、世の中の状況も自分の置かれた立場も、以前にも増して明確に見えてくる。これまでは抱えている問題を処理したり、仕事の成果を出すことに苦心したり、人生の目標に向けてひた走ったりと、自分自身のことで精いっぱいだった。特に二〇二一年は、運気の強い五黄土星ほど多くの人を巻き込んで信頼関係を築き、周囲の人との協力関係をつくることに腐心してきたことだろう。それらの人の応援を得て、活動領域を新たな世界へと広げていったはずだ。その勢いは衰えを見せてはいないが、二〇二二年は役割が大幅に変わる年となる。中心に座れば周囲の状況が見えてくるのだから、周りの面倒を見ながら全体を統率していくことは役割としては必然なのだ。

しかし五黄土星には今一つその自覚がないというか、その役割が巡ってきているのに気づいている人は意外と少ない。この星は至ってマイペースなところがあり、独自の時間感覚と他者との距離感を持っている。そうしたことから、大成している五黄土星には、世の中のセオリーは通用しない。自分だけの独自の世界観を突き詰めた先に、世の中のニーズに合致した接点を見つけ出し、大ヒットを飛ばすのだ。この星の成功者は、オンリーワンの土俵で勝負するから、そもそもライバルが存在しない。しかしその世界観は、時には常人の理解の範《はん》疇《ちゅう》を超えているがゆえに、人からは変わり者のレッテルを貼られてしまう。

五黄土星にはそもそもオンリーワンの舞台がすでに展開されているのだから、二〇二二年はその舞台にどれだけ多くの参加者に上がってもらえるかを考えたい。誰もその舞台で踊る人がいなければ、自分一人、舞台にたたずむ単なる変わり者で終わってしまうからだ。できるだけ多くの参加者を集めるためには、自分が何をしたいかではなくて、周囲が五黄土星に対して何を求めているかを重視することである。自分が期待することから、期待されることに人生の軸足を動かしたい。これは五黄土星にとっては、大きな転換点となる。自分の願いよりも周囲の願いを優先させるのだから、当然のことながら戸惑いがあるだろう。

二〇二二年の五黄土星は舞台監督の役割だ。だからこそ舞台に上がる役者一人ひとりをどう引き立たせるかに力を注ぎたい。会社でいえば、社員一人ひとりの成果の集合体が会社の成果であり、会社の成果は社長自身に対する評価でもある。自身の成果を出したいと思うのならば、周囲の人が成果を出せるように環境を整えることや応援をすることが大切だ。すなわち二〇二二年は求めに応じて生きることを決意する年となる。

停滞は未来への準備運動

自分が動いていては基準が定まらない。動きを一旦止めて基準が定まってこそ周囲の本当の動きが手に取るようにわかるのだ。それは一時的な停滞を意味することになる。

昨今のコロナ禍で、全世界が出口の見えない暗闇の中でもがき続けることとなった。日本では都市部を中心に緊急事態宣言が何度も発出され、業種によっては深刻なダメージを受けることになった。あと少し、もう少し我慢すれば、と祈るような気持ちで今までの日常が戻ってくるのを待ち続けた経営者もいたことだろう。特に飲食店の経営者の苦労は並々ならぬものがあったし、今も続いている。補助金や追加融資を受けてもキャッシュの流出は止まらず、次第に経営体力を奪われていった飲食店は少なくない。そして何よりも経営者の心が折れてしまった。何とか元に戻そう、もう少し我慢すれば元に戻るだろうと、心が常に動き続け、彷徨《さまよ》い続けた結果である。

近年の世界経済のキーワードの一つは、「K字型＝二極化」と言われていて、倒産が相次ぐ一方で順調に業績を回復する企業もあるのだ。なかには、これを機にビジネスモデルを見直して、事業を再構築し、成功した企業も存在する。それは一旦従来のビジネスモデルをやめて、収益構造を作り替えて新しく生まれ変わった企業だ。

ソニーは日本経済が全盛だった時代に世界のトップ企業として君臨していたために、時代の要請に合わせて自らを変えることができず、いわゆる成功の「罠《わな》」にハマってしまい、いつしか凋落《ちょうらく》の一途をたどることとなった。しかし、このコロナ禍で利益を大幅に伸ばし、過去最高益の一兆円台に乗せ、社名も「ソニーグループ」と変更し完全復活の狼煙《のろし》を上げた。これは一度どん底に落ちたことで、事業モデルを完全に作り替えたことによるものだ。時価総額世界一のアップルもかつては倒産の危機にあり、一度は放逐したスティーブ・ジョブズを呼び戻して、大胆な改革によって立て直しを行った。このように停滞することは決して悪いことではなく、むしろ二〇二二年の五黄土星にとっては大切な要素になる。問題はその停滞をどのように受け止めて、次の行動につなげるかということだ。

中世ヨーロッパでは「黒死病」と呼ばれるペストが大流行して、ヨーロッパだけで全人口の三分の一にあたる二五〇〇万人が死亡したといわれる。イギリスの科学者、アイザック・ニュートンも、ケンブリッジ大学の学生だった時にペストのパンデミックに遭遇する。原因がわからず次々と人々が死んでいくなかで、ニュートンはペストを避けて、故郷のウールスソープに一年半ほど戻っていた。リンゴが落ちるのを見て万有引力の法則に気づいた、という有名な逸話はここで生まれた。ニュートンの三大業績は全てこの時期になされたと言われていて、ペストによる休校がニュートンにとって創造的休暇となったのである。

二〇二二年の五黄土星は偉大なる先人を見習って、停滞しているからこそできることを考えたい。激しく動かなければならない時が近いうちに必ずくる。止まっている時は、とても時間が長く感じられるが、いざ動き出して忙しくなってみると、あの時にもっと準備しておけばよかった、となるだろう。だからこそ、今のうちにやり残した問題を処理し、これから必要になる学びを始め、未来に対しての準備を怠らないようにしたい。

天命と向き合う真のリーダー

時代はいよいよカオスな状態になってきた。新型コロナウイルスは変異種によって猛威を増す一方で、新たなワクチンや各種治療薬の候補が次々と登場し、コロナ後の世界を見据えて世の中が動き出している。足元の脅威と近未来の期待とが錯綜《さくそう》し、政治も経済もまさに混沌《こんとん》とした状態だ。これこそが五黄土星という星が表す象意で、破壊と創造、生と死、彼岸と此岸《しがん》という相矛盾したものを五黄土星は包蔵する。世界が大混乱の時に、五黄土星が中宮に廻座して、世界の中心に収まることの意味と役割は測り知れないほど大きい。全ては偶然ではなく、人知を超えた宇宙の巨大な意志で動いているのだ。五黄土星が本来の位置の中宮におさまることで、他の八つの星も全て本来の位置に帰ることとなる。このことは、五黄土星の力によって宇宙全体が新たなスタート地点に着くことを意味しているのだ。時代が大きく動こうとしている中で「自分の役割とは何なのだろうか」と改めて考えてみる必要がある。

五黄土星はここに至るまでに多くのものを得てきた。経験、スキル、仕事の成果、そして何よりもたくさんの人が周囲に集まってきている。『易経』の序卦伝《じょかでん》に「大を有する者は以《もっ》て盈《み》つべからず。故に之を受くるに謙を以てす」とある。豊かにものを所有しても満ち溢《あふ》れてはいけない。謙遜が必要であると説いているのだ。人は多くを所有すると、傲慢にはならないまでも、豊かでなかった頃とは人に対する態度や物言いが変わってしまいがちである。

五黄土星の現在の豊かさは、周囲の人を引き上げるために、天から与えられたものだ。人脈や財産だけでなく、自分の能力も含めて、全てが与えられたのであり、それを使って己の役割を果たすことが天命につながる。

孔子は『論語』の中で「仁者は、己立たんと欲して人を立て、己達せんと欲して人を達せしむ」と言っている。自分が立身したいと思う時はまず先に人を立身させ、自分が目的を達成しよう思う時は、まず人を助けてその人の目的を遂げさせてやるのだ。仁者は事を行うのに自他の区別をしないということで、五黄土星の天命がここにある。それが宇宙の中心として中宮に君臨する所以《ゆえん》だろう。しかし、自分の目標や日々の生活しか考えていなければ、「このくらいで十分だ」とか「ほどほどでいいや」となってしまう。この〝ほどほど〟というのが欲をかかない謙虚さだと勘違いしてしまう人が大半だろう。仕事などで大きな成果を出して、周囲の人から「すごいですね」「さすがですね」と褒められた時に「まぐれですよ」と答えても、相手が「本当にまぐれですね」と返したら、カチンとくるのではないだろうか。腹が立つのは、本当はまぐれではなく実力だと思っているということだ。思ってもいないことを卑下して言うのは、こんなに下手《したて》に出られる自分は偉いと思う自惚《うぬぼ》れに他ならない。そんな「腹の底で傲慢」であることを、釈迦《しやか》は、人間の心の中に潜む七つの自惚れ「七慢」の一つ「卑下慢《ひげまん》」として諫《いさ》めている。

本当の謙虚さとは何だろうか。とても難しい問題だ。それについて『易経』は「気高い徳を持ちながら、下々のさらに下にへりくだること」と定義している。そう簡単にできることではないが、今やらなければならない使命を果たした先に天命があると考えれば、少しの達成で自惚れることはなくなるだろう。また、自分が目的を達成しよう思う時は、まず人を助けてその人の目的を遂げさせてあげようと考えれば、ほどほどでいいという妥協もなくなるはずだ。要するに、目標が高くなれば、自然に謙虚な姿勢になる。本当に崇高なものに気づけば、人は自《おの》ずと謙虚になる。謙虚とは飽くなき向上心で、天命とは尊いものへの憧れのようなものだろう。それがあってこそ天性のリーダーとしての役割を発揮できるのだ。

乱世こそ変わらぬ真理が輝きを増す

世の中が混沌としているからこそ、五黄土星の存在感がますます高まってくる。物事のスタートを切る時は、多くの人は志を持って始めるものだが、それを最後まで継続できる人は少ない。四書五経の一つ『詩経』の大雅《たいが》・蕩《とう》に「初めあらざるなし、克《よ》く終わり有る鮮《すくな》し」とある。誰でも初めはきちんとやるが、最後まで全うする者は少ないというこの詩は、西周が滅びようとするのを周の文王に託し、殷《いん》の紂王《ちゅうおう》になぞらえて悼み詠ったものとされる。王朝を立てた最初の時は、名君である文王のように善政を敷くが、その初心を最後までやり遂げる者は滅多にいない。王朝が安定すると贅沢《ぜいたく》になり、自堕落になって、殷の滅亡を招いた暴君紂王のようになってしまうというのだ。物事をやり通すことの大切さを指す「有終の美」という言葉はこの故事からきている。スタート時の志を大切にし、それを最後まで維持することにこだわりたい。

祇園精舎《ぎおんしょうじゃ》の鐘の声、諸行無常の響きあり。
沙羅双樹の花の色、盛者必衰の理《ことわり》をあらわす。
おごれる人も久しからず、ただ春の夜《よ》の夢のごとし。
たけき者も遂には滅びぬ、偏《ひとえ》に風の前の塵《ちり》に同じ。

『平家物語』の冒頭のくだりは、日本人の心に響く名言だと思う。どんな人でも創業の初心を最後まで貫くことは難しいのだろう。時が経てば色あせてしまうのは自然の摂理だから仕方がないことで、抗《あらが》うことは難しい。

しかし五黄土星という星は、時の流れに左右されない特質を持っている。時間や空間を超越した先にあるものを見る力をこの星は生まれながらに備えているのだ。五黄の「黄」というのは黄泉《よみ》という意味を持つ。日本神話における死者の世界を表すこの言葉は、時間と空間を超えて魂は永遠不滅であり、物事の本質の中にある真理の不変性を物語っている。また「真」という漢字も、語源は永遠に変化することのない死者の魂に関連している。そこから転じて真実や真理という熟語が生まれた。このように生と死をつかさどる五黄という星は、大きな役割がある。

生まれながらに物事の真理に接しているからこそ、天から与えられた運命をそのまま楽しむことが大切だろう。たとえ目の前で想定外のことが起きたとしても、あせらず淡々と対処すれば大事には至らない。それは全て「諸行無常の響き」で、季節は移ろい日月星辰《じつげつせいしん》は常に変化してやまないことと同じだ。だからこそ、あくせくと人と競争する必要もないし、周囲の状況に振り回されることもない。自分の内面が充実しているからこそ為《な》せる業になる。

どうすれば、そうなれるのだろうか。それは与えられた環境を受け入れて楽しもうとすることから始まる。初めから楽しめるわけではないが、楽しもうと思っていれば、だんだんとこれも悪くはないな、ということが増えてくる。「人間はみな自分の見たいものしか見ようとしない」とは、古代ローマのユリウス・カエサルの格言だが、二〇二二年の五黄土星は何を見ようとするかが大切で、それによって心の底から望んだ通りの人生を歩むことになる。

そして、時の経過とともにいよいよダメになってしまったものは、改革のメスをいれなければならない。ほとんどの問題は、初めはほどほどだったものが、時間の経過とともに次第に過剰となって、行きすぎてしまうために起こる。体を養う食べ物も食べすぎればやがて病気になるし、国の社会保障制度もやりすぎれば権利意識が強くなりすぎて義務を果たさなくなる。昭和の時代の国営企業がその最たるもので、どの企業もどうせ税金で何とかするのだからと言わんばかりに赤字を垂れ流し続け、労働組合は自分たちの権利を主張するためにストライキを繰り返し、生産性や合理化などというものとはかけ離れていた。

中曽根内閣時代、官房長官だった後藤田正晴は国鉄の分割民営化に道筋をつけ、小泉純一郎は郵政民営化を成し遂げたが、今まで誰も成しえなかったとても困難な道のりだった。後藤田も小泉も五黄土星だったからこそ、前人未到の改革をやり遂げたのだろう。いざとなれば、改革の大ナタを振るう覚悟が必要な年となる。五黄土星の背負う役割は大きい。

五黄土星の人物——ガイウス・ユリウス・カエサル

古代共和政ローマ末期の政治家、軍人であり、文筆家でもあり『ガリア戦記』などを著す。シェイクスピアの『ジュリアス・シーザー』の登場人物として知る人も多く、「賽《さい》は投げられた」という名言なども有名だ。彼が布告し彼の名が冠された暦（ユリウス暦）は、紀元前四五年から一五八二年まで一六〇〇年以上にわたり欧州のほぼ全域で使用され続けるなど、後世に数々の影響を残した人物でもある。

紀元前一〇〇年、カエサルはローマに生を享《う》けた。名門ではあるが貧乏な貴族の家に生まれ、「有力貴族」には程遠かった。しかし古代ローマで最大の野心家と言われ、数々の危ない橋を渡り続け次第に頭角を現すようになる。

この頃のローマは共和政末期で国内は政治的に不安定だった。英雄マリウスと、その元部下でありライバルであったスッラが対立しており、やがてローマを奪い合う「ローマ内戦」が勃発する。スッラ政権下でマリウス派に属すると目された一八歳のカエサルは死刑リストに載ってしまい、ローマから亡命することになる。その後スッラが病死したのを機にローマに帰ったカエサルが目にしたものは、属州統治に苦しむ人々だった。当時ローマでは現地民への脅迫や搾取・収賄などが頻発しており、社会問題になっていた。正義感に燃えたカエサルは次々と属州総督らを告発し、さらにローマの最高権力者・執政官ドラベッラも容赦なく告発するが、これに失敗。暗殺者から逃れるためにカエサルは、再びローマを脱出した。

運悪く海賊に捕まり危うく殺されそうになるが、機転を利かせて何とかこの場を切り抜ける。解放後は人々を説得して多数の軍船と乗組員をかき集め、海賊たちのアジトを急襲。瞬く間に壊滅させ、戦利品として海賊の略奪品の財宝や金を獲得した。このようにカエサルは数々の事件に遭遇して追い込まれるのだが、常にピンチをチャンスに変えたのだ。

紀元前六〇年、カエサルはポンペイウス、クラッススと共に三頭政治を行うようになる。実質上ローマはこの三人がトップとなったのだが、カルラエの戦いで遠征したクラッススがパルティア兵に殺害されたことにより三頭政治は崩壊。ローマに残ったポンペイウスは元老院と結び、独裁権を得ようと画策する。カエサルはポンペイウスの死刑宣告を受け入れるか、それとも配下の兵と共に戦って血路を開くか、二者択一を迫られた。

カエサルが統治を任されていたローマの属州ガリア・キサルピナとイタリア本土との境界線であるルビコン川を渡る時、カエサルは「さあ進もう。神々の示現と卑劣な政敵が呼んでいる方へ。賽は投げられた」と兵士に呼びかけた。数々の戦いに勝利し、ほぼ全ての敵対勢力を平定したカエサルは、紀元前四六年七月、ローマに凱旋する。カエサルは首都ローマと帝国全土の行政に改革の大ナタを振るい、紀元前四四年の初頭、ついに終身独裁官となり、事実上の王となった。しかしそれも長くは続かず、一人の人間が強大な権力を持つことに反対する者たちによって暗殺されてしまう。その中にカエサルの友人マルクス・ユニウス・ブルートゥスがいて、「ブルートゥス、お前もか」という有名なセリフは、シェイクスピアによる創作ではあるが、カエサルは生涯の幕を閉じた。

カエサルの遺産は、妹の孫で養子でもある一八歳のオクタビアヌスが受け継いだ。この青年は、後に宿敵マルクス・アントニウスをアクティウムの海戦で破ると、アウグストゥス・カエサルの名でローマ史上初めての皇帝になり、帝政が始まる。その後ローマ帝国は、様々に形を変えながらも、以後一五〇〇年もの長きにわたって命脈を保つことになる。カエサルは志半ばで果てたが、帝政ローマの成立に至る一連の出来事の口火を切った。カエサルとポンペイウスが戦ったローマ内戦は、紀元前四九年一月、カエサルがルビコン川を渡ったことで戦いの幕が切って落とされた。時はまさに五黄土星の年に突入しようとしている時の出来事だった。

マーケット&マネージメント

マーケットはこれまでの拡大志向から方向転換し、攻めの姿勢から待ちの姿勢へと切り替えることになる。むやみにマーケットシェアの拡大や売上の増大を狙わずに、内容の充実を図るべきだ。近年の動きとして五黄土星は、新たなるマーケットの開拓に力を入れ、その成果が出始めている人もいる。今はそこを拡大して売上を伸ばすというよりは、徐々に軸足をそちらに移行して旧来のマーケットから脱却することを考えたい。

K字型、すなわち二極化の時代にあって、ビジネスモデルを見直して事業を再構築しつつある企業はうまくいき始めているが、古いマーケットにしがみついている企業はジリ貧となってきている。五黄土星の周囲の環境は特にその傾向が強く出ているだろう。

マネージメントについては、これまでは先頭に立って、多くの人を巻き込みながらやってきた。これからは目標に向かってがむしゃらに進むのではなく、自分は裏舞台に回るほうがうまくいく。舞台監督のような役割が求められ、舞台に上がる役者一人ひとりをどう引き立たせるかということを考えたい。組織の内外には、過剰となっている部分があるからそこに改革のメスを入れたい。たとえば社員の待遇や手当、外注先のインセンティブなどは、当初はモチベーションアップのためにうまく機能していたが、やがて慣れが生じて権利意識が強くなり、義務を果たさなくなりつつある。これを機に一度見直してみてはどうだろうか。

家庭と健康

元々、五黄土星は家を大切にする。本籍地を中宮に持つこの星にとって、自身を取り巻く環境は全て手を差し伸べるべき対象だ。ここ数年は忙しさの中で、自身のホームをあまり省みることができなかった。二〇二二年は「攻め」から「待ち」への転換期に差し掛かっているわけだから、ここまでおざなりにしていた家族への心遣いを大切にしたい。ところが五黄土星は愛情表現を苦手とする人も多い。だから「何をしたら喜ばれるだろう……」などと考え込んでしまったりするけれど、そんなに深刻になる必要はない。仕事からの帰り道、妻に一輪の花を買って帰る。夫の好きなおつまみとビールを買って帰る。些細《ささい》なことから、愛はどんどんと広がっていく。「いつもありがとう」の一言を伝えることができたら最高だと思う。難しければ、一筆添えておけばいい。愛を広げるのは、いつだって言葉と行動だ。その些細な一つのアクションから、愛は家族へ、そして近隣へと広がっていく。できることを「今」することを大切にしておいたらいい。

健康面は概《おおむ》ね良好。ただし、ここまでの激動の数年間で身体にガタがきている。メンテナンスには最高の一年だから、時間をつくって健康診断を受けるようにしよう。消化器系の病は早めに発見したい。久しぶりに胃カメラの検査もいいと思う。周囲から何かと頼られる一年。健康運は強さを持っているとはいえ、ストレスは溜まる。休日は十分に身体を休めることを心がけたい。肥満は万病の元だから、ダイエットに本格的に取り組むのも吉の一年。

恋愛・ファッション

二〇二二年の恋愛はどうにも動きが鈍い。ここまで長い交際となっている二人であれば、結婚に向けての動きを進めるのはオススメ。だが、それとても時間がかかりイライラが募ることになりそうだ。こうしたとき五黄土星は相手を責めるような態度を取りがちだから注意が必要だ。自分は自分の事情で結婚を急いでいる。それと同様に、相手は相手の事情で結婚に踏み込めない。それぞれの事情は、どれだけ言葉を尽くしても、本人にしかわかるものではない。ここは自身の願いを誠実に伝えたうえで、相手の誠意を信じて待つしかないだろう。

これから愛を育む二人であっても停滞感とマンネリ感に襲われ、自然と盛り上がりに欠ける一年になるだろう。焦燥感を抱くかもしれないが、こうした時にこそ自分を磨くことを考えるべきだ。問題の解決はいつも自身の中にある。相手や環境のせいにしたところで、事態は動かない。それならば、自分の命を大きく咲かせることを考えたい。花が咲けば、必ず虫は向こうからやってくる。こちらの向上に、チャンスが呼応する奇跡を体感してほしい。

ファッションは自身の精神状態を表してくれる。落ち込んだ時は、自然と暗い色を着ているから不思議なものだ。二〇二二年は待たされることが多く、自分のタイミングで動きたい五黄土星にとって面白い一年とは言えない。だからこそ明るい色の服に身を包み、気持ちを切り替えるように。ただし、二〇二二年は周囲から注目される一年でもある。奇抜なファッションは顰蹙《ひんしゅく》を買いかねないから注意しておこう。明るい黄色が運勢を強くしてくれる。

月の運勢　五黄土星

五黄・一月

高運期は終息へ、切り替えが始まった　◎◎

二〇二一年が終わり、令和四年を迎えた。運勢の強い一年で東奔西走だった。有り難いばかりだが、ホッとひと息つきたい気分。ここまで走ってきた自分をねぎらいたい。見えないところで背負った苦労もあるけれど、今月は周囲へのアピールは一旦脇へ置いておこう。言いたいことを少し控えて、思いのほか自分との対話を大切にしたい。

それにしても周囲の話は大変興味深い。いろいろな話を楽しく聞いてみたいと思う。ついつい、「それはこうしたらいい」などと、求められていないアドバイスをしがちだから気をつけよう。五黄土星は高運期の一年を過ごしたばかり。無意識に周囲より目線が高くなっていたり、自分の話をしたくなる時も多く、相手に煙たがられてしまうかも。家族や親戚などにもやさしく接しよう。久しく会っていない身内がいれば連絡したい。見下すような物言いは運気を下げるが、褒め言葉や人を立てて尊重する態度は、吉となる。

忙しかった一年はゆっくりと終息に向かっている。仕事は大きく進めず地道にいこう。歩みの速度を落として、新年の目標をじっくり考えようか。一月は過度な期待は厳禁だ、期待外れに終わる。周囲との関係を良好にしておくには、先方に求めすぎないこと。こちらが柔軟に対応することであらゆる問題はおさまる。

交際費などが予想よりもかさみやすいけれど、今月はお茶したり食事したりしたい。

五黄・二月

変化の幕明けに動揺しない、謙虚に　◎◎

いよいよ新年の始まりを迎える。今年は九星皆が自分の本籍地に位置する年だ。五黄土星はどういうふうにして真ん中に座るのかを考えたい一年。

今月は先月から切り替えが続いている。大きな変化がやってきた人も、動揺はいらない。この変化は五黄土星にとって今年の幕明けに過ぎない。どのような変化も受け入れよう。また、変化がないという人は、自分からいろいろな変化を起こすといい。特に、なりたい自分に近づく変化を意識してみたい。先月に考え始めた目標や理想に向かって一歩ずつ踏み出してみよう。まずは小さな歩みを積み重ねていけば、やがて大きな飛躍となる。いまは成果をあせらないように。

変化はあっても、進展は少ない。スピード感の出ない月。今年らしいと思う。ふと違う道を考えたり、将来のことを新たに考え始めたりもする。自分を取り巻く人たちが、「これからどうするのだ」と言ってきたり、こちらの気持ちや状況に理解を示してくれなくても、強気に出たり人を責める姿勢は避けること。自分はこんなにやっているのにと思えば思うほど、本来のあるべき姿から遠ざかってしまう。周囲の態度に一喜一憂することなく、自分を穏やかに維持しておこう。こちらが折れて頭を下げたり、上手に身をかわすことも必要なのだ。自分の考えに固執するばかりでなく、相手の要望を考えながら時を待ち、いまは謙虚に生活するように。

五黄・三月　内は苦しい、その時ほど笑顔　◎◎

三月に入れば気持ちが明るい。目の前が開けたように、処理しなければならない数多くのものが五黄土星を待ち受けている。

でも、こちらの思い通りにいくことが少ない。だから内心穏やかではない。予想外の出来事にも振り回されやすく、アップダウンが激しくなる傾向があり、けっこう疲れると思う。夜は早めに休むことにしたい。

周囲と言い争いなどしないように。今年はどうしても五黄土星の見方と周囲の見方に隔たりがある。あまり激昂《げきこう》しないこと。大事なことに気がついていれば、周囲にわかるように説明しよう。それでも伝わらない時もあるが、今月は自己を押し通さないほうがいい。勝負できる時ではない。

今月は自分のキズを隠して、明るく振る舞わなければならない。そのうち、時が解決することもある。苦しいひと月だけど、それを察してくれる人はほとんどいない。でも落ち込まず、笑顔を輝かせていたい。苦しい時ほどそうすることが必要だ。徐々に状況は変わってくるだろう。

また、本物を手にしにくく、中身が伴わないことがありそうだから、むやみに手を出さないように。苦しい時だから見かけの良いものにだまされやすい。光が見えないのは、運気が下降しつつあるからだ。夏が来れば運気は回復し、状況は変わる。いまはその時に備えて学びに力を注ぎたい。

目が疲れやすい、夜はスマホを避けて。

五黄・四月

不調だ、成長すべき点を把握する　◎

四月は体調を崩しやすい。下痢をしたり風邪を引いたりするから、身体を冷やさないように気をつけよう。やる気が出ず、動こうと思ってから実際に動くのに時間差がありそう。ダラダラ過ごしたり沈んだ雰囲気が漂えば、周囲はイライラし、運気は立ち上がらない。眠いなら頭のスッキリするものを試したり、身体を動かしたりと、気分転換を図るように。あるいは、心情を打ち明けアドバイスを受けたい。待っていても道は開けない。自分から尋ねたり、改善しようと乗り出そう。

今月は調子が上がらず、周囲にも問題が発生しやすい。問題が起きたら冷静に処理することだ。自分や周囲の未熟さが表れる時で、こちらに成長すべき点がある。早めにそれをつかむのがポイント。私たちは、見なくてもいいものを見続け、見なければならないものを見ようとしない。自分で自分を確立しようとしなければ、どこまでいっても流されるまま生きる。そうした愚はやめよう。どの人も、自分の人生に向き合うように計らいがある。新しい自分を意識しよう。それには、自分がやっていることに気づかなければならない。だから、今月指摘をもらえることは宝と考えたい。こんなことを言われた、失礼だなどと思わずに、伸びしろや可能性を見つけ、向き合うチャンス。そうすればより良くなることが誰でも可能になるのだ。

また、気をつけないと人間関係で悩みやすい。人によって財布がピンチだ。

五黄・五月　丁寧に地道に、足元をしっかりと　◎◎

運気が回復すれば、先月のつらさはもうない。足元に咲いている花に気づいて、嬉しくなる。でも、まだ本調子とは言えないから、今月はあらゆることを丁寧に。受け答えも柔らかくして、指示や命令は控えめにしたい。五黄土星が強く出れば出るほど、うまく運ばない。また、一人の判断でどんどん進めたりしないように。手間であっても周囲に確認しながらがベスト。こうした態度が後々プラスに働く。今月の努力の結果は、後のお楽しみなのだ。だから、すぐに効果が表れなくても問題ない。地道な努力が大切な月。

足元がぐらついている。足元とは、よって立つ基盤のことだ。目線を下に向けてみよう。マネージャーなどであれば、育成を疎《おろそ》かにして周辺に不満が生じ、いつの間にか窮地に立たされていたりする。今月は間違っても自分は悪くないと考えたり、人を傷つけたり、関係を悪くしたりしないように、守るべきを守りたい。でなければ回復が遅れて、後々まで時間がかかる。

人から些細なことを頼まれたり、やることが溜まっていくけれど、できるだけ人の都合を優先して進めるようにしよう。そうすれば悩みを深くしないで済む。自分が引き下がってうまく運ぶならば、そうしておきたい。

離れて暮らしている母親に連絡したり、妻との日々の会話を大切に。共感できずともエンパシーが求められる。

疲れやすい、マッサージなど。

五黄・六月　軽口に注意、正しい生活に成果あり　◎◎◎

　六月の五黄土星は明るい気持ちになってきた。忙しいほどテンションが上がってきて、鼻歌まじり。立ち寄った店などで、いつになく話に花が咲く。新しい話や出来事が多く、話題は尽きない。でも、うっかり口を滑らせないように。軽口になって調子のいいことを言ったり大げさに話してみたりしやすい。無意識の言葉が波紋を呼ぶこともあるから気をつけよう。

　だいたい今年の五黄土星は、どことなく存在感が浮き立つ一年だ。六月は良くも悪くも気にされる。嘘や悪事などがあればすぐにわかるだろう。わざわざ言われないけれど、こちらの生活のあり方を見られているようだ。見られていないところから生活を正せば、自ずと良い効果が表れてくる。

　正しい生活によって、とても動きやすくなる。早起きしたり、午前中の時間を有効に使おう。今月と来月の二ヶ月は積極的に動いていい時だから、これまでできなかった動きを開始してみよう。チャンスは逃さないこと。そのため、実現に向けて計画を進めていきたい。その自分の好きな言葉や心が立ち上がるようなセリフをしのばせておくのも一案。決して急いだり、息を切らして走る必要はない、あわてず落ち着いて前進したい。

　運気は強いが、時として自分の都合が先になりやすい。周囲の状況に目を配り、アンテナを張り巡らせておこう。

　家族の生活を確認し、必要なサポートを。

五黄・七月

課題を把握、出直しや新しい出発　◎◎◎

一面緑の田んぼ。穂先が風に揺れている。

今月の五黄土星は最も運気が強いところにきた。勢いがあるから、考えていることを実行に移していきたい。不安にならず積極的に出ていい。思いつくことから、どんどん手続きや処理を進めよう。

これまで音沙汰のなかったところから連絡が入れば、きちんと誠実に対応するように。マイナスの感情があれば一切捨てて、新しく良好な関係に向かうこと。過去や古いものにとらわれたままでいるより、今月は出直しや新たな出発を選択して吉となる。そうすれば前方は自ずと開けてくる。

運勢が強いのに、スムーズに運ばないことが出てくる人もいる。ガッカリしないこと。

周囲との足並みがそろっていなかったり、成果が出ないのにも、何か理由があるはずだ、それをしっかり捉えて解決するように。五黄土星は、課題を把握できることは幸いだと考える。それはいいけれど、考えるばかりでは進展しない。隣の韓国は良いものは次々に取り入れて試すし、トレンドにも敏感に対応、決心が遅れることは少ない。遠くに目を向けて、見習うべきところは見習いたい。良いものを見聞きすれば、早速やってみよう。接点がなかったところとつながりが持てれば大切に。

身体を動かしていない人は、動的ストレッチを継続してみよう。いつでもできると思って、いつまでもできない。いまこそやろう。

五黄・八月　全体をよく見て気配り、雰囲気よく　◎◎

　先月にやり残したことや課題があれば、今月に行いたい。振り返ってみて、現在地や目標をよく確認してみよう。いまどれだけ達成できているか、また、これからどこまでいこう。そのために何をやろう。先月は勢いがあったが、いまは足を止めて全体を見渡してみたい。そうすれば、浮き彫りになることがありそうだ。それを大切にしたい。一段落した人は、身のまわりの掃除や書類整理、見直しを念入りに。いずれにしてもバタバタ動きたくないひと月。落ち着いて過ごそう。

　考えることが自然と増えそうだ。無意識に眉間にシワが寄っていることも。表情筋が動きにくいから、眉を上げて微笑みを意識してみたい。周囲の目を意識して過ごそう。五黄土星が全体を考えて行動していても、時として周囲には見当がつかない。だから、周りに対する気配りを忘れないようにしよう。

　そのうえで、わかってもらえなくても不満に思わないこと。周囲をコントロールすることは不可能だ。思い通りにならないと不機嫌になりやすく、それが顔つきや雰囲気ですぐにわかってしまうから影響が大きい。今後に悪影響を残したくないから、目指す自分に相応《ふさわ》しい言動をとるように心がけよう。定着するまではどうしても意識する必要があると思う。

　人の動きを促したり、助けを借りることは、吉。無理して自分でやらず、頼めることはお願いしてみよう。そして御礼を忘れずに。

五黄・九月　内にこもらない、経験を活かして進み続ける　◎◎◎

九月に入る。諸外国では新学年の始まり。日本はお彼岸、連休もあって出かけるには最高だ。家族と一緒に美味《おい》しい食事を楽しみたい。自宅で仕事をしている人は、可能ならば外に仕事を持ち出してみよう。今月はこもっているより、外向きになりたい。今年は内にこもりがちだから、九月のひと時、停滞感が強い人ほど心を解放して過ごそう。

なかには、とんでもなく忙しい五黄土星もいる。経済的な応援を受ける人あり、新しい業務に取り組む人あり。多くは先月よりも大きな動きが出てくるから、スケジュールがタイトになる。これまでの経験全てを動員してやり遂げよう。身体は元気に動くし、頭脳の働きもいい、有り難いことだ。指導や提案の内容はよく取り入れて、レベルの高いところを目指していいと思う。手にしたいもののために、やるべきことをやり、成果につながる。エネルギーがいるなどと面倒がっていてはダメ。大切なのは、五黄土星の積極性とやる気なのだ。いくらお手配があっても、それなしにはどうにもお手上げ状態だ。

生きがいの人生を今一度確認しよう。自分の求めているものにまっすぐに向かいたい。なかなか到達できない人も、あせらずに進み続けることだ。先人のなし遂げたことは遥《はる》かに偉大だが、いまの時代に生きている私たちにしかできないことがある。バトンを受け継いだ人生を考え、足を踏み出したい。

傲慢にならないように注意。

五黄・十月　楽しく会話、喜ばれることは吉　◎◎

すっかり秋だ。秋は食べ物が楽しみになる。楽しみにしているものが届けば、嬉しい。花より団子の月。ゲンキンな五黄土星。笑みがこぼれる。

足取りはしっかりしている。真ん中にいる一年だし、今月はチャーミングに応対しよう。周囲もそれを求めているようだ。喜ばれることは人それぞれで違うけれど、意識して対応してみたい。人間関係を大切にする姿勢は、運気アップにつながる。自分のカラに閉じこもらずに人と楽しく過ごそう。

食事や喫茶のほか、イベントに誘われたり、要請があれば、できるだけ足を運んでみよう。自分の都合がやり繰りできるのならそうしたい。

相手の願いを叶《かな》えたり、人のサポートをしたり面倒を見たり、そうしたことは全て賛成だ。特に、お世話になっている人や目上の人には与えることがありそう。金銭だったり、知識、技術など、何か目上に差し出すことは後々大きな吉になるから、惜しまないように。一瞬損した気持ちになるけれど、一向に構わない。回り回って五黄土星のところに返ってくる、しかも大きくなってそれは返ってくる。だから快く応じてみよう。不満に思ったり、面倒顔をしてはいけない。

人によって臨時収入あり。でも、予期せぬ出費もある。ガッカリしないこと、入るものがあれば出るものもある。

虫歯に注意。デンタルケアを。

五黄・十一月

変化あり、決心が自分をつくる　◎◎

十一月は、年末を意識するとともに、来年に向けた動きも始まる気配。今月の五黄土星は思いがけない変化がある。戸惑うことなく乗っていくことが求められる。改革には抵抗しないようにしたい。常に自分のほうが乗るようにすれば、大きな問題は起こらない。どっしりと構えて、自分を納得させせつつ進んでみよう。

今月は、内にある嫌悪感や否定的な思い込みと対面したり、自己改革へ乗り出さなければならない人もいるだろう。それを乗り越えると、とても大きな成長をする。

大切なのは、こうしよう、こうなろう、ここへ行こうと、自分で決めることだと思う。五黄土星は決心の強さを確認しておきたい。二〇二二年は、自分の思いがどこまでも広がる。その決心が今後の自分をつくっていく。意味の深い月だ。

一方で、周囲に対してはやさしさを忘れないように。なるようになる時だから、人にも自分にも急がせないこと。人はそれぞれ考えがあって取り組んでおり、時にはそれを見守ることも必要だ。そのうえで、自分は自分のやるべきことに取り組みたい。そして、やったことを見せつけたり、主張したりはしたくない。周囲には、五黄土星に話を聞いてほしいと思っている人がいる。

動きが止まっているようにも見える月。でも心配無用。全ては必要あってのこと。

関節を痛めやすい、注意。

五黄・十二月　感情の高まりに注意、我慢が必要　◎

今月は無理が利かない月だ。大きなことをしようとすれば失敗したり、来月に疲れを出してしまう。十二月は何か実力が伴っていなかったり、実のあることが少ない。忙しい割に成果は少ないのだ。でも、二〇二二年の終わりはそれぐらいで丁度いい。

来月は運気が落ちるから、あまり動けそうにない。だからといって今月のうちに全てをやろうとしないこと。周囲の動きが納得のいくものでなくても、腹を立てないようにしたい。

先月から思うように進まず、内心あせっている人もいる。師走はいつも以上に忙しくなってイラつきがちなので、気をつけたい。せっかく良好に維持していた人間関係を壊しかねない。感情の高まりに注意しよう。言葉がキツくなったり、攻撃的な口調は控えるように。我慢が利かず真っ向からぶつかれば、互いに傷を負う。どちらも自分のほうが正しく相手が不正と考えるから、折り合わないまま年を終えるなど最悪だ。こちらが引き下がって、その場をおさめるようにしたい。

今月は五黄土星の姿が目立っているから、間違えばマイナス評価が上がる。ムッとしたりすればすぐに観察される。よくやっていることは当然と考えられ、褒められもしない。今月はささやかな楽しみを考え、良い面に注目して生活しよう。毎日どんなことが見つけられるか、見つけられないか、やってみたい。

頭痛や疲れ目に注意。夜は早寝を。

仮吉方 方位移動の効果

北北東へ帰る

①親子、親族関係は改善し、相続は円滑に進む
②予想外の出来事により、人生は大きく変革へと向かう
③自宅・事務所の新築や改築、移転のお手配あり
④新事業や新商品などへの挑戦が生じ、仕事は思わぬ方向へと進む
⑤経済活動が活発になり、可処分所得は増加する

南へ帰る

①智慧《ちえ》が輝き、判断力は冴《さ》えわたる
②人生は華やかになり、衆目を集める
③不要な縁は離れ、よき縁に恵まれる
④向上欲が生じ、謙虚さが身につく
⑤新たな動きが生まれ、人生は大河の流れのごとく流れ始める

南南西へ帰る

①仕事、人生、健康などあらゆる基盤が固まる
②人材育成は進み、自身の足元が盤石になる
③求められる物事は増え、多忙な生活となる
④自身の人生に対する自信が身につく
⑤生きがいが生まれ、人生に充実感が満ちる

西へ帰る

①経済活動が活発になり、可処分所得は増加する
②副収入を得て、経済的に豊かさがもたらされる
③交友関係は盛んになり、楽しい人間関係に恵まれる
④講演会など人前で話すチャンスに恵まれる
⑤人生は変化に向かって大きく進む

北西へ帰る

①生きがいが生まれ、人生に充実感が満ちる
②尊いものに出会い、向上心は高まりを見せる
③孤独感が消え去り、人生に安心感がもたらされる
④目上からの引き立てを受け、仕事の規模は大きく拡大する
⑤仕事、人生、健康などあらゆる基盤が固まる

2022年　五黄土星　仮吉方表

誕生日	出る方向	出る時期	帰る方向	帰る時期
2/4～3/5	北	6月初め	南	8月末
	東		西	
3/6～4/4	南西		北北東	
	北北東		南南西	
	東		西	
4/5～5/5	南西		北北東	
	北北東		南南西	
	東		西	
	南東		北西	
5/6～6/5	北		南	
	東		西	
	南東		北西	
6/6～7/6	南西		北北東	
	北		南	
	北北東		南南西	
	南東		北西	
7/7～8/7	南西		北北東	
	北		南	
	北北東		南南西	
	東		西	
8/8～9/7	南西		北北東	
	北		南	
	北北東		南南西	
	東		西	
	南東		北西	
9/8～10/8	南西		北北東	
	北		南	
	北北東		南南西	
	東		西	
10/9～11/7	南西		北北東	
	北		南	
	北北東		南南西	
	南東		北西	
11/8～12/6	北		南	
	東		西	
	南東		北西	
12/7～1/5	南西		北北東	
	北北東		南南西	
	東		西	
	南東		北西	
1/6～2/3	南西		北北東	
	北北東		南南西	
	東		西	
	南東		北西	

※その他諸注意事項があるので、詳しくはセミナーに参加して学んでほしい

運勢パワー　★★★★

六白金星《ろっぱくきんせい》

宇宙の応援を受けて
完成と新たなる挑戦。
全体最適を目指すと
成功が約束される

2022年のポイント

①完成と原点回帰の時
②天の応援を受けて大きく発展
③部分最適から全体最適へ
④成功の先にあるもの

六白金星の人物――二宮尊徳《たかのり》

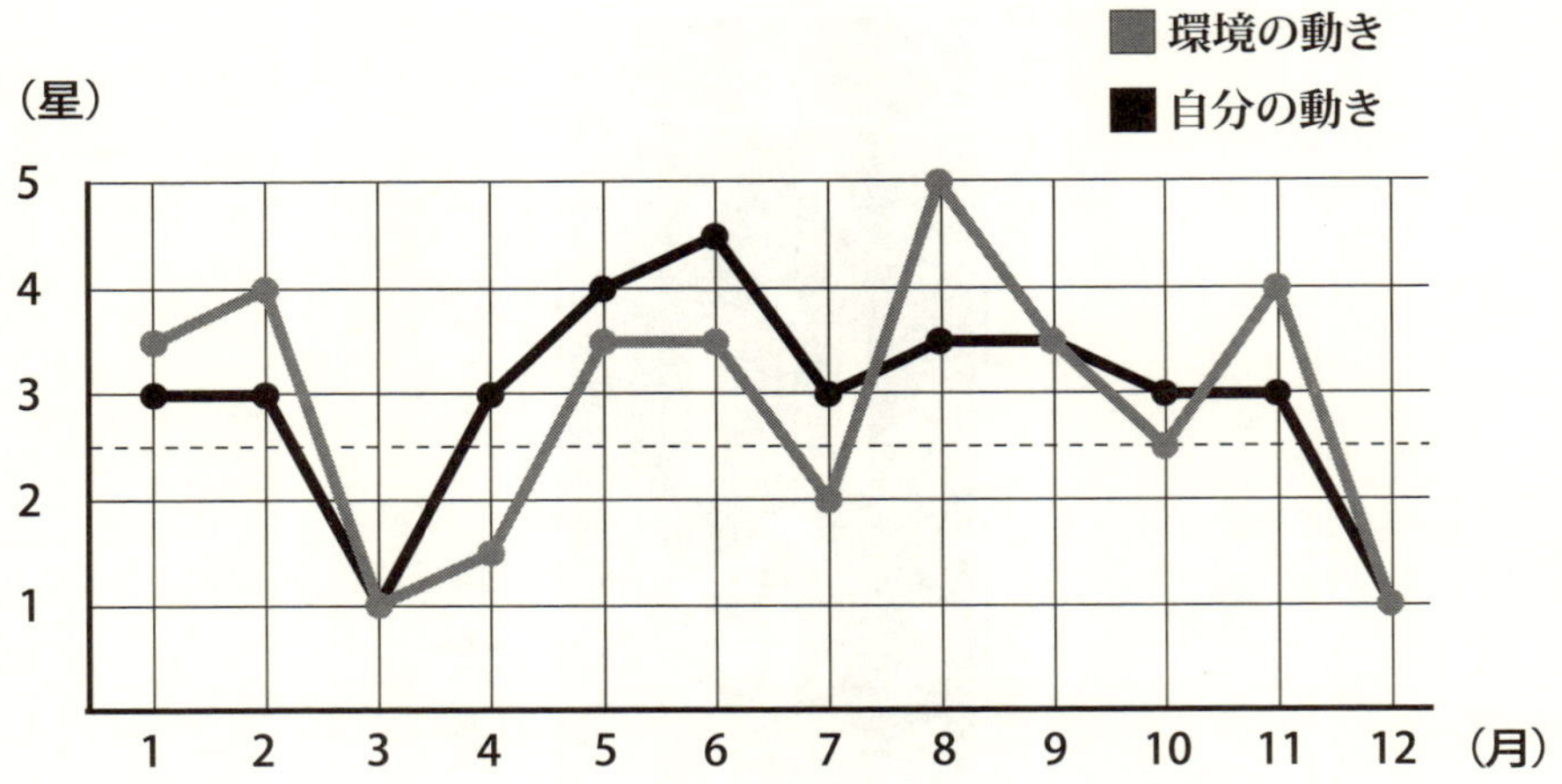

2022年のバイオリズム

周囲には巨大な宇宙のパワーが満ちている。六白金星にとって、2022年は今まで努力してきたことが形になってくる年だ。実力以上の大きな成果を手にする人も現れるだろう。この状態を長く維持するには、それなりの人間性が求められる。大事なのは謙虚な姿勢を持つこと。そうすれば宇宙が強力な後ろ盾となり、六白金星を支えてくれることだろう。

ただし3月は運気の谷間に入るから、年初から飛ばしすぎるとつまずくことになる。12月にも運勢が落ちるので、大事な案件は翌年まで持ち越さず、年内には目途をつけたほうがいい。

運勢

完成と原点回帰の時

二〇二一年の六白金星は世の中の中心的存在を経験した。先の見えない時代にリーダーとしての役割が求められ、言葉にならない気苦労もあっただろう。世の中が混乱の真《ま》っ只中《ただなか》にある中で、小心者ほど不安のあまり、リーダーに対して辛辣な言葉をぶつけてくる。誰がリーダーになっても、世界の状況がこれだけ混沌《こんとん》としていれば、明確な解決策を示すのは難しい。だから政治や経済の指導者たちほど批判の矢面に立たされて、答えの出ない問題に多くの人は苦悩をし、また交代を余儀なくされた。およそ大衆というものは先の見通しが立たない時には、自己の不安から身勝手で攻撃的な行動を取るものなのだろう。だからこそ、時と情勢を見極めて一旦綺麗《きれい》に引かざるを得ない年でもあった。その不条理とも言える状況を超えて、二〇二二年の六白金星はいよいよ人生の完成の領域への扉が開かれる。

六白金星という星は、せっかちな性格で行動力もあり、打つ手も素早い。しかし、それに反して持って生まれた運勢は、大器晩成型で典型的な晩年運タイプだ。下積み時代が他の星よりも長く、人生の成果が出るまでにかなりの時間を要する。せっかちでありながらも、大きな成果を得るためには一〇年でも二〇年でもじっくりと腰を据えて待つことができるような人間性を持つ六白金星は運勢が強く、大成するのだ。たまたま若くして頭角を現し、後半生に転落し晩年に向けて不遇の人生を送る者がいる。若くして成功した芸能人やスポーツ選手が事件を起こし、晩節を汚すケースがこの星にはしばしば見られる。

せっかちとじっくり、相矛盾した性格を併せ持つこの星は、人との待ち合わせや、レジでの順番待ち、人気のお店で並ぶことなど、日常の小さなことで待つのは嫌いだ。しかし本人がこれと狙った事業や人生の目標など、大きな成果が期待できるものに、時間と労力を掛けることは全くと言っていいほど厭《いと》わない。そして物事が一旦動き出せば、矢継ぎ早に手を打っていく素早さと、一点突破を目指す集中力を併せ持つ。その姿は周囲から見ると人生を生き急ぐかのように、一気呵成《いっきかせい》に攻めたてるように映る。

六白金星には「完成」という意味がある。二〇二二年は九年ぶりに本来の居場所に戻ってきた。それを受けて一つの完成の領域が見えてくるから、次に向けた仕込みを始めたい。一段も二段も上の目標を狙えるところにいるのだから、これまでと同じ領域での拡大を目指すのではなくて、高いレベルの完成に向けて思い切った目標を掲げて歩み始めたほうがいい。

そもそもこの星は野心家が多く、大きな夢とロマンを抱いて生きているようなところがある。能力が高く、実力も行動力もあるのでそこそこのところまでは順調に行く反面、そこまでくると初心の頃を忘れて「ほどほどでいいや」と妥協し始め、慢心を呼んで身を持ち崩す人も多い。一白から九紫までの九つの星で最も人生の成功を手にしやすいのが六白金星であると同時に、最も人生の落伍者《らくごしゃ》が多いのもこの星の特徴だ。その原因のほとんどは驕《おご》りからくるのだろう。それは過去の栄光と現在の成果に浸り続けることから始まる。

晩年星であるこの星は、物事の前半の場面や、四〇歳くらいまでは厳しい下積み時代が続く。鳴かず飛ばずでもいい。この間を修業期間だと思って、どれだけ実力を蓄えるかが大事になる。多くの六白金星は、この試練の期間に実力をつけ、人間的にも厚みを増して性格も丸くなる。この時期に物事には時節があることを、身をもって知り、時を待つことの大切さを理解する。人に評価されるから頑張るというのでは、本当の意味での実力者にはなれない。そのことを『易経』の乾為天《けんいてん》では「潜龍用《せんりょう》うるなかれ」と言っている。

よくある話だが、中小企業の跡取りが外で十分な修業もせずに自社に入ってきて、いきなり役職を与えられる。周囲も跡取りだからと気を使い、社内で問題を起こしても腫物に触るような対応しかしない。甘やかすのは良くないなと思いながらも、一般社員と同じ扱いで平社員から徹底的に鍛えようとする社長がどのくらいいるのだろうか。ほとんどの跡取りは甘やかされて育っているために、そんなに厳しくされたら、腐って辞めてしまうかもしれない。他人であればそんな社員を自分の後釜として社長に据えることはまずないだろうが、自分の子供となればそれは悩ましい問題となる。

易はそのことを諫《いさ》めている。本物はたとえ何年も評価されなくても、むしゃくしゃしないし、不平不満を抱くことはない。そうやって自分の役割を淡々とこなすことができる人のみが、将来龍となって天高く駆け巡り、雲を呼んで恵みの雨をもたらすことができるという。

さらに『易経』は、このようにする理由を「君子が仁を身につけるならば、万物その愛に包まれる故に人の上に立つに足りる」と説く。上に立つ者は仁を身につけるならば、下の者はその徳によって愛に包まれるという。六白金星は生まれながらに龍の資質を持っている。それは役割と使命がある故で、その資質を開花させるには、長い下積みが必要だし、仁を身につけることが求められる。

二〇二二年の六白金星は原点に立ち返って、これからどこを目指すのかをじっくりと考えたい。目標に向かってさらなる飛躍を心に誓うことで、次なる活躍のステージで花を咲かせるための新たな芽が出てくる。

天の応援を受けて大きく発展

その新たな芽を大きく育てていくにあたって、必要になるのは実力者からの応援である。自分一人で頑張っても、頭打ちになるのが目に見えている。今までも頑張ってきたのだから、これ以上頑張りようがないというのが本当のところだろう。これからの発展のためには、自分よりも実力のある人の後押しが必要になる。しかしプライドが高い六白金星にとって、人に頭を下げて「応援してください」とは、なかなか言いづらい。

もちろんお願いしたからといって、それだけで応援してもらえれば苦労はないだろう。六白金星が求めているような真の実力者は、同情や利害打算では動かない。打算を捨てて、夢や理想を追いかける姿があれば、応援をしてもらえる可能性がある。世のため人のためなどという大それた話ではなく、自分も幸せになり、周囲にいる人にも喜んでもらえるような目標があれば、十分だ。自己中心の考えを捨てて、つまらない欲に振り回されずに、周囲の人と共に幸せになることを目指せば、天が応援してくれる。それが今年の天の意志に沿うことになるし、結果として天の恵みを得ることになる。天の応援とは、実力者からの強力なバックアップに他ならない。形のない天の恵みが実力者という形を通して六白金星をバックアップする。

また、誰かについて学ぶ時期に差し掛かった。新たに出た芽を大きく育てるには、もう一段のレベルアップが要求される。しかし我流では一定以上の成長は望めない。自己流では自分の枠を出られないからだ。問題は尊敬に値する人物が周囲にいるかどうかだろう。歴史上の偉人などで尊敬の対象になる人はいるだろうが、六白金星は自分自身の実力があるがゆえに、なかなかこれと思える人はいないかもしれない。

ならば、いつまでも待っているのではなく、自分から探し求めるべきだ。本でもネットでも講演会でも、これはという人を探してみたらどうだろう。コロナ禍の影響でリモートの環境も充実してきたから、ＷＥＢでのセミナーやオンラインでの交流会、動画配信など学ぶ場はたくさんある。その時の注意点として、できれば読書を通しての学びやユーチューブなどの一方通行のものではなく、ネットを通してでもいいので双方向での学びの形態が理想的だ。ただ単に学ぶのであれば知識の蓄積に過ぎないが、自分がその学びによって何を思って、何を感じたのかを師に伝えて、フィードバックがもらえれば理想的である。

インプットだけの学びではなく、自ら学びの内容をアウトプットして、さらにそれを師と共有することによって六白金星の学びは本物となる。人によっては、友達やライバルと呼べる人でも師になる場合がある。その条件は尊敬や敬意を払うことができる対象かどうかだろう。たとえ年齢や経歴、実力などが拮抗《きっこう》していたとしても、敬意をもって接する対象であればその人からの学びは大きい。

学びの姿勢としての絶対条件は礼儀だ。こちらの学ぶ姿勢によって受け取るものの深みが変わってくる。また実力者からの応援を得るためにも礼儀は必要だ。これは挨拶とかマナーなどの一般的に言われている作法だけではない。『論語』の中に「克己復礼《こっきふくれい》」という言葉がある。己の欲を抑えて規律を守るのが人の道だ、と孔子は説く。師について学び、実力者の応援を得れば物事は大きく発展する。しかし大きな成果を受け取り発展させるためには、それを維持できるだけの人間的な器が必要になる。大きな成果には、何かしらの形でたくさんの人が関わっているからだ。

ネット全盛社会になった昨今、成功のノウハウは至る所に転がっていて、ネットを駆使すればそのノウハウに簡単にアクセスできる。それを使って短期間で世にいう成功者となった人も数多くいるだろう。しかし、その状態を長期間維持するのは、とても難しい。古今東西、栄耀《えいよう》栄華を極めた国家も衰退の原因は全て礼を失したことから始まり、究極的には人間関係であると言ってもいいだろう。だからこそ本物の実力者ほど礼を重んじる。

『論語』の顔淵編に「礼にあらざれば視《み》ることなかれ、礼にあらざれば聴くことなかれ、礼にあらざれば言うことなかれ、礼にあらざれば動くことなかれ」とあるように、人を愛する「仁」は、あくまで人間の内面にある情であって、それだけでは他人には伝わらない。「仁」が態度や行為として外面に表れたものを「礼」と呼んだ。「仁」を実践して「礼」として行動に表す「克己復礼」があってこそ大きく発展をし続けられるだろう。

部分最適から全体最適へ

より高いところを目指して人生を歩む過程で、周囲の状況は目まぐるしく変わっていく。その出来事をどう受け取るかで、人生は大幅に変わってくるだろう。物事にはいろいろな側面があるから、同じ場所にいても受け取り方や考え方を変えることで、違う景色が見えてくる。ここで言いたいのは、物事をマイナスに捉える悲観主義のことでもなければ、それを否定するポジティブシンキングのような楽観主義でもない。そのような二元論でものを捉えて、どちらがより良いかということではなくて、いろいろな側面から物事を見ることが大切であると言いたいのだ。

六白金星はその性質として白熱という気を帯びているから、何事にも全力で取り組もうとする。目標が大きければ大きいほど、困難な状況にあればあるほど、持ち前の情熱で一点突破を試みる。それゆえに、大きな成果を得ることがあると同時に、一つの価値観に固執するために、思わぬところで足をすくわれることがある。情熱だけでは視野が狭くなるから、自身を冷静に見つめて日々反省する気持ちも併せ持ちたい。

状況の受け取り方だけではなく、成果の受け取り方も大事になる。発展の先にあるものは、どのように成果を受け取るかということだ。成果を出すことには皆フォーカスをし、様々な切り口のノウハウ本が次々と出版され、その類のセミナーなどが山ほど開催されている。しかし、成果の受け取り方を真剣に考える人は意外と少ない。どうしてその点が重要なのかというと、成果を出すことで身を持ち崩す人は少ないが、その受け取り方を間違えて身を持ち崩す人は多いからである。

この成果は誰のおかげなのかということに思いを馳《は》せたい。自分の手にした成果は、ここに至るまでに無数の人の関わりがあってこそのものなのだ。だから、それを周囲の人にどう還元するかを考えるべきである。事業で大きな利益を出しても、それを関係者や社員、取引先にどう配分するかという問題は、利益を出す以上に難しい問題かもしれない。

なかなか答えの出ない問題ではあるのだが、それを考えることが大切になる。物事はバランスでできていて、温度には適温、量には適量という言葉があるように、多すぎても少なすぎても具合が悪いのだ。世の中の景気も冷え込めば困るが、過熱気味も害がある。結果を受け取る、利益を受け取るにあたっては、バランスを大切にしたい。

春に芽を出した植物は、夏に十分生長し、やがて花を咲かせて、それが実となる。根は大地に大きく張り巡らされて全体を支え、茎は葉や花、実を支えるだけの強さを持ち、葉は光合成をして栄養を全体に行き渡らせるのに必要な大きさまで生長し、実は次の世代へと生命をつなぐ。それは太いものは太く、細いものは細く、大きいものは大きく、小さいものは小さくと、成長過程を経て、最適なバランスを保つことで成り立っている。

この植物のバランスは、製造や流通、会社経営や組織運営の場面においてよく言われる部分最適と全体最適の考え方に通じる。部分最適とは、全体の中の一部や個人だけが最適な状態を優先する考え方を指す。一方、全体最適とは、組織全体が最適な状態になることを重視する考え方を指す。たとえば、いくら工場でパンをたくさん焼いても、配送部門や販売部門が弱ければパンは売れ残り、廃棄になってしまう。組織も社会もそのようなバランスの上に成り立っている。だからこそ、個人の成果を最大化しようと思うならば、全体のバランスを最適にしなければ実現しない。

成功の先にあるもの

せっかく出た成果も一時のことで終わってしまってはもったいない。その状態を長く維持するためには、やはり謙虚さが必要だろう。物事の駆け出しの時点では多くの人が苦労を経験し、謙虚な気持ちで人からいろいろなことを学ぼうとする。しかし、ある程度のポジションに到達すると、人から学ぶことよりも、人に教えることのほうが多くなる。周囲の注目を集め、人から慕われて尊敬され、頼られるようになる。物事を見る目は的確で、判断も間違いがない。そうなると、いつしか初心の頃の気持ちが薄らいでくるものだ。

六白金星が本来の力に目覚めれば、多くのことが思い通りに動き出す。たとえ判断が少々間違っていたとしても、状況のほうがたまたま都合よく動いて、結果オーライとなることもある。何をやってもうまくいく気がするし、実際にそのような方向で物事が動いていく。しかし、この段階にくると最早《もはや》自分の実力ではなくて、力に振り回された状態に入りつつある。得た成果が大きければ大きいほど、その成果に振り回されるようになる。結果として、最後は力を失ってしまうのだ。

六白金星は、いつかは必ず成功する。早い遅いに多少の差はあれど、きちんとやることをやっていれば、この星にとっての自己実現は宇宙から約束されているのだ。問題はその状態を長く維持できるかどうかである。下積み生活が長ければ長いほど、成功の賞味期限を長く保つことができる。そして学びの期間が長ければ長いほど、良い状態を長く維持できる。

物事がうまくいき始め、成果が出始めたならば、なおさら学びが重要になる。その学びから自分の生き方を逐一見直せば、龍として長く天を駆け巡ることができるだろう。そして自分の後に続く人の種を残すことになる。

これは六白金星の生き方に限らない。世の中のあらゆる物事において、順調な発展は全てこの順序に従って進むのが宇宙の真理だと『易経』は語っている。この順序を守らず、一足飛びに進もうとすれば、それは必ず中途で挫折して、結果を残すことができない。

二〇二二年の六白金星は、自らこの成功法則を体現するところに来ている。それぞれがどの成長段階にあるかという違いはあるが、必ずこの順序を踏んで皆、龍となっていく。

六白金星の人物――二宮尊徳

金次郎の名で親しまれる二宮尊徳。かつて小学校には必ずといっていいほど「金次郎」の銅像が置かれていた。その像は、薪《まき》を背負って歩きながら本を読んでいるもので、子供ながらに貧しい家計を支えながら、わずかな間も惜しんで勉強をしている姿だ。

金次郎は現在の神奈川県小田原市栢山《かやま》の生まれ。当初は富裕な農家だったが、父親が散財を重ねていた。金次郎が五歳の時に酒匂《さかわ》川の決壊で田畑の大部分を損失し、家も流失している。父は金次郎が一四歳の時に病気で亡くなり、一家が極貧の暮らしに転落する中、二年後に母も世を去る。同じ年に川が再び氾濫し、金次郎の土地は全て流出してしまった。金次郎は伯父の家に身を寄せて昼間は農作業に励み、夜は寝ずに勉学に励んだ。ケチな伯父は金次郎が夜に読書をするのを「灯油の無駄使い」として嫌い、しばしば口汚く罵られた。そこで金次郎は策を講じ、堤防にアブラナを植え、それで菜種油を取って灯油とした。また、田植えの際に余って捨てられた苗を用水堀に植えて、米一俵の収穫を得るなど、自らの境遇を憂うることなく様々な努力と工夫を惜しまなかった。

これらのことが原体験となって、後に財政再建のプロとして手腕を発揮する。時代は飢饉《ききん》が流行していて、藩や村の財政が不安定な世の中において、金次郎は約六〇〇もの農村の復興と財政再建を行った。そして経世済民を目指し、報徳思想を唱えている。経済と道徳の融和を訴え、私利私欲に走るのではなく、社会に貢献すればいずれ自らに還元されると説いたのだ。この考えを例えたのが、有名な「たらいの水の法則」と言われるものだ。たらいの水を自分のほうに引き寄せようとすると向こうへ逃げてしまうが、相手にあげようと押しやれば自分のほうに戻ってくる。自分が豊かになるためには、まずは周囲を豊かにすればいいという道徳法則だ。尊徳のこの思想は報徳仕法と呼ばれる財政再建策となり、多くの人を救うとともに、近代日本経済の父と呼ばれる渋沢栄一にも引き継がれる。

渋沢は生涯で五〇〇以上の会社を設立し日本の近代産業の基礎をつくった。「右手に算盤《そろばん》、左手に『論語』」を唱え、「農工商の実業は名教道徳によって光を発す」という考えを提唱した。金次郎の銅像が手にしている本が『大学』であり、渋沢が唱えた『論語』とともに儒教の根本経典の四書五経の一つであることからも、渋沢は実業界において活躍するうえで尊徳の精神を見事に活《い》かした実践者だった。

ほかにも報徳思想は様々な人物に影響を与えている。特に経営者にその信奉者が多く、トヨタグループの礎を築いた豊田佐吉、パナソニック創業者の松下幸之助、京セラの創業者である稲盛和夫などにその思想は受け継がれた。人間は物質的にも精神的にも満たされ、豊かな生活を送れるということを説いたのが報徳思想で、まさにコロナ禍で傷ついた世界を復興するために今こそ世の中に求められる思想だろう。

二宮尊徳は一七八七年七月二三日生まれの六白金星。幼少時の困難な境遇に負けずに、龍となって天高く駆け巡り、世の中に恵みの雨をもたらす存在となった。

マーケット＆マネージメント

二〇二二年の六白金星を取り巻くマーケットは活況を呈するだろう。数々の案件が持ち込まれ、少し手に余るような感じになる。余裕を持って対処したいだろうが、なるべく断らないで対応するべきだ。今は余裕など望んでも得られる時期ではない。大きなチャンスが舞い込んできた時には、「絶対にものにするぞ」という意気込みがあってこそ実を結ぶ。チャンスがいつまでも続くわけではないことを肝に銘じて対応したい。

特に利益率の改善が大きなテーマになる。古くから行っている利益率の低い事業をやめたり、取引先を選別して入れ替えを行ったりすることも考える時期だ。

マネージメントは社内体制の充実が重要なテーマになる。今までよりも格段にレベルの高い商品やサービスを扱い、大きな会社とビジネスをすることになるから、それに対応できる体制に変えていかなければならない。そのためには社員一人一人の心の充実が大切だろう。仕事や人生に対するやりがいや生きがいというものを今一度考える必要がある。何のためにこの仕事をしているのか、自分の人生をどうしたいのか、自分の使命とは何なのか、すぐに答えの出る命題ではないが、これらのことを考えてもらう機会をつくることは大事だ。目の前のことに追われるような働き方ではなくて、社員にこの会社で働く意味を見出《みいだ》してもらえるような組織づくりが求められる。

家庭と健康

二〇二一年はまことに忙しい一年だった。人生が大きく進展したかと言えば、そうでもない。だけど、周囲からいろいろと依頼を受けたり、足元に様々な取るに足らない問題が転がり、その処理で予想外に時間を取られたり。自然と帰宅の時間は遅くなった。リモートワークが進んだとはいえ家にいるからこそ、いつまでも長々と仕事をしてしまう。こうした事情から、あまり家族との思い出はつくれなかっただろう。二〇二二年は怒濤《どとう》の忙しさとなる。充実感いっぱいで駆け回るように生きる六白金星も多いけれど、本当の人生の果実は家庭にあるのではなかったか。家族で安泰に暮らし、子供の成長を見守る。こうした当たり前の営みの中に、自身が命を燃やす理由があるはずだ。目的を忘れて全力疾走するだけではゴールにはたどり着けない。生命の基盤である家庭にもしっかりと光を当てる一年としよう。

忙しい毎日の中でもときおり休みをとり、子供とキャンプに出かける。天体観測なんて最高だと思う。一一月には好条件で皆既月食が見られそうだ。ぜひ、家族で宇宙の神秘的な現象を楽しまれたらいい。三月、一二月の運勢の谷間には、夫婦で過ごす時間を増やしたい。二人でグラスを傾け、ここまでの歩みをねぎらってみたい。

健康的にはかなり踏ん張りが利く一年だ。自信を持っていいと思う。かなりハードスケジュールとなるだろうけれど、まずは身体への不安を払拭すること。心臓などの循環器系に不安を持つ人は過信しないこと。飛行機での長時間の移動ではエコノミークラス症候群に注意。

恋愛・ファッション

二〇二一年までの停滞感が嘘のように、二〇二二年は恋愛面でも動きは活発。元々この星は目鼻立ちがハッキリしていてイケメン、美人が多い。さらに人生の活動期が来たことで、表情には充実感が満ち溢《あふ》れている。こうして輝くように生きる六白金星を周囲は放っておくわけがなく、今年はどうやらモテ期に突入することになりそうだ。恋は「タイミング」「フィーリング」「ハプニング」の三つのｉｎｇが必要だという。二〇二二年の六白金星にピッタリの格言だと思う。二〇二二年は判断に間違いは少ない。ハプニングによってもたらされた出会いを、直感を信じて恋に成熟させるべきだろう。とりわけ、目上からの紹介にはグズグズせずに乗ってみることだ。とりあえず会ってから考えること。

長い交際となっている二人なら、そろそろ結婚の決意を固めるところに来ている。恋愛は二人でできても、結婚は二人ではできない。両家の親との距離を縮め、二人の関係を理解してもらうように。できれば二〇二二年中に籍を入れ、名実共に夫婦となりたい。そのうえで、出産も決意してみよう。ただし、授かり婚は避けたい。順序を間違えないこと。

ファッションは貴金属にこだわりたい。男性なら時計、女性ならネックレスや指輪など。アクセサリーを上手に活用して、コーディネートにメリハリをつけるといいと思う。また、男性ならストライプのシャツやネクタイにも挑戦してみよう。女性なら、水玉模様のワンピースなんて最高だと思う。しかし、何よりも大切なのは顔の輝き。スキンケアにも注力を。

月の運勢　六白金星

六白・一月

新たな切り替わり、手を取り合って進む　◎◎

二〇二二年が始まる。新たな年を迎えて、六白金星は変わりつつある。昨年はこれまでとは全く違った一年間で、自由に動けなかった。でも、その経験をパワーに変えて、今年は大きく進むだろう。二月に入れば、本格的に一年の気がスタートする。今月は昨年の自分から、今年の自分へと切り替わる時なのだと思う。

多くの人に新たな動きが起こる。予想もしなかった変化がありそうだ。人によっては方針の転換や配置替え、あるいは、内容や担当の変更があるだろう。六白金星の状況から目が離せない。今月は、新たなチャレンジとなることも思い切ってやってみるといい。新しい変化に乗り出して、運気が開かれる。

その時に大切なのは、自分だけで奮闘しないこと。この二ヶ月で周囲との協力体制をしっかりと整えよう。何気ない言葉のなかに、六白金星を手助けしようとする気持ちが隠れているから、それを切り捨てないようにしよう。そうすれば、ますます力になってもらえる。

人前でパフォーマンスをしたり、チームで活動する人は、メンバーのためにひと肌脱いでみよう。あるいは、新しい仲間ができる可能性もある。集まってくる人々を大切にして、共有する思いや悩み、価値観やビジョンなどに触れ、共に心を立ち上げよう。手を取り合って進めば、夢は実現の方向へ舵《かじ》を切る。

頭痛や目の疲れに注意。

六白・二月

感情を抑えて、人がついてくる　◎◎

立春を過ぎれば二〇二二年の運気となる。二月はどうしたものか、何となく周囲の態度や行動が気になってしまう。マイナスの言動が目について感情が高ぶったり、文句を言いやすいから気をつけておこう。今月は先月に続いて仲間が大切だから、怒りや一時的な激情があれば抑えることを意識しよう。感情をコントロールできなければ、人がついてこなくなってしまう。

六白金星はハッキリしていてわかりやすいからいい。今月は特に周囲から見られているから、良くも悪くも印象に残るだろう。それを知って、あまり好き嫌いの判断を強くしないこと。つまらないことにこだわって、チャンスを失ってしまうかもしれない。考えが根本的に違う人と力を合わせることは難しい場合もあるけれど、自分の関わり方次第では不思議な化学反応が生じるから、面白いものだと思う。一概に合わないと決めつけてはもったいない気もする。気乗りしないものがあったとしても、もう一度前向きに考え直してみよう。

仲間とよく話し合って行けば、驚くほど解決方法や知恵が浮かぶ。同じ意見の人たちと集まればエネルギーが湧いてくるし、違った意見があれば参考にしてみたい。六白金星の情熱が、皆をまとめたり、個々に影響を与えたりする。思い描く理想の自分になりきって振る舞ってみたい。

目の問題があれば早めに眼科へ。

六白・三月

トラブルが起こりやすい、もめないように ◎

運勢の強い一年にあって、三月は落ち込んでいる。花々があちこちで咲き始めても、テンションは低め。先月とは一転して、六白金星の思いや考えていることが周囲に伝わらず、チグハグになってしまいそう。人から誤解を受けることもあるから、丁寧に確認したり、指導を仰ぐなどの手間を惜しまないようにしよう。周囲から圧力をかけられても、それ以上の力で対抗したり押し返さないこと。対立の先に解決があると考えず、説得などはまたの機会にしたほうがよさそう。

強気になれば、もめ事が起こりやすい。思うようにいくことが少ないから、大きな足取りは控えておこう。トラブルに巻き込まれる場合もある。ケガや事故にも注意。集中力が出ない時には、より一層ケアレスミスがないように心がけたい。

心のなかにポジティブな思いが生まれにくい三月は、積極的にメンタルケアをしよう。専門家のアドバイスなども有効に活用したい。体調管理も大切に。身体が気候の変動に適応できず、風邪を引いたりもする。忙しい一年だけど、今月はあまりスケジュールを詰め込みすぎないで、休憩をとりながら過ごそう。気分転換したい。

その裏で、新しいことが始まる気配が充満している。心配事や懸念事項があれば、今のうちに相談して解決しておこう。周囲の考えていることを聞いておきたい。あるいは第三者に意見を求めるもよし。

六白・四月　回復してきた、でも周囲はまだ　◎

停滞を抜ける四月、先月ほどのつらさはなくなる。春に向かうムードとともに、気分は回復する。

でも、周囲の運気はまだ高まっていないから好調とはいえない。今月は大望を抱かず、何事も少しずつゆっくりと進めていくことにしたい。先走れば、周囲との溝が深まってしまうから気をつけよう。成果を急ぐことはないのだ。急がずとも、今年の成果は大きい。いまはそのための準備をして、目の前のことを一つひとつこなしていきたいと思う。そうやって周囲の運気が力強く回復してくるのを待とう。来月はずっと良くなる。

人によって、目上の人や本部との間に問題が起きるかもしれない。面倒がらずに、些細なことも確認し合おう。考え違いが起こりやすい。放置したまま進めば、決定的な問題となってしまう。また、時間を要することも多い。六白金星の好むようにスピーディに解決していかない。だからイライラする。人が頼りにならないと文句を言ったり、腹を立てても仕方がない。やさしさを欠けばうまくいかない。先月から下降した運気は、徐々に上昇しようとしている。ここでそれを壊さないこと。

周囲に起こるあらゆる出来事は、六白金星の前に立ち塞がる壁ではなく、育ててくれるもの。全てが自分のステージを教えてくれている。より一層の成長を考えよう。

疲れたらマッサージへ。

六白・五月

積極的に行動、早起きは吉　◎◎◎

五月になれば陽気な雰囲気。足取りは軽く、明るい気持ちで皆と話ができる。六白金星が笑ったり楽しく会話している様子を見て、皆が応援してくれるはずだ。疑心暗鬼にならずに進んでいこう。

今月は新しいことに意欲的で、積極的に行動するひと月。これまで準備してきたことをさらに進めたり、アイデアを実行に移したい。六白金星の出番がやってきた。さあ、前を向いて、大きく足を踏み出そう。

新規の話があることや何かを始めること自体が進歩だ。完璧を求める必要はない。ああでもない、こうでもないとゴチャゴチャ考えるよりも、結果を素直に受け止めて、次の一歩を踏み出せばいい。

六白金星は成功者も多いが、なかには道を外れる人間もいる星だ。もし考えていることややっていることが正しくなければ、不思議と大きな成果は出ない。だから自分の運勢が強いか弱いかがよくわかる。策を弄するのをやめ、子供のような心でワクワクしながら楽しもう。そのエネルギーがあれば最高だ。

朝は早くから起きて活動したい。もし遅刻したり早起きができない人は、運勢を活かしにくい。できれば夜は早めに就寝し、朝日とともに目覚める生活をしよう。午前は特に頭が働き突破口が見つかりやすい。

時として、思いがけない事態が起こりそう。忙しく気が急《せ》いているから、あわてないで処理するように。

六白・六月　忙しいが柔らかく対応、出会いに注目　◎◎◎

運気は高まり、ますます忙しくなってきた。周囲からの問い合わせが続き、テキパキと対応していく。今月の六白金星の判断は冴えわたり、自信を持って取り組める。

その一方で、周囲の話に耳を傾けることを忘れないようにしたい。耳寄りな情報だったり、参考になる意見が聞ける。自分の興味のないところからもたらされる可能性もあるから、いつもの仲間とばかりではなく、いろいろな人とも会話してみよう。それも悪くない。自分の人生に無関係な人と勝手に決めつけないで交流してみてはどうだろう。目の前の一人の後ろには、数多くの人々が連なっている。遠くまで視野を広げて、誰にも彼にも柔らかく接するように心がけたい。

新しい風が吹いてくる。人によっては転機となるようなもの、思いがけない出会いが待っている。女性の六白金星ならば、よきパートナーが見つかる可能性もある。知人から紹介を受ければ、一度会ってみたい。男性ならば出会った相手をよく見ること。出会いとは本当に不思議なものだ。それで人生が全く新しい展開になるのだから。一体これからどのように発展していくのだろう、楽しみでならない。

七月になれば、やや動きが取りづらくなるから、今月のうちに目いっぱい活動を広げておくとよい。いま、じっとしていては、今年の成果はそれほど期待できない。ストレッチで身体を伸ばそう。

六白・七月

落ち着いてゆったり過ごす、静の月　◎◎

あわただしかった数ヶ月を経て、七月は落ち着きたい。ドッシリと構えて全体を見渡していること。これまでの活発な動きがストップしても大丈夫、安心しよう。目まぐるしい一年だけど、そのなかには動も静もある。七月はゆったりと過ごして、自分を静かに見つめてみたい。今までの動きを見直したり、足場を整えることが必要ならば、来月のために準備しよう。

気がつけば二〇二二年も半分を過ぎた。ここで歩みを止めることに、どんな意味があるのだろう。自分が何を考え、何をやってきたか把握してみるのもいい。そのひと手間が次のステップへつながる。

人によっては、モヤモヤしたものを抱えている。イマイチ仕事が進まない。やることは積み重ねっているのに、と思う。なぜかのめりこめない。六白金星を悩ませるものが出てくるのは自然なこと。悩み自体は悪いものではない。ひとまず悩みを横に置いておき、何か好きなことに没頭してみてはどうだろう。いっそのこと、休みをとるのも一計だ。来月は忙しいから、一足先に休暇をとるのも賛成だ。自分を充電させる月にしたい。

疲労が蓄積している人は無理をしないように。こだわってやり続けても、良い成果は出てこない。行き詰まった時には、その場から立ち去るもよし。別の次元で物事をジックリ考えられるかもしれない。

事故やケガに注意。

六白・八月　ハードなひと月、滞りなく進める　◎◎◎

八月は自分の本籍地にかえってくる月。先月から一転して、本来の自分らしく強いパワーがみなぎっている。体調も良いし、頭脳は鋭敏。停滞していた人は、急に進むようになるから、完成目指して頑張ろう。

今月は六白金星に対する要求や指示などが次々にやってくる。あるいは大きな仕事がスタートする。それらは全て自分を成長させるものばかりだから果敢に挑戦したい。気持ちを充実させて臨むことが大切だ。八月は、報われなかった六白金星にもチャンスが巡ってきている。休暇をとる人は、考えなければならないことや実行することがひっきりなしにありそうだ。でも、それが元気の秘訣《ひけつ》かもしれない。

周囲との関係は良好に運ぶ。目上との意思疎通は確実にしておこう。上の応援を受けることがあれば、大吉。提案したり、先を見据えた話し合いなどすれば、やるべきことや目指すところが明確になってくる。経済的にも手を打てるところにきている。

チームに六白金星がいれば周囲は心強い。でも、その六白金星が剛腕になったり、対立を起こしたりしては成果も安定しない。今月はかなりの忙しさになるし、強い気持ちが前に出やすいから気をつけよう、間違っても喧嘩《けんか》は避けること。せっかくの運気を弱めてしまう。大らかな雰囲気を身にまとって、物事を滞りなく進めたい。

頭痛や疲労に注意。

六白・九月

話し合って関係良好に　◎◎◎

九月に入って少し余力が出てきそう。打ち合わせや会合などを開こう。気になりつつも話せなかったことなどを、この機会に討議したり、これまでの感想を述べ合ったり、成果を喜び合ったりしてみたい。仕事だけに限らずプライベートでも、できるだけ時間を割いて周囲と会話する機会をつくるといい。近況を聞き、冗談を言い合って楽しく会話すれば、人間関係を良好にする。関係の良さが今月の六白金星を助ける。さらに互いのモチベーション維持にもつながる。可能ならば、一緒に食事や喫茶ができれば最高だ。集まったのと集まらないのとでは、結果に違いが出るものだ。

アドバイスを求める人もいるけど、なかにはただ聞いてもらいたいだけの人もいる。相手の努力不足や言い訳としか思えないような言葉が耳に入ってきても、批判の言葉は控えておこう。うっかり言いすぎたり、余計なひと言にも注意。

時として、普段なら起こらないようなことが起こってしまう。だから丁寧に生活したい月だ。苦情やトラブルなどにも大騒ぎしないで、落ち着いて処理しよう。決して一人で抱え込まず、目上の人に相談したり、仲間に意見をもらうこと。出費があっても心配しないように、また入ってくる。

イベント事や、人に会う時にはマナーを大切にしたい。好印象となる。

歯が痛めば早めに治療。

六白・十月

変化あり退却あり、大胆にしない　◎◎

季節は秋で、冬の気が少しずつ立ち上がり始めている。次のものがいつの間にかやってきては、やがて前のものがいなくなる。あらゆるものがそれを経験する。

十月の六白金星に大きな変化が起こる。外からやってくる変化の動きに乗ってみたい。今月の変化は見逃せない。後々にも影響がありそう。自分の想定しなかったことでも、決して悪い動きとはいえない。前向きに受け入れることが大切。変化の時期に、ピタリと実際に変化がやってくる。当たり前のようだがそれだけで嬉しくなる。

今月、攻めはいらない。前進しても効果がない場合があるから、状況をよく見てすぐに引き下がる対応をとりたい。頭では理解しているから、その時が訪れたらすぐに行動に移すことが肝心。身を引くにも、機を逃してからでは手遅れになったり、すでに引く意味がなくなってしまっていたりすることは多い。つまらないことにこだわらず、思い切って退却してこそ、効力を持つ。

来月になれば、表に立って活躍する。人を引っぱっていかないといけない人もいるだろう。再び、かなり忙しくなりそうだ。でも今月はそうならないように。この時期、大胆なことはしたくない。何か理由をつけて、来月まで待ったほうがよい。動きを止めることや離れることはマイナスにはならない。先に持ち越して、小さく進むこと。

腰や関節を痛めやすい。

六白・十一月　人がついてくる、協力は惜しまず　◎◎

十一月はやるべきことが頭を駆け巡る。もう逡巡《しゅんじゅん》している時ではない、考えるように動いていい。毎日息つく暇もないけれど、気分は上々だ。

今月は直感がすぐれている。六白金星はカンがいいから、今月はピンときたことや確信を持っていることは遠慮なく話したり、行動に移してみたい。周囲は六白金星に注目しているから、こちらが正しければ人が賛同してついてくる。それを確認しながら進んでいこう。

六白金星に光が当たり、評価が上がる人もいれば、何かに抜擢《ばってき》されたりする人もいる。いまはチャンスの時だから、大きな舞台などにも積極的にチャレンジしていい。今月は自分の輝ける機会を逃してはならない。

一方で、周囲には賛同する人ばかりではないから、腹を立てたりしないように。人のアラがとかく見えてしまう時でもあり、感情的になりやすい月だ。周囲のことを悪く言ってみたり、自分との違いをことさらに強調したりするのはやめよう。小さなことにこだわって、争いやいざこざは起こる。大きな成果は、仲間と協力してこそ得られる。

会合や集まりがあれば顔を出してみよう。良い出会いがあるかもしれない。身だしなみを整え、オシャレを忘れずに。同じことで悩んでいたり、似たような考えの人がいれば、相談に乗ってもらったりアドバイスしたり、互いに力になりたい。

六白・十二月

対決しない、イライラせずに気分転換 ◎

十二月は周囲との間に波風が立ちやすい。お願いや指示を出していたことが実行されていなかったり、自分の思うように物事が運ばなかったり、もめ事が起こってイライラするかもしれない。

トラブルが起きたら素早く処理に向かうことが大切だけど、一方的に責めたりしないように。今月は、対決姿勢や真正面からの突破は凶。できるだけ柔らかい態度で対応しよう。譲れない気持ちがする時ほど、譲るようにしたい。自分を抑えるのに苦労しそうだけど、それが問題を残さないコツ。

何となくやる気が出ないし、気分が沈むことがあって、ポジティブに切り替えにくい。マイナスを引きずらない工夫と、気分転換が必要だ。疲労も出やすいひと月、体調管理をしっかりとしよう。

これまで目いっぱい動いて走ってきた。頭はフル回転で、やることがいっぱいの一年だった。今月に入ってからグダグダと崩れやすいから気をつけよう。自分に負担をかけすぎないように。夜は入浴タイムで身体を温め、睡眠を十分にとりたい。

忙しい十二月に、いろいろと懸念が増える。人によっては懐が寒く、やり繰りが必要。今月は困難に立ち向かい努力する人ほど、そのなかで手を差し伸べられることがある。だから、周囲の言葉を撥《は》ね除《の》けないで耳を傾ける姿勢を持つことは大切。そうすれば運気の回復は間もなくだ。

仮吉方　方位移動の効果

北へ帰る	①新たな動きが生まれ、人生は大河の流れのごとく流れ始める ②人間関係は予想を超えた広がりを見せる ③人生の苦悩は解決へと動き始める ④家庭は円満となり、やさしい雰囲気が満ちる ⑤売上高は飛躍的に向上し、人生は輝きが増す
北北東へ帰る	①親子、親族関係は改善し、相続は円滑に進む ②予想外の出来事により、人生は大きく変革へと向かう ③自宅・事務所の新築や改築、移転のお手配あり ④新事業や新商品などへの挑戦が生じ、仕事は思わぬ方向へと進む ⑤経済活動が活発になり、可処分所得は増加する
南南西へ帰る	①仕事、人生、健康などあらゆる基盤が固まる ②人材育成は進み、自身の足元が盤石になる ③求められる物事は増え、多忙な生活となる ④自身の人生に対する自信が身につく ⑤生きがいが生まれ、人生に充実感が満ちる
西へ帰る	①経済活動が活発になり、可処分所得は増加する ②副収入を得て、経済的に豊かさがもたらされる ③交友関係は盛んになり、楽しい人間関係に恵まれる ④講演会など人前で話すチャンスに恵まれる ⑤人生は変化に向かって大きく進む

2022年　六白金星　仮吉方表

誕生日	出る方向	出る時期	帰る方向	帰る時期
2/4～3/5	南		北	
	南西		北北東	
	北北東		南南西	
3/6～4/4	南		北	
	南西		北北東	
	北北東		南南西	
4/5～5/5	南		北	
	南西		北北東	
	北北東		南南西	
5/6～6/5	南		北	
	東		西	
6/6～7/6	南西		北北東	
	北北東		南南西	
	東		西	
7/7～8/7	南西		北北東	
	北北東		南南西	
	東		西	
8/8～9/7	南		北	
	東	6月初め	西	8月末
9/8～10/8	南		北	
	南西		北北東	
	北北東		南南西	
10/9～11/7	南		北	
	南西		北北東	
	北北東		南南西	
	東		西	
11/8～12/6	南		北	
	南西		北北東	
	北北東		南南西	
	東		西	
12/7～1/5	南		北	
	南西		北北東	
	北北東		南南西	
	東		西	
1/6～2/3	南		北	
	南西		北北東	
	北北東		南南西	

※その他諸注意事項があるので、詳しくはセミナーに参加して学んでほしい

七赤金星《しちせききんせい》

運勢パワー　★★★★

完全な安堵のもと
退屈なものが生まれ変わる。
美しい終焉にこそ魂は宿る

2022年のポイント

①いつでも何度も生まれ変わる
②目の前に「願」を置く
③無敵の道を一人で歩む
④引退から挑戦へ舵を切る

七赤金星の人物――織田信長

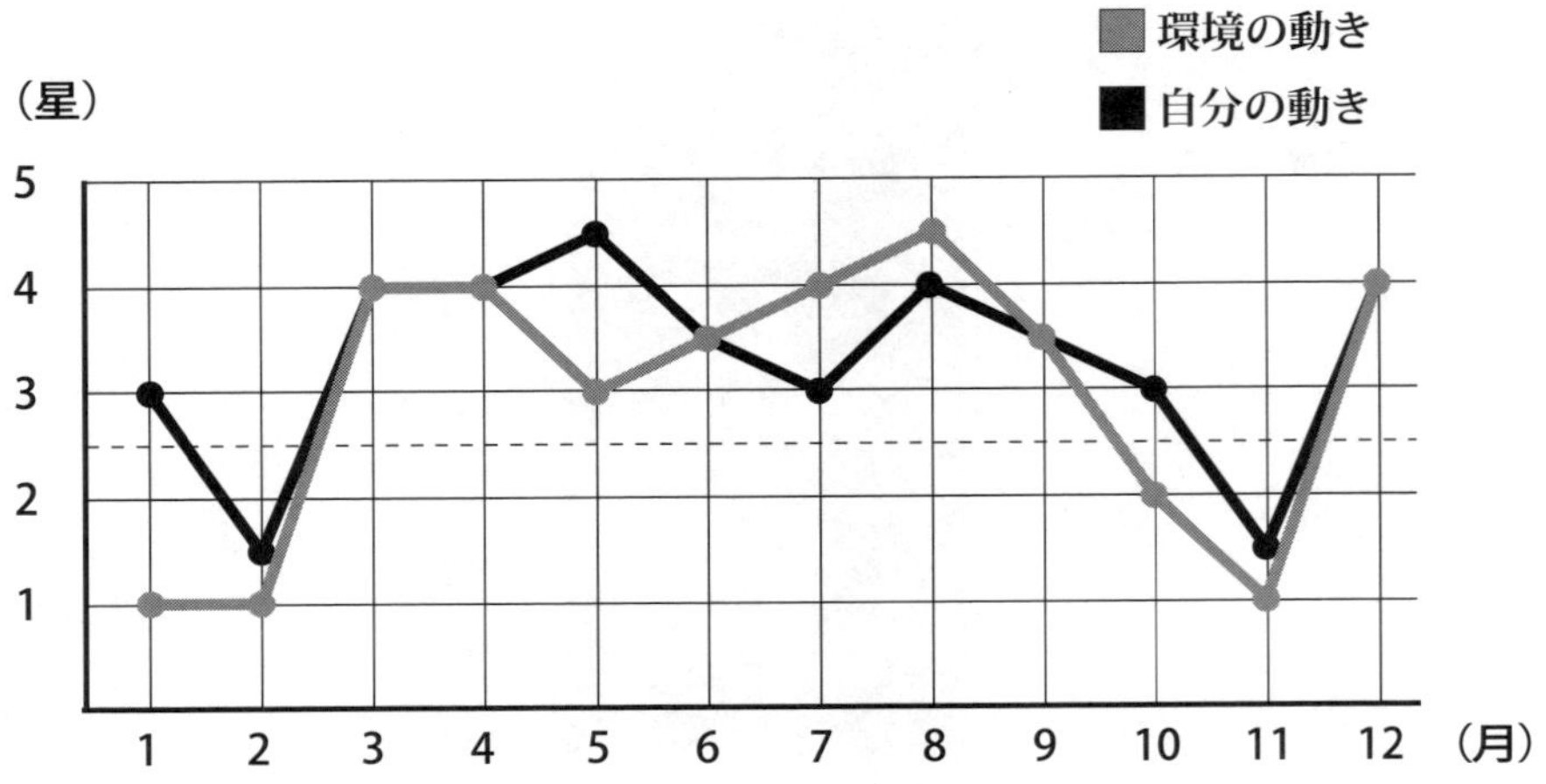

２０２２年のバイオリズム

春の彼岸を迎える頃から運勢が強さを見せ始める。秋の土用までは速度をゆるめることなく、全力疾走の生活が続く。あまり忙しく走り回ることを好まない星ではあるけれど、２０２２年は自身が走らない限り、周囲も動き出してくれない。

立冬を越えると徐々に運勢が低下を始める。２０２３年は人生が停滞し、変革を始める一年。年末年始はそのための準備期間として用意されていると考えたほうがいい。

喜びの一年とはいえ、大勝負の一年でもある。公私共に忙しくなりそうだからこそ、この星の魅力である笑顔を失わないように。

運勢

いつでも何度も生まれ変わる

二〇二一年、七赤金星はトラブルに見舞われつつも、目上からの後押しを得て、人生を拡大させることができた。担当する顧客層はアッパー層に移り、自身の肩書が変わった人もいるだろう。ただし、その分、責任や権限も増したから、イライラやストレスを感じることも多かった。充実感と責任感、宇宙に活《い》かされている実感とより良く生きなければならないという決意。こうした二つの感情の中で、この星は一回りも二回りも大きくなった。たったの一年とはいえ、非常に長く感じたのではないか。大人になると一年があっという間に過ぎていく実感があるのに、なぜ二〇二一年はこうも長く感じたのだろう。それを解き明かしたのが一九世紀のフランスが生んだ哲学者・ポール・ジャネだった。ジャネによれば「人生のある時期に感じる時間の長さは年齢の逆数に比例する」らしい。つまり、二〇二二年に四七歳の七赤金星であれば、一歳のときの一年を基準とすれば、二〇二二年はわずか七・八日にしか感じられない。こうした現象は、脳に対する新鮮な刺激の有無によると考えられている。

子供の頃は触れるもの全てが新鮮で、あらゆる体験を時間に紐付《ひもづ》けて記憶するから、記憶に残っている時間は多い。一方で、大人になるほど生活に「慣れ」が生じ、新たに記憶する必要のある刺激は減る。したがって、記憶される時間も少なくなる。新しい発見を写真に残してアルバムを作っていけば、どうしても最初のほうがアルバムは厚さを増すのと同じだ。二〇二一年を非常に長く感じた七赤金星ほど、新たな刺激に恵まれていた。やるべきことや責任の重いことが多かったからこそ、これほどの充実感が記憶として残ったのだ。『展望と開運2021』では「自己の完成」を七赤金星の一年のテーマとして挙げていた。それを見事に体現し、七赤金星の人格は一旦の完成を見たと言っていいだろう。

そして迎える二〇二二年、七赤金星は本籍地・西に帰る。七赤金星が本来持つ徳分の発揮が期待されるわけだが、その徳分とは「いつでも、何度も生まれ変わること」であろう。七赤金星の「七」は「独立」を示す。そして「赤」は「赤子」である。つまり「完成された赤ちゃん」であって、自身で立ち上がって歩き始めた赤子を指す。立ち上がった赤子はすぐさま次なる完成に向けて生まれ変わりを始める。この頃から徐々に原始反射と呼ばれる生まれながらに備わっている反射が鳴りを潜め、その代わりに姿勢反射と呼ばれる姿勢維持のために筋緊張が反射的に出現し始める。確かに七赤金星の人生は、すでに一旦の完成を見ている。しかし、完成した途端に次なる完成に向けての精進の道がスタートする。だから七赤金星は次なるステージに踏み出すべく、新たな能力を獲得すべきところに立っている。

赤子とは弱きものである。だけど、何も持っていないからこそ、全ての可能性を内包している。次のステージに向けて、七赤金星の能力も不足しているのは否めないけれど、だからこそ、そこに可能性が宿る。こうした事実を般若心経《はんにゃしんぎょう》は「色即是空空即是色」という一節で語る。

実体があるように見える自身は、実はまだ空っぽに過ぎず（＝色即是空）、だけども何もないからこそあらゆる成果がそこから湧き出る（＝空即是色）。自身の不足を自覚した途端に、そこから新しい可能性が生じ始めるというわけだ。

世界もまた般若心経の世界に近づいてきた。あれほど信頼してきた医療というものが、たった一つのウイルスに対応しきれない。ただし、これは医療従事者に責任があるというより、そもそも、病気を治すのはあくまでも自身の免疫能だということを日本人が忘れてしまった結果だと思う。病院に行けばあらゆる病気が治ると誤解してきたのが近代日本であった。まさに色即是空であり、空、すなわち「あてにならない」ものを信じ切ってしまったツケが医療費の異常な膨張を招いている。もちろん、現代医療を否定するものではないし、対応に当たられている医療従事者の皆様には心から感謝したい。そのうえで、国民一人ひとりがもう少し健康というものに真摯にならなければいけないと思うのだ。

また、「日本人は民度が高い」というものも空であったことに気づかされる。「コロナ差別」と呼ばれるものが横行したのもそうだし、コロナに関するデマの類や、ワクチンに対する誤解や陰謀論などの広がりを見ても、とても民度が高いとは言えない。情報リテラシーの低さも顕著になった。日本は今一度、こうした事実を見つめ、国を立て直さなければならないと思う。こうした空を見つめ、そこからどんな色を生み出していくか。我々の今後の生き方にかかっているると自覚したい。そして七赤金星も、また生まれ変わろう。

目の前に「願」を置く

七赤金星の素晴らしさは笑顔の可愛《かわい》らしさにある。二〇二二年は生まれ変わりの一年であると同時に、ここまでの成長の成果を味わう一年でもある。二〇二二年は楽しみつつ、自身の不足を感じつつ、ゆとりを持って一年を過ごしたい。

この星の運勢は面白い特徴を持つ。他の星は北西の廻座《かいざ》で収入を拡大させることになるが、七赤金星は北西で暗剣殺を背負う。もちろん予想外に収入を上げる人も一定数いるが、忙しさの中でそうした実感は湧いてこない。そもそもお金は、何かと交換した時に初めて価値が発揮されるものであり、口座に蓄積されているうちは喜びを感じることができない。忙しさに少し落ち着きが出てくる二〇二二年、これまでの成果をやっと味わう時がやってきた。

七赤金星の喜びの雰囲気は周囲にも伝播《でんぱ》し、さらなる人的・経済的な出入りを生じさせる。それゆえに、二〇二二年は売上高、利益共に順調だ。コロナ禍によって大きな負債を背負ってしまった人でも、二〇二二年はどうやら返済の目途が立ち始める。一気に解消できるわけではないけれど、完済のイメージができたことが嬉しい。

また、二〇二二年は人間関係も素晴らしい。心の喜びや余裕、常にリラックスした状態でいることが、七赤金星の健康も改善する。二〇二一年はどうにも体調が整わず、騙《だま》し騙し生活をしていただろうけれど、二〇二二年は普段以上に身体が軽い。絶好調とは言えないまでも、食事が美味《おい》しく感じるのが体調が整っていることを表している。そうした健康な身体に健全な精神が宿る。不思議と明るい表情になっていて、それを見た周囲は七赤金星のもとに近づいてくる。皆、七赤金星とのコミュニケーションを心待ちにしていた。これまでは忙しさの中で多くの人と会えない日々が続いていたと思っていたが、何のことはない。実は、原因は自身の表情の暗さにあったのだ。こうした理由から、七赤金星を取り巻く人間関係はより一層広く、より彩り豊かになっていく。二〇二二年出会った人たちは、こうした願いを察知して、多くの素晴らしい関係を結んでほしいと思う。

二〇二二年の七赤金星は無意識下のコミュニケーションも抜群にうまい。相手の口にできない願いを察知する能力に長《た》けている。息子が「肩を叩こうか?」と寄ってきたら、小遣いが足りなくなったとわかる。夫がゴミ出しを手伝うと言い出したら、明日の飲み会のお金が欲しいのだとわかる。欲求というのは確かに言葉にすることが大事だけれど、一番伝えたいことは言葉にできないことも多い。そうした相手の願いを先回りして叶《かな》える力が二〇二二年の七赤金星には備わっている。手にした喜びを誰かの願いを叶えるために使うことができたら、二〇二二年の運勢はさらに力強く進んでいく。

ただし、七赤金星の願いを周囲が感じ取ってくれるかといえば、そうでもない。だから、欲しいものはきちんと言葉にして伝えたい。それが可能かどうかは別として、自身の意思を相手と共有することがコミュニケーションの肝なのだ。こうした「願い」のことを仏教では「願《がん》」と呼ぶ。「願」はサンスクリット語で「プラニダーナ」という。ニダーナの解釈はまだ確立していないので、ここでは「置く」と訳した村山幸徳先生の解釈を採用する。そしてプラは英語のプレであり、プラニダーナは「目の前に置く」となる。願というのは、まず目の前に置かなければならない。目の前に置けば、そこにさっと仏がやってきて叶えてくれる。仏は自社のスタッフであったり、夫であったり様々だろうが、まずは置かなければ始まらない。それが願だと知っておきたい。欲しいものはちゃんと欲しいと言おう。「清貧」という言葉が美徳とされ、我慢することが大切だと、我々は耳にタコができるほど聞かされてきた。しかし、それは本当に正しいことなのか。もちろん、人間関係の中でぶつからないように自身を律することは大切だ。でも、手に入れたい事柄を主張し、それを得るに相応《ふさわ》しい行動を取ることの何が悪いのか。二〇二二年は不言実行ではなく、有言実行で生きていこうか。

二〇二二年、七赤金星が運勢を崩すとしたら、それはおそらくこの星の口の悪さからくる。つまらないことで口論にならぬよう、「主張は大胆に、言葉は丁寧に」を心がけよう。

無敵の道を一人で歩む

こうして集まった人々と価値観を共有していく二〇二二年。価値の共有は人心の集合を生み、組織をつくり出していく。サークルの立ち上げに関わったり、新しい事業の開始がもたらされたりするかもしれない。そうした動きの中で、七赤金星はリーダーシップの発揮を求められる。リーダーシップの形は様々であろうが、七赤金星に求められるリーダーシップの要点は「率先垂範」だ。「まずは自分から前に」がポイントになる。

二〇二二年、国民の批判の矢面に立たされた菅義偉《すがよしひで》前首相。退任を発表してから、また評価も変わり始めた。当然だろう。国民とのコミュニケーションが苦手だったとはいえ、たった一年で不妊治療の保険適用の範囲の拡大、スマホ通信料の大幅な値下げ、そしてワクチン確保のためのトップセールス、反対の声が渦巻くなかでのオリンピック・パラリンピックの開催と、およそ常人にはなし得ない決断を下し続けたのだ。正しく評価すれば、近年まれに見る「仕事人」だったと言える。

二〇二二年の七赤金星は、あらゆる場面において、こうした「矢面に立つ」シーンがたくさん用意されている。そのたびに、人々は七赤金星が何を背負っているのかを確認することだろう。七赤金星が、多くの責任を背負い、矢面に立つ真のリーダーになる時がきた。

矢面に立たされるときには迫力が必要だ。人間、褒められると嬉しいけれど、批判されると腹が立つ。だから何も決められない。何かを決めれば、その決断のプラス面もマイナス面も周囲に伝播し、何らかのリアクションを受けることになる。絶対にプラスのこともないし、絶対にマイナスのこともない。全ての物事に陰陽はセットとして存在している。だから、何かを決めたら、プラス・マイナスの両方のリアクションは必ず飛んでくる。それを真正面から受け止める迫力を持とう。万人に対して受けようなどと思うことはない。「我々はこう考えております」をはっきり伝え、批判も賞賛も正々堂々と受け止めようじゃないか。決断の迫力がない人は、良いことも悪いことも周囲に伝えられない。そんな「いい人」の仮面をかぶった「どうでもいい人」になってはならない。七赤金星はやさしく柔らかい星だ。だけど、芯は非常に強い。表面の柔らかさで批判を柔らかく受け止め、そのうえで自己の内面の決意はより一層固くする。

七赤金星は赤い金だ。それは炎で熱せられて、真っ赤になった鉄を表している。鉄は叩けば叩くほど、内部の介在物を除去し、より固く、より鋭くなる。この星は叩かれるほどに強くなる星なのだ。だから批判さえ、自身の命を鋭く磨いてくれる有り難いもの。そう考えれば、もう敵は存在しない。やさしい人も、厳しい人も七赤金星の成長には欠かせない仲間であって、そうした状態を「無敵」と呼ぶのである。

釈迦《しゃか》は『スッタニパータ』で「独り行け」という表現を多用した。自身の道は一人で歩かなければならない。だけど、それは孤独であるということではない。自身を迫害する者も、また道を塞ぐ者もたくさんいたが、その中に一人として敵はいなかったからだ。あらゆるマイナスさえ自身を磨いてくれる。二〇二二年の七赤金星は、無敵の道を一人歩む。

引退から挑戦へ舵を切る

こうして過ぎていく一年の中にあって、七赤金星の心の中に「引退」の二文字が浮かぶことになる。二〇二二年の引退は運勢上、決して悪いことではない。次なる目標が見え、また自身の至らなさを身にしみて感じている今、そこにとどまる理由はない。

ただし、この引退が逃避行になってはいけない。すでに述べたように、二〇二二年は成果も大きな一年であるから、その果実を存分に皆と味わってから、退くことを考えよう。皆から前線に立つことを求められているうちは、全力で課題に向き合うべきだ。

それにしても、現在地からの引退を自身の意思で決められる人は幸せだと思う。プロスポーツ選手で引退試合を行える人はごくわずか。プロ野球では毎年一〇〇人ほどが新たにプロの道を歩み出すのだが、九割以上の選手が引退ではなく、解雇によって突如プロ生活が幕引きとなる。サラリーマンも六五歳になれば、一律で定年退職だ。その後も嘱託などで働く人もいるだろうが、年収が半分程度に減り、権限も失う以上、事実上の戦力外通告だろう。

だから、二〇二二年、自分の意思で現役引退を為《な》せる七赤金星は幸せだと思う。もちろん、アーリーリタイアだけでなく、次なるステップのための引退も含めて考えてほしい。事業経営者が社長職を譲り、自身は新しいビジネスに挑戦するというのも引退の一つだから、その点は誤解のないように。とにかく、その場から立ち去ることを自己判断で行えるのは幸せなことだ。

引退とは「譲る」ことなのだと思う。仏教が説く無財の七施の中に床座施《しょうざせ》というのがある。これは電車などで席を譲るという施しのあり方を示す、布施の一つだ。引退によって、後進に席を譲ることも、これに含めていいだろう。引退とは他者への施しに他ならない。

自身の能力の不足を認め、後進の可能性を認め、さらなる事業の発展を願い、その場を静かに立ち去る。こうした去り際の美しさに、その人の人間性の高まりが見える。いわゆる

「老害」と呼ばれる、既得権益に執着した老人が跋扈《ばっこ》する日本にあって、その姿はひときわ美しく輝く。引退は諦めではない。可能性は無限に広がっているけれど、今の場所ではそれが発揮できないという自覚だ。自分を活かせる場所は他にもある。だから、そこに行く。それだけのことだ。見送る側、託された側はさらなる精進を誓う。つまり、去る者も、残る者も、成長を願って自身の立場を選択する。これが正しい引退ではないか。

システム上の効率を考えれば、一定の年齢で定年を迎えさせるのは理にかなっている。だけど、多様化が進む社会にあって、個体差が大きい健康を基準にしてスパッと線を引くのは、どうも納得できない。だからこそ、こうして社会運勢学を学ぶ人においては、自身の引き際を自身で決められる力を育んでほしいと思う。

日本人の引退感というのは、どうも暗い。本来なら、定年退職後は仕事から解放され悠々自適に自己の人生の終わらせ方を模索する時間としたいのに、「やることがない」と気力を失ってしまう。人生の価値は終わり方にこそあるのではないか。日本人は、もう一度、人生の終わらせ方を考え直すときに来ている。

七赤金星の人物――織田信長

福岡市博物館に所蔵されてる日本刀「圧切長谷部《へしきりはせべ》」のもつ怪しい光は人を魅了する。この全長一メートル弱の刀に魅せられたのが織田信長であった。無礼を働いた茶坊主を成敗する際に棚の下に隠れた坊主を棚ごと「圧し切り」したことでこの名がついたとされる。

織田信長ほど日本人に愛され、また同時に嫌われている歴史上の人物は少ない。下剋上《げこくじょう》の代表人物であって、多くの抵抗や圧力に打ち克《か》ったからこそ、様々な方面に影響を与え、毀《き》誉褒貶《よほうへん》の評価が与えられる。現時点でも、彼の人物像は一定しておらず、多くの研究者が関心を寄せる。そんな彼の人物を客観的に評価したのが、おそらくルイス・フロイスだ。

「彼は（中略）名誉心に富み、正義において厳格であった。（中略）ごく卑賤《ひせん》の家来とも親しく話をした。（中略）彼は少しく憂鬱な面影を有し、困難な企てに着手するに当たっては甚だ大胆不敵で、万事において人々は彼の言葉に服従した」（『フロイス日本史』より抜粋）

信長は現実的な人であった。他人が決めたものに対して常に疑問を持っていた。それゆえに身分制度などに反発し、卑賤の者たちとも開放的に付き合った。反面、既存勢力に対しては厳しい態度を見せた。

信長は改革者だ。目の前にある現実に不満を持っているから、その現実をつくった者たちが許せない。その象徴が、日本建国以来、変わらず権威を放ち続けている天皇家と仏教であった。この二つの勢力を時に利用し、また排斥しながら信長は自身の権勢を全国に拡大していく。彼は誰かに定められた身分による能力など信じなかった。それよりも、日々を懸命に自身で生き抜く市井の人々を愛した。だから、彼の領土の統治の基礎には治安の改善と経済発展がある。商業を振興し、人々の往来を増やし、その様を眺め満足したのであろう。

一方で、経済発展の邪魔をするものは許せない。それゆえ権力者と結び仕入れを独占する

「座」を否定し楽市・楽座を行う。また、全国に荘園《しょうえん》を持ち天皇家すら凌駕《りょうが》する既得権益を握った比叡山《ひえいざん》を焼き討ちにし、将軍家と結び大名並みの力を持った本願寺とも真っ向から対立する。

彼は既存勢力による支配に苦しむ人々にとっては解放者でもあったのかもしれない。ちなみに信長は熱心な法華経《ほけきよう》信者でもあるとも言われる。確かに「南無妙法蓮華経」の招きを用いて戦いに出たこともあるし、京都では法華宗の寺院である本能寺を宿舎に選んでいる。また熱田神宮には信長塀も残り、桶狭間《おけはざま》の合戦の前には必勝祈願を捧《ささ》げている。「宗教嫌い」のレッテルを貼られがちな信長だけど、一般的な範囲での信仰心は持っていた。だから信長を無神論者として考えると評価を間違える。

そして、信長は破壊者だった。朝廷、仏教、閉塞的な市場、身分など、「すでにあった」ものを壊し続けた。面白いことに、彼が破壊したものは室町幕府を除き後々復活していく。

では、彼の行った「破壊」に意味はなかったのか。

歴史は陰陽に振れつつ拡大に向かう。

復活したそれらの存在は、壊される前よりも改善されていただろうか。そこに社会の成長があり、社会の成長こそがその社会から排除された破壊者への鎮魂ではないか。

織田信長。一五三四年生まれの七赤金星。大衆から現れた、破壊と創造の下剋上の体現者。

マーケット&マネージメント

二〇二二年、七赤金星の担当するマーケットは賑《にぎ》やかだ。二〇二一年のように走り回る日々が続くわけではないけれど、人が集まり、自然とビジネスが発生することになる。サービスや商品の販売・営業活動だけでなく、体験談を社員の前で話してやってほしいなどと依頼されたりして戸惑うこともありそうだ。うまくできるかどうか、自信がなかったとしても、とにかくトライしてみればいい。その姿勢に共感が集まり、周囲が自然と七赤金星をもり立ててくれるはずだ。また営業の際には、自身の体験談を持っていこう。良い販売者は良い消費者であるべきだ。自社製品を心から愛していないセールスマンの言葉には迫力がない。購買する側は、敏感な感性でそうした実情をキャッチする。口だけの営業マンにならないように。

マネージメントは言葉で人を動かそうとしないことが最大のポイントだ。指示や命令で人が動くのは、給料や人事という権限を握られているからであって、そこには働く喜びはない。やはり大切なのは「この仕事をしてよかった」「この会社でよかった」という感動に基づいた自発的行動が組織の下部から生じてくることだろう。そうした下の心を動かすのは、やはり上の仕事に対する姿勢なのだと思う。そこに尊敬と感動がなければ人は動かない。また、教育の現場では「こうやってみろ」と言うだけ言って、その場を離れるようでは、部下の成長が見込めない。やはり、山本五十六《いそろく》が言うように「やってみせ　言って聞かせて　させてみて　褒めてやらねば　人は動かじ」なのだ。

家庭と健康

二〇二二年は家庭生活も楽しいものになりそうだ。夫婦の間では、何かしら話題を共有できるような趣味を持てたら最高だと思う。自分が「楽しい」と思うものを、他の誰かも「楽しい」と言ってくれることは、何より嬉しい。それが生涯を共にするパートナーであればなおさらだ。元々、そういった趣味を持っている二人であればいいのだけれど、そうでなければ七赤金星の方から誘ってみなければ、相手は動きそうにない。

年頃の子供を持つ七赤金星であれば、二〇二二年は上目線で叱りつけるほどに子供は反発する。自分も、それなりに反抗期を過ごしてきたのだから、反発した子供の頭を押さえつけるようなことは避けたい。向かい合うと反発されるのであれば、隣に座ってみよう。くだらないように思える話でも、相手の気が済むまで耳を傾けたらいいと思う。

健康面では若干不安なところもある。肺炎を患ったり、虫歯ができたりする。だけど、無病息災を考えず、一病息災を旨とすれば、こうした病さえ有り難い。健康を当たり前のものと考えず、身体に対して謙虚に向き合えるきっかけにしたい。

とはいえ、二〇二二年のことを思えば随分と身体の調子は良い。自然とフットワークも軽くなるから、最近会えていない人たちに会いに出かけるといい。外食は七赤金星の健康をより一層改善することになる。たくさん喋《しゃべ》って、たくさん食べると、顎が引き締まりフェイスラインも美しくなるから一石二鳥だ。オーラルケアは予想外に運勢を高めるから真剣に取り組もう。

恋愛・ファッション

二〇二二年の恋愛は楽しい。互いの心が通じ合う感覚が生じ、コミュニケーションは円滑に進む。交際が始まったばかりで、相手への気配りに富んでいた頃の、瑞々《みずみず》しい恋愛が楽しめそうだ。忙しい日々の合間を縫って、できるだけ会うようにしたい。メールやＬＩＮＥでは、二人の距離が本当の意味では縮まらない。労力をかけるからこその楽しさもある。遠距離恋愛の二人であっても、月に二度、少なくとも一度は直接会って話そう。金銭的にはさほど不安がないから、多少の交通費も未来の二人へのプレゼントだと思っていいと思う。また、こうした運勢が強いときにこそ、未来に向けての話も進めておきたい。交際が長くなっている二人であれば、二〇二三年の結婚は大吉だから、真剣に考え始めるべきだと思う。

ファッションでは柔らかい色使いにチャレンジしたい。男性なら、ピンクなどのやさしい色はなかなかハードルは高い。それでもネクタイや小物などで、こうした色使いにトライしてみたらいいと思う。女性なら、自身の持つ少女らしさを演出するように。この星は元々、非常に愛嬌《あいきょう》があって可愛らしい雰囲気を持っている。肩肘張らずに、本来持つフェミニンな魅力を引き出してくれるようなファッションを心がけよう。

メイクもやはりフェミニンな雰囲気に。メイクは「作ること」という意味のゲルマン祖語「ｍｏｋｏａ」から来たという。外見を整えることで、内面も作っていくことができる。初めから「似合わない」などと言わずにトライしよう。可愛らしい自分を作っていけるはずだ。

月の運勢　七赤金星

七赤・一月

リズムが合わない、心を静めて　◎

　昨年はやるべきことに忙殺された一年だった。気がつけばもう新しい年が始まる。早いものだ。一月もあれこれ予定があり、七赤金星は忙しくしている。

　でも、年初はそれほどもたない。疲れも出やすいから、これまでのペースでガンガン進まないようにしよう。今月で昨年の運気は終息する。その意味でも、次なる年に向かって静かに決意をしたためたりしたい。

　新しい年は、困難からスタートする七赤金星。年初のバイオリズムは低迷していて、二月に入ってもすぐには回復しない。立ち上がりが遅いようだ。そのせいで、今月は周囲との間に溝ができやすいから気をつけておこう。自分の思うように周囲が動いてくれないから、腹が立ったり文句を言いたくもなる。ここで感情を爆発させて、トラブルに発展すると孤独になる。自分はまともなことを口にしていると思っても、異議を唱えたり主張すればするほど周囲との隔たりは広がるばかり。なぜかわかり合えることが少ない月だ。運気が落ちている時だから仕方がない。

　周囲とのリズムが合わないことを念頭において、自分の心を制御するようにしたい。人知れず努力に向かう月。

　来月のことも考えておこう。今月に無理をすれば、来月にわたって悩みが続いてしまう。適度に引くところは引いて、時機を待つのも一案だ。来月も出費が続きそうだから、派手な買い物は避けよう。

七赤・二月

悩むこともあるが、悪くないだろう ◎

寒さに身を縮める二月。風邪を引かないように。今月の七赤金星は体調を崩しやすいから気をつけたい。冷え性の人は完全防備だ。

先月は周囲の動きが心もとなかった。今月に入ってもそれは変わらない。そこに向けて自分のバイオリズムまで落ち込むから、元気が出ない。朝から身体が重いし、パッと起きられない。病気になれば回復に時間がかかり、外に出たくない。積極的に何かをやろうという意欲が湧かず、考え事をして時間が過ぎ去ることもありそう。

二月の運勢を読んだだけで気が滅入《めい》りそうだけど、新しい一年のことを考えてみよう。「年の運勢」に述べてある通り、今年はここ数年のうちで最も楽しい一年になる。いまは信じられないような気がするけれど、二月さえ乗り切れば、秋の終わり頃まで安定する。悩みのなかにある時こそ、心の強さがつくられる。悲しみを経験してやさしさを身につけるように、今月悩んだことやつらい思いをしたことは全て自分をつくる要素となり、その後の拡大人生につながっていく。大切なのは、マイナス感情に浸りすぎないこと。困難や苦労を引き受けてこそ、やがて人が集まってくるようになる。

冬に耐えて春は訪れる。二月の運気の低迷が、後々の強い運気を連れてくる。だからいまは、あらゆることを受け入れ、淡々とやさしく過ごしていたい。また、冬には冬の楽しみがある。

七赤・三月　春は目の前、落ち着いて行動　◎◎◎

三月に入れば運気はぐっと良くなり、体調もましになってくる。年頭から負のオーラをまといがちだった七赤金星だけど、もう春は目の前。さあ、顔を上げて笑顔で活動しよう。

すっかり孤独感は消えて、周囲の人たちと過ごせる月。誰にでも柔らかく対応してみたい。プレッシャーのなかで生きる人々にとっては、七赤金星がそばにいると気持ちがほぐれ、救いとなるかもしれない。共同して何かをやるのもいい。頼まれ事も多くなりそうだけど、難しいものはないからできる範囲内で引き受けたい。人に寄り添い生活したい。

時として、思いがけない事態も予想される。些細なトラブルが発生するから、落ち着いて行動しよう。身近なところで問題が起きれば、丁寧に解決すること。よく話し合ってそれぞれの意見を聞き、個々人が何を考えているかを確認したい。

付き合う人によってもまた、人生は変わっていく。見送る人もいれば迎える人もいて、人生は彩られる。集まった人を非難しすぎないように。人々を集めているのは他ならぬ自分自身だ。自分を軸として、人がやってきている。今一度自分のやっていること、やるべきことを考えてみるのも無駄ではない。

ファンや顧客との交流を大切に。これまで支えてくれていた人や取り巻く人たちのためにさらに何ができるか考え、労力がかかってもやってみたい。うまくやる人の助言も吉。

指のケガに注意。

七赤・四月　人が寄ってくる、賛同を得て進む　◎◎◎

四月、いよいよ活気づいてきた。野花が咲いて、気分は軽快だ。みな元気にしているだろうか、誰彼なく話しかけてみたい。遠慮はいらない、声をかけられて悪い気はしない。

足取りは軽く、何をするにも素早く行動できる。今月は七赤金星の周りに人が寄ってくる。見てほしいものや聞いてほしいことは積極的に打ち出して前へ進めていきたい。ほとんどの案件で賛同を得やすい。特に、周囲に喜びが溢《あふ》れることは大賛成だ。周りの反応を確かめながら進んでいこう。そうすればトラブルを防ぐことができる。自己判断に自信があっても、独断は勧めない。確認をとったり了解を取りつけたほうが、よりスムーズに運ぶだろう。

時として、思わぬ問題が生じやすい。調子のいい話につられたり、耳当たりのいい言葉に浮かれないこと。人を見る目がなければ、危険が伴う。話の内容だけでなく、人をよく見て判断するように。

また、嘘や隠し事、悪いことは明らかになるから、自分に誤りがあればすぐに頭を下げたい。喧嘩《けんか》したり反抗心を抱くのはいけない、せっかくの強い運気を下げてしまう。気をつけよう。七赤金星が柔軟に立ち回れば、物事はおさまる。

若者と交流する時は、彼らの興味関心に耳を傾けてみよう。年が離れていても、相手の心が動き、七赤金星についてくるならば、吉。

飲みすぎは禁物、適量に。

七赤・五月

運勢好調、自ら負担を背負う　◎◎◎

初夏の風が心地よく、緑がまぶしい。

先月にもまして運勢は好調だ。体調も整って、人間関係も円滑に運ぶ。各方面へ連絡をとりつけ、積極的に足を運んでみよう。営業活動にも最適の月だから、連休が明ければすぐに動き出せるよう計画しておきたい。話したい人に連絡をとり、あちらこちらに手を伸ばして確認したりしよう。

また、問い合わせや相談なども多くなりそうだ。今月は課題の解決に適しているから、向こうからやってきたことにも真摯に関わりたい。できる限りのことをして差し上げたいとも思う。

今月の七赤金星には、何かの勝負が待っているようだ。逃げられない戦いがあれば、強い気持ちを維持して向かうこと。間違っても責任逃れや、人に負担を押し付けるようなことはいけない。人知れず心を痛めることがあったとしても、自分が背負っているものをしっかりと抱えて、目的目指して進み続けよう。力を抜かないで乗り切れば、来月には肩の荷が下りる。ここで頑張っておきたい。

これだけ活躍できることは嬉しい限りだけれど、ヘトヘトになりそう。運勢が強い時だけに、やりすぎてしまうこともあるから注意したい。そばにいる人たちの状況にも心配りを忘れずに。仕事上やコミュニティの仲間など、応援してくれる人は有り難い存在、大切に。人によって出会いあり。

腸整のストレッチを。

七赤・六月　休息にも最適のひと月、家庭のまとまり　◎◎☾

六月はゆったりと腰を落ち着けて過ごしたい。先月までの勢いをゆるめて、リラックスしよう。今月も動き回っていては、この先もたない。一旦立ち止まれば、周囲もよく見渡せる。全体の動きを確認しておきたい。些細なことに気づけるといい。

七赤金星に余裕が生まれれば、周囲にも安《あん》堵《ど》が広がる。今月は他愛《たわい》もない話やささやかな会話が心地よい。久しぶりにあたたかい気持ちになれる気がする。一人になった時には、物事を熟考することができるし、これまで手付かずだったことにも取り組める。やはりこうした時間にしか感じられないものはあるのだなと思う。動きを止めれば事態は進んでいないようだけれど、次のために思考をめぐらせ、身体を休ませて、周囲との会話を深める。じっくりとコミュニケーションをとるにも最適の月だ。感じていることや気づいたことは遠慮なく話をしてみたい。いまの皆の頑張りを認め、これからのことを話し合ってみてもいい。心を同じくする仲間が意外なところにもいるかもしれない。そのためには、自分が下におりていかなければわからない。いろいろな話をしてみて、感動や学びがあり、新しい心でスタートする。

家庭内の会話にも心を傾けよう。忙しく家を空けがちだった人は特に家庭がまとまるようにすること。休日には一緒に出かけたり、楽しい思い出をつくりたい。縁談も、吉。

食あたりに気をつけよう。

七赤・七月

決断して進めていく、丁寧に　◎◎◎

梅雨の最中、七赤金星の生活はにわかに忙しくなってきた。先月はゆっくりできて良かったけれど、今月はタイトな日程が迫るようになる。次々に指示が飛び、確認しなければならないことが山積みだ。忙しい人ほど、あわてたり急がないようにしたい。ケガや事故、不注意による失敗などが起こりやすい月。出たとこ勝負などしないで、瀬踏みしながら進むことにしよう。

思いもよらない災難が降りかかった場合にも、落ち着いて対応したい。カチンときて文句を言ったり、人と衝突しないように。七月の七赤金星は時に強い気持ちが充満する。

今月は何か決断すべきことがありそうだ。その時は引かないこと。そのため、反発を生まないよう、実施することを前もって丁寧に話をしておきたい。それを待ち望んでいる人もいるし、そうでない人もいるけれど、全て整えて行えば、心配はいらない。あの手この手を尽くして、決断したことを前に進めていこう。

そのためには、権威のある人の言葉にも耳を傾けながら、うまく対応すること。要は広く心配りが大切になる。人によっては、下にご馳走《ちそう》したり、金銭を与えることが効果を生む、上に立つ人は考えたい。

難しいことをする時ほど、自分を柔らかくして、やるべきことに自信を持って取り組みたい。自ずと成果は出始める。

心臓に負担がかかりやすい。

七赤・八月

楽しくゆっくり過ごす　◎◎◎

ハードなひと月を終えて、今月は楽しい。何気ない会話が嬉しく感じられ、明るい気持ちが満ちてくる。七赤金星は楽しいことが大好きな星だ。今月は周囲の人たちと一緒に、好きなことをして楽しむ時間をたくさんつくりたい。八月は一年のなかでも特に楽しさを実感できるひと月だ。七赤金星は常に活動しているように見えても、張りつめてばかりでは疲れてしまうと考える。自分らしく過ごすためには、余暇やゆとりが欠かせない。

日本各地は夏休み。八月に人を集めて会合を開くもよし。自分が提供するものを求めている人たちがいるはずだから、より知ってもらえるよう動いてみたい。ひとたび話をすれば、もっと一緒に時間を過ごしたくなる。あるいは、自分が楽しく生活しているところを、周囲の人と分かち合ったり、ＳＮＳなどのコンテンツを更新したい。ファンと交流したり、仲間と出かけたりするのもいいだろう。また、語り合ったり食事を共にしたり、そうしたひと時が心をうるおす。合宿などを計画しても良さそうだ。これからのこと、気になっている問題についてはぜひチームで話し合っておくべきだ。

学び合う楽しさに勝るものはない。仲間から学び、自分が成長し続ける姿が、また別の人にも学びをもたらし、互いが互いの励みとなっていく。ステージは変わっても、これからもこうした生き方をしていきたいと思う。

虫歯に注意。

七赤・九月

変化は前向きに、心と心のやり取り　◎◎

九月、秋があちこちに顔を出す。夏はいつの間にか終《しま》いじたくをする。

九月は七赤金星にとって、いろいろな変化が起こる月。身のまわりの動きに注目しておきたい。大きく転換する人もいるだろう。自分もどこか新しい動きを望んでいたような気がするけれど、こうした動きだったのかどうかは定かではない。しかし、どんな変化であっても今月は乗っておきたい。悪い変化はないから安心して進みたい。

新しい展開に期待できる。それによって自分の心にどういった感情が生まれているのかも知りたい。新しい発見があれば、仲間に打ち明けてみよう。人によっては、新しい恋愛が始まる月。トキメキがあるかも。

来年の七赤金星を見れば、変化の一年となる。九月の動きは、その前触れのようなものかもしれない。来年への準備だと捉えて、今月は前向きに過ごしたい。そうすれば抵抗する人はおらず、誰もが七赤金星を応援してくれる。周囲のそうした心を知るのもまた大切だ。心を合わせられる好機にあって、今月の心の動きには思いのほか意味がある。

二〇二〇年以降、人類は一人として例外なくコロナの厳しさに立ち向かうこととなった。忍耐強くしのぎ、時に人を批判し責めたり、時に励まし合った。結果として私たちの心には、ボーダーを越えて戦った仲間・同志の絆は芽生えているだろうか。

腰の痛みに注意。

七赤・十月

改革路線へ向かう、調整が必要　◎◎

十月は派手な生活になりやすい。かなり目立っているようで、着ているものや持ち物に注目が集まる人もいるだろう。言動や振る舞いにも気をつけておきたい。声を荒らげたり、イライラしては、一時的であっても評価を落としかねない。

それでなくても波乱の展開が待ち受けている模様なのだ。今月は七赤金星に向けて解決すべき問題がやってくる。問題が起きれば、面倒顔をしないで、解決のチャンスと知っておきたい。ここを逃せば来月はかなり難しいし、持ち越した問題によって悩むことが多くなるだろう。

七赤金星は再び決断に迫られる。七月と違って、周囲の運気は低下している。流れに任せていても解決できそうにない。ここは自分の知恵と勇気、諦めない姿勢が欠かせない。今月は改革の時なのだ。

改革は成長のたびにやってくる。改革に着手しないならば、成長はままならない。古きを捨て、新しきにつく。そうして徐々に新しい扉が開いてくるのだと思う。勇気を持って、いまやめるべきことや改めるべきことを実行に移そう。ただし、性急に進めないこと。

上の人や組織の方針に改革案が出てくれば、それを応援するようにしたい。意見の異なる人たちとも対立しないで、七赤金星がやさしく関わり間に入ったりしながら、少しずつ調整していこう。

目を休ませたい、時々回して運動。

七赤・十一月

悩み多き月、弱音を吐かずに過ごしたい ◎

運気が大きく低下して、疲労が出たり風邪を引いたりするかもしれない。今年一番つらいと感じる人もいるだろう。身体の調子がすぐれなかったり、だるさが出てきたりする。何だかやる気が起きてこないから、仕事のノリもよくないのだ。こうした月は無理をしないこと。睡眠時間を十分にとろう。よく寝たからといって元気になるわけではないけれど、睡眠不足では動けない。

つらさは表に出さないほうがいい。いまは何を言っても、味方を得られない。黙って受け入れて、後々こういうことがあったと知られるのは構わない。目の前の困難は必ず自分の成長につながるのだと強く信じて生活しよう。信じているから、弱音がこぼれない。土台、人の困難は本人にしかわからない。わかってもらえないのに口にして何になるのだろう。

喫茶にでも行き、静かに自分のことを考えよう。活躍している時には考えてもみなかったことだ。どんな月も意味があるのだなと思う。いま悩んでいるならば、人生があることの証。思い切り悩めばいい。悩みのなかから必ず立ち上がっていける。それこそ自分にしか成し得ない大仕事ではないか。

人間関係のトラブルがあれば謝罪を述べたい。自分のほうの非を考えれば、できることが見つかる。それが喜びのもとだ。

新しいことに向かう七赤金星は諦めないように。陰の努力と気分転換を。

七赤・十二月

あせらず着実に、やさしく　◎◎◯

十二月になれば気分も回復。体調も元に戻る。年末の活気がやってきた。年替わりのための準備や、通常業務もあれこれあって忙しい。そうこうするうちにバタバタと新年を迎えそうだ。

周囲から些細な用件が続いて、いちいち確認が必要だ。大きなことはないけれど、時間のかかることなども積み重なる。十二月はそうした月だから、目の前のことを着実にこなしていきたい。小さなことを省略したり無視したりすれば成果にはつながらない。運気が強くなってもあせらないように。

七赤金星の周りには大勢の人がやってくる。あるいは、いろいろな人と触れ合える。先月とは見違えるほど雰囲気が良くなっているから、周囲も好感を抱いてやってくる。その人たちを喜ばせたい気持ちにもなっている。号令をかければ参加率が良さそう。ただし、求めるような人ばかりとは限らない。新しい人がやってくる一方で、去っていく人もいるようだ。計算外や予定通りでないことは多々起きるひと月。こちらに利益があろうとなかろうと、親切な振る舞いは変えないように。身を低くしてやさしさを表して、吉。人を傷つければ凶、後々までマイナスとなる。

年末年始、帰省する人は、母親と話をしてみたい。家の手伝いもいい。時節柄、お世話になった人や関係者の方々にも一年の御礼を述べておこう。

胃もたれに注意。

仮吉方 方位移動の効果

北へ帰る

①新たな動きが生まれ、人生は大河の流れのごとく流れ始める
②人間関係は予想を超えた広がりを見せる
③人生の苦悩は解決へと動き始める
④家庭は円満となり、やさしい雰囲気が満ちる
⑤売上高は飛躍的に向上し、人生は輝きが増す

北北東へ帰る

①親子、親族関係は改善し、相続は円滑に進む
②予想外の出来事により、人生は大きく変革へと向かう
③自宅・事務所の新築や改築、移転のお手配あり
④新事業や新商品などへの挑戦が生じ、仕事は思わぬ方向へと進む
⑤経済活動が活発になり、可処分所得は増加する

南南西へ帰る

①仕事、人生、健康などあらゆる基盤が固まる
②人材育成は進み、自身の足元が盤石になる
③求められる物事は増え、多忙な生活となる
④自身の人生に対する自信が身につく
⑤生きがいが生まれ、人生に充実感が満ちる

北西へ帰る

①生きがいが生まれ、人生に充実感が満ちる
②尊いものに出会い、向上心は高まりを見せる
③孤独感が消え去り、人生に安心感がもたらされる
④目上からの引き立てを受け、仕事の規模は大きく拡大する
⑤仕事、人生、健康などあらゆる基盤が固まる

2022年　七赤金星　仮吉方表

誕生日	出る方向	出る時期	帰る方向	帰る時期
2/4〜3/5	南	6月初め	北	8月末
	南東		北西	
3/6〜4/4	南		北	
	北北東		南南西	
	南東		北西	
4/5〜5/5	南		北	
	南東		北北東	
	北北東		南南西	
5/6〜6/5	南		北	
	南東		北北東	
	北北東		南南西	
	南東		北西	
6/6〜7/6	南		北	
	南東		北北東	
	北北東		南南西	
7/7〜8/7	南		北	
	南東		北北東	
	北北東		南南西	
	南東		北西	
8/8〜9/7	南		北	
	南東		北西	
9/8〜10/8	南東		北北東	
	北北東		南南西	
	南東		北西	
10/9〜11/7	南東		北北東	
	北北東		南南西	
	南東		北西	
11/8〜12/6	南		北	
	南東		北西	
12/7〜1/5	南		北	
	南東		北北東	
	北北東		南南西	
	南東		北西	
1/6〜2/3	南		北	
	南東		北北東	
	北北東		南南西	

※その他諸注意事項があるので、詳しくはセミナーに参加して学んでほしい

八白土星《はっぱくどせい》

運勢パワー　★★★☆

不自由の中に自由がある。
相手の祈りを自分の祈りとし、
共に成長と向上と発展を
願うのが使命

2022年のポイント

①不自由さから進化を獲得する
②ヒントは外ではなく内にある
③内側にいる人を守る役割
④改革は本音のぶつかり合いから

八白土星の人物——三船敏郎

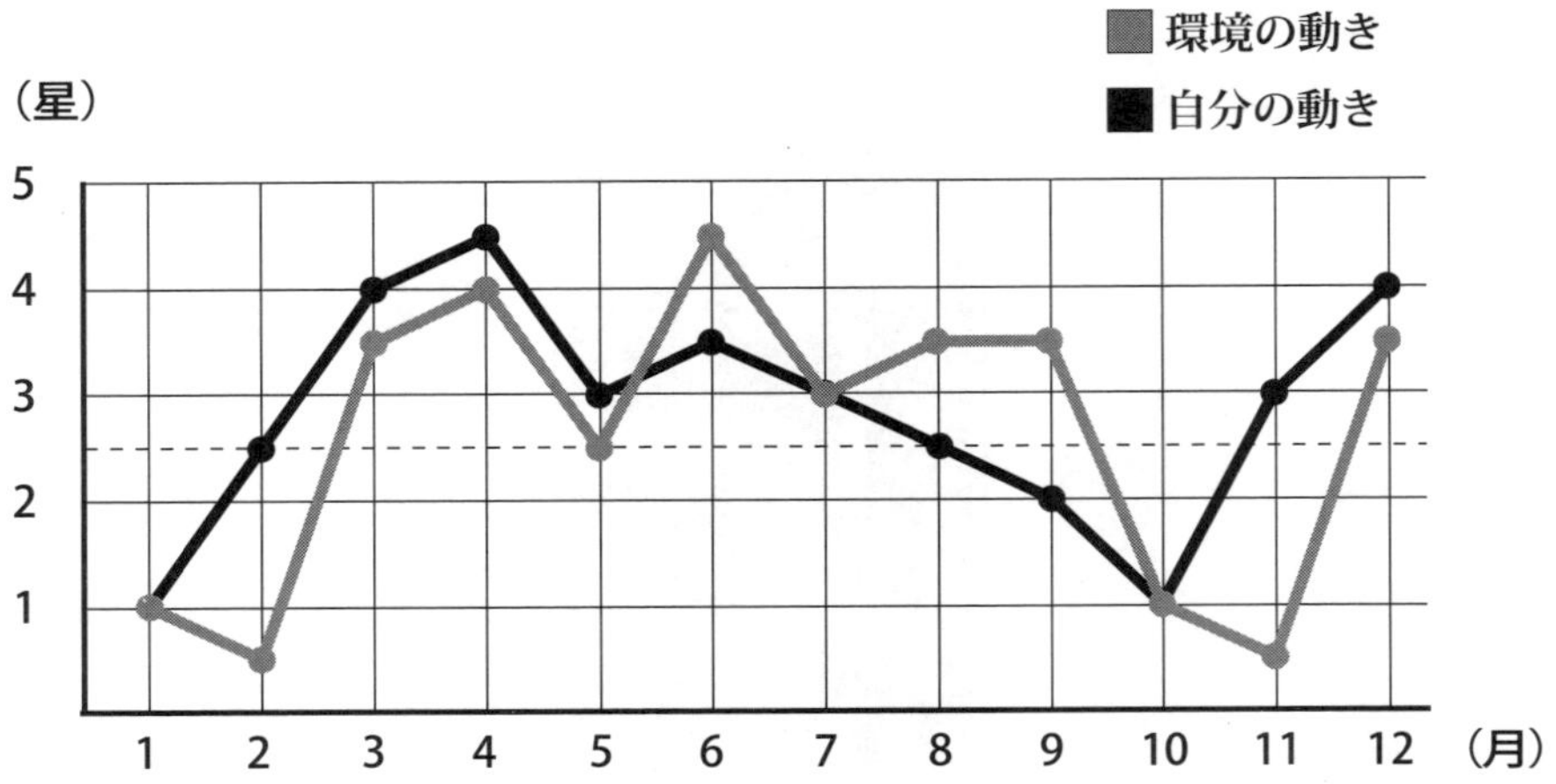

2022年のバイオリズム

２０２２年から3年をかけて八白土星の人生は大きく転換していく。その大転換期の入り口に立つ２０２２年の運勢は、思わぬ動きによって大きなバイオリズムの上下を描くことになる。

年明けはどん底からスタートして、春には上昇。秋は低調、冬になって勢いを取り戻す。まことにせわしなく上下動が続く一年だ。

注意すべきは1月と10月。ここで大胆な動きを取ろうとしないこと。チャンスはやってくるから、あせらず事態の動きを見よう。2月はイライラが募る。感情的にならないように。一年を通じて、静かな生活を心がけたい。

運勢

不自由さから進化を獲得する

二〇二一年、八白土星は新境地を開くことができた。それまでは趣味の一環に過ぎなかったものが、多くの人に求められて実益を伴ったものとなってきた。また、人間関係で新たな顧客層が広がり、収入が大きく拡大した人もいる。どちらも自ら望み、真剣に可能性を開拓したというよりも、思いがけない縁によってもたらされたものだったから、望外の喜びを得た一年だった。二〇二二年の到来を前にして、心が喜びに満ちている。また、恋愛が成就した八白土星も多い。自身の想いを共有できる相手に恵まれるのは人生上、最も嬉しいことの一つだ。心が喜びに満ちているから、体調も良く、人間関係の触れ合い方もやさしさに溢《あふ》れていた。この幸せがいつまでも続いたらいい。そんな風に思うのが自然なことだろう。

ところが、二〇二二年はそうした順風満帆に見えた八白土星の人生に強烈にブレーキがかかる。それは決して悪いことではない。趣味がビジネスに変われば、求められるクオリティは高まる。顧客層が広がれば、対応する幅が広くなり、自然と限界点を迎える。恋愛が成就すれば、次のステップへと進みたくなるのが男女の常。つまり、もう一段階の成長をしなければ、現状から一歩進んだ世界に向かうことは難しいと脳が無意識のうちに危機を捉えているのだ。そして、それを顕在意識に知らせるべく、現実に停滞感を投影をしているのだと思う。

そういったことから、二〇二二年は物事が停滞し、また方向転換を求められる。方向転換というのは、自身の現在のベクトルから違う方向へとベクトルが向いていくことを示し、そこには現状の動きと新しい動きとの方向性の差異により抵抗が生じる。人間は誰しも変わりたくないものなのだ。だけど、天と八白土星の潜在意識がそれを許さない。運勢の羅針盤は、八白土星が望むと望まざるとにかかわらず、確かに「進化」の方向に針を向けている。

生命の祖は海にいた。海に危険性を感じたから陸に上がった。陸でも危険を感じた生命は木に登り鳥となった。命の進化というのは、全て危険から逃げるための手段であった。ダーウィンは『種の起源』で適者生存を主張したが、「進化の本質は負けの連続の結果」と生物学者の今西錦司は真っ向から反論した。いつだって弱きものに進化はもたらされるのだ。

二〇二二年の八白土星は停滞感を抱き、苦労に見舞われる。だけど、それは進化への階段を登り始めたことに他ならない。八白土星の生命は今、確かに新しいフェーズへと片足を突っ込んでいるのだ。人によっては、すでにそういった実力不足の実感が湧いていることと思う。そういう人ほど進化はすぐそばまで迫っていると知ろう。

法華経《ほけきょう》の方便品《ほうべんほん》に「唯仏与仏、乃能究尽」という一節がある。「唯《ただ》、仏と仏のみ、乃《いま》し能《よ》く究《きわめ》尽《つく》す」と読むが、要するに「仏のことは、仏にしかわからない。人間ではわかりようがない」ということだ。もっと言えば、鳥の気持ちは鳥にしかわからないし、魚の気持ちは魚にしかわからない。では、海から逃げた鳥は、なぜ進化をやめたのか。それは捕食されるリスクが低下したからだ。なぜクジラがいつまでもクジラでいるのか。それはクジラ以外のものになる必要がなくなったからだろう。

ここに二〇二二年の八白土星の進化のヒントがある。満足したら、進化は止まる。実は不自由さが進化をつくっているのだ。二〇二二年の停滞感が、抵抗感がどうしても必要である理由がおわかりいただけるだろうか。痛みや苦しみを伴わないイノベーションなど存在し得ない。なら、まずは停滞感を存分に味わってみよう。何がボトルネックになって、今の生活に不満を感じさせているのか。ストレスこそが進化の生みの親なのだ。

さらなる人間性の向上、すなわち仏を目指すのであれば、今の人間の生活に満足してはいけない。ところが現代社会は便利になりすぎて、不満を感じることのほうが少ない。二〇二二年の運気がもたらすえも言われぬ不安感・停滞感は八白土星の成長を促す最高の良薬なのだ。

ヒントは外ではなく内にある

このように停滞感の中から進化を遂げる二〇二二年の八白土星だが、具体的にはどのようにして人生が停滞するのだろうか。おそらく、それは環境の変化という形で他動的にやってくる事象により、現状の動きが停滞させられるのだと思う。

コロナ禍による変化を引き合いに出すまでもなく、ビジネスを取り巻く環境というのは、個人の能力を超えたところで決定してしまう。どれだけセールスの能力が高かったとしても、今の時代にオーダーメイドの高価な家具を一般大衆向けに売るのは難しい。いまや家具もネットで購入し、簡単に自宅で自作できる時代だ。こうした流れに個人の資質が関与する余地は少ない。また、物理的に環境が変化することも予想される。転勤を命じられたり、出向を受け入れなければならないこともあるだろう。人によっては、家族構成が変わったことにより住居を変えなければならなかったりなどということも考えられる。こうした動きもまた、個人の感情によって抗《あらが》えるものではない。あらゆるものは常に移ろい変わっていく。

これを仏教では「諸行無常」といい、その世界観の基盤となっている。「無常」とは「常無し」であり、ノーセオリーだ。あらゆるものはこちらの予想を超えて動き、そこに法則性が見当たらない。法則性が見当たらない変化に、我々はどのように処するべきだろうか。『易経』の艮為山《ごんいざん》・象伝に「君子もって思うことその位を出《い》でず」とある。動き続ける事態の変化を正しく捉えるためには、まず自身の心を止めなければならない。事態の変化に対応するために、自分の心が「ここにあらず」となってしまってはいけないのだ。八白土星はどっしりと重厚な雰囲気を持つが、時として右往左往してしまう悪い癖を持っている。その悪癖を改め、あらゆる動きに泰然と対応する安定感を養いたい。

老子は「之を視《み》れども見えず、名づけて微と曰《い》う」（第一四章）と語った。微妙なる変化の予兆、創造もできない事態の予測というのは、簡単に見られるものではない。だからこそ、心を止め、静かに見つめる必要がある。ただ単純に見るだけではいけない。続く文章に「聴けども聞けず」「搏《さす》れども得ず」とあるように、聴覚も触覚も含め、人間の五感を総動員して、物事の変化の芽生えを感じなければならない。

家に帰ればテレビから様々な映像が流れる。スマホをのぞけば、様々なニュースの通知が来ている。我々はいつの間にか、情報というものが外にあり、向こうからやってくるものだと誤解している。事態の変化の予兆というのは、いつも外にあり、明確な姿を見せてくれるわけではない。それよりも、自身の内面にあり不明瞭にぼんやりと存在していることのほうが多いのではないか。まずはその自身の内面にある、または事態の裏側に存在するどこか頼りない変化の予兆を全身全霊で捉えることだ。そのとき、内面に向かった思考のベクトルは反転して自己を貫き、社会へと向かって伸びていく。自身を正確に捉えた者だけが、社会の流れさえ正しく捉えていくことができるのだと知っておこう。

内側にいる人を守る役割

ここまでは八白土星自身にまつわる運勢の解説を進めてきた。しかし、八白土星は元々、「家」を担当する星であり、個からは離れた命のあり方を宿している。その八白土星が自身の本籍地・北東に帰る二〇二二年、重大なテーマとして「家」も避けては通れない。この「家」というのは「ハウス」と「ホーム」の意味を兼ね備える。

「ハウス」とは家屋、すなわち建設物を示している。二〇二二年の八白土星にとって、新築、転居、リフォーム、家具の買い替えなど、家屋にまつわるあらゆる愛ある行動は吉として働く。まずは簡単なことから始めてみたらいい。ホームセンターでプランターを購入し、野菜の苗でも植えてみたらどうだろう。生長の過程を家族皆で見守り、感動を共有する。ここまで激動の数年間を過ごしてきた八白土星にとって、至福のひと時となるに違いない。

一方で「ホーム」は血縁を中心に固く結ばれたコミュニティを表す。「ファミリー」と言い換えてもいいかもしれない。このコミュニティに対しての愛ある行為もまた吉となる。二〇二〇年から二〇二一年にかけて、家族の絆《きずな》さえコロナウイルス感染症によって破壊されてしまった。入院中の母親に会うこともできず、途方に暮れていた人もいた。大型連休の帰省も叶《かな》わず、もう随分と実家の墓を訪れていない人もいることだろう。そうやって失われつつあった、家族・親族との絆を取り戻す最高の一年だと考えよう。無理なくできる範囲で構わないので、実家や親戚に挨拶に回りたい。直接訪問できないのであれば、オンラインシステムを用いてリモートで対話を進めてみよう。八白土星は家であり、家とは家族や親族を守るために存在する。家の中に入る人たちに安心感を与える使命は、八白土星を本命に持つ自分にあるのだと考えてほしい。

東京では近郊部のファミリー向けの住宅が賃貸・分譲ともに価格が上昇してきていると聞く。おそらくこの流れは数年間続き、地方にも徐々に波及することになるだろう。コロナ禍をきっかけとして、高齢者の独居を心配した息子夫婦たちが同居を選んでいるのだろうと予測する。こうした流れは、実は平成に入ってから徐々に進んでいたのだが、ここにきてその流れが顕著になってきた。

日本人というのは、元々大家族主義なのだ。だいたい家族を示す法律用語である「世帯」が法律によって規定されていないのがその証左ではなかろうか。定義する以前に、住居と生計を同一にしている一つの集団を世帯と呼ぶ暗黙の了解があった国なのだ。家族は集まって生活するのが当たり前。それが高度経済成長期以前の日本の家族像だった。

生活の効率を高めるには、多くの構成員で一つの集団を形成するのが望ましい。そのためには家族で大きな世帯をつくり、家事が得意な人、外で稼ぐのが得意な人、子供の面倒を見るのが得意な人、家と社会の接点を担う人、といったそれぞれの得意な持ち場で輝くことだ。本当の意味での「一億総活躍社会」とは、家族単位が大きくなり、それぞれの持ち場で能力を存分に発揮することではないだろうか。

とにかく二〇二二年の八白土星はハウスとホームが開運のカギになる。時として、急に八白土星が結婚したり、また大学進学のために子供が家を出るなどして、家族を構成する面々が変わることもある。四〇代に差し掛かる八白土星の一定数は子供を諦めているかもしれない。にもかかわらず、急に子供を授かったりすることもあるから、人生とは面白いものだと思う。出ていく人あり、入ってくる人あり。こうした八白土星を取り巻く人間関係の変化が、苦しさの中で進化を目指す八白土星に刺激と活力をくれる。

改革は本音のぶつかり合いから

二〇二二年は寅の一年。寅は八白土星の本籍地・北東の十二支であるから、当然八白土星はその影響を強く受ける。寅は屋根の下で鏃《やじり》を包み祈る形であって、それゆえ屋根を同じくする同僚のことを「同寅《どういん》」などと表現したりする。職場の同僚なども広義のホーム、ファミリーと言っていい。したがって、二〇二二年は家族にとどまらず、職場の同僚や上司、はたまた自社の商品を販売してくれる代理店や、自社に顧客を取り次ぐ取次店の方々にもファミリーとして触れ合いたい。自身が可能性の開発をすると同時に、周囲の発展と向上も祈るようにしたいのだ。

八白土星は山であり、山は川を磨き、森を育み、生命の多様性を促進させる。山はあらゆる生命を育んでいるのだ。それゆえ日本人は山を愛し、畏怖した。我々は誰かを呼ぶときに「〇〇さん」とさんづけにするが、この「さん」は「山」であり相手に対する親しみと敬意を込めた敬称だ。また、寺には必ず「〇〇山　〇〇寺」といった具合に山号という称号が冠せられるが、これも山に対する尊敬から起こった風習であると言えよう。こうした事実を知るほどに、我々は山というものの持つスケール感の大きさと愛の深さを思い知らされる。

二〇二二年の八白土星は、こうした自身が生まれ持った徳分を存分に発揮しよう。自身を取り巻く周囲の存在を全て自身の内面に受け入れ、養うという決意が欲しい。山の持つ高さは、どこか孤高の雰囲気を漂わせる。八白土星の人がどこか近寄りがたい雰囲気を持つのは、こうした山の性質に起因するのかもしれない。だけど、二〇二二年は孤独になってはいけない。多くの人を受け入れ、ファミリーと考えること。相手の祈りを自身の祈りとし、共に成長と向上を願うこと。山は木々の紅葉により姿を一変させる。八白土星が人生を改革したいと願うのであれば、自身の内面に多くの人々を入れ、その人たちの人生を大きく改善することだ。中の人が変われば、それらの人を蓄えている自分もまた大きく変わることになる。自己の改革と組織の改革は離れて存在しない。自分は全体で、全体は自分である。華厳経に説かれる「一即多、多即一」の思想を体現する一年だ。あらゆる宇宙は自分という一に集約され、自分という一なる存在が全体に影響する。自分と周囲が隔絶されることなく、全体を改善していくことを常に考えて生活をしたい。

下請けが条件変更を申し出たのであれば、そこにある苦しみを自己の苦しみと捉えてみようか。ある代理店の成功体験は他の代理店にもシェアしてみよう。このような取り組みを通じて組織を拡大させたのが、室町時代の浄土真宗の中興の祖、蓮如《れんにょ》であった。

蓮如は親鸞《しんらん》から数えて第八代に当たる。親鸞が生み育てた浄土真宗の信仰も蓮如の頃にはすでに大きく後退し、親鸞直系である蓮如の生まれた寺でさえ、独立することはできず青蓮院《じょうれんいん》という延暦寺《えんりやくじ》傘下の寺の、そのまた末寺にとどまるという状態であった。そこから蓮如は信者を爆発的に増やし、一大宗教勢力を形作る。その原動力となったのが「御文《おふみ》」と呼ばれる手紙、すなわち現代で言うところの「ダイレクトメール」と「談合」と呼ばれる門徒を含め、一般にも開かれた称名念仏についての議論の場であった。

真宗の門徒は多くが農民であり、読み書きのできない人たちであった。日本の識字率は中世から世界的に見ても高水準ではあったが、それでも漢籍を自在に読めるレベルとなれば、一部の知識層に限られる。そこで蓮如は親鸞の教えを平易な仮名文字でしたため、全国の門徒に発送したのである。そして、定期的に門徒が集まり開かれる「談合」では、この「御文」を読み上げ、同時に門徒個人が今悩んでいることや信仰についての考察などを語り合う。蓮如はこの「談合」について「物を言え物を言え。物をいわぬ者は恐ろしき。信・不信ともに、ただ物を言え。物を申せば心底も聞こえ、また人にも直さるるなり。ただ物を申せ」と述べている。「とにかく話せ。自身の心情を吐露しないものは恐ろしい。信者だろうがなかろうが心の内を話せ。話していると心の底に眠っている本音も聞こえてくるし、間違ってたら直してもらえるだろう。思った通りに話してみろ」。まさにブレイン・ストーミングだ。

こうした本音のぶつかり合いを二〇二二年の八白土星は心がけたい。そのためには、関係者を全てファミリーとして愛し、受け入れること。そこから予想を遥《はる》かに超えて山が動き、改革がなされると知ろう。対話によって、あらゆるものの可能性を引き出し、自身と周囲の変革を果たす。二〇二二年の八白土星の背負った使命はまことに大きいと思う。

八白土星の人物――三船敏郎

戦後間もない日本において、日本を占領統治していた連合国最高司令官総司令部（GH

Q）さえ出動した労働争議があった。映画制作会社「東宝」での第三次争議である。労働組合の結成は終戦後、GHQにより日本弱体化のために行われた施策の一つであったが、中国とソ連が脅威とみるや掌《てのひら》を返し労働運動を締め付けることになる。この東宝争議は、そうしたアメリカのご都合主義がつくり出した悲劇だったのかもしれない。しかし、これにより人生が大きく転回し、輝くような人生を歩むことになった人もいる。三船敏郎もその一人だ。
三船敏郎は一九二〇年、中国の青島《チンタオ》で生を享《う》ける。父は貿易商であり写真師の徳造。敏郎が一四歳頃に父が病気で入院がちになると、父の写真館を手伝うようになった。ここでの経験が後々、敏郎の人生を決定づけることになる。

中学を卒業すると日本陸軍に応召され、初めて日本の地を踏む。感慨にふける間もなく中国に展開する関東軍への配属が決まる。そこでのシゴキは壮絶を極めたという。その後、写真撮影の経験を買われ、再び日本に戻る。最後の配置は熊本県の特攻隊基地、隈庄《くまのしょう》飛行場で、少年兵の訓練を担当したという。少年兵が旅立つときには『天皇陛下万歳』ではなく、恥ずかしくないから『お母ちゃん！』と叫べ」と叱咤《しった》激励《げきれい》したという。体格が良く、声も大きかったため上官からは睨《にら》まれたが、守るべき弱者に対しては大きな愛で接していた。

終戦後、職に困った三船は先輩兵を頼って東宝の門を叩く。そして一九四八年、くだんの労働争議が起こったのである。これにより、東宝からは多くのスターが流出。この争議の少し前に出演した黒澤明監督の『酔いどれ天使』によって、三船はすでにスターの片鱗《へんりん》を見せていたが、東宝のスター大量流出事件が、三船に想定以上のチャンスを与えることになった。

三船は撮影班に入るためには東宝の門を叩いたのだが、映画の神様が三船に俳優を命じたとしか思えない。その後の活躍はここで改めて述べるまでもない。黒澤監督とのタッグは「世界のクロサワ」「世界のミフネ」を生み出した。黒澤あっての三船だったのか。はたまた三船が黒澤を世界的な映画監督にしたのか。きっと、どちらも正しいのだろう。キューバの英雄、チェ・ゲバラは『用心棒』の大ファンで、『マトリックス』シリーズの監督のウォシャウスキー兄弟は「ミフネ船長」というキャラクターを作中に登場させる。三船が他界した日には海外の報道機関がトップニュースで訃報を伝え、翌年のアカデミー賞ではメモリアル映像が捧《ささ》げられた。

世界的に尊敬を集めるトップスター・三船敏郎は普段は物静かで謙虚な人であった。撮影現場に遅刻したことは一度としてなく、事前に台本を全て頭に叩き込んで本番に臨む。鬼気迫る殺陣《たて》は誰も真似《まね》できないほどのスピード感であったが、三船はその迫力を出すためにカットの声がかかるまで息をしなかったという。一方で、ロケが終わると当然のように片付けを手伝ってスタッフを驚かせたり、映画評論家の淀川長治《よどがわながはる》に「あんたキレイだねぇ」と声をかけられると頬を赤らめて照れ笑いをする素朴さも兼ね備えていた。また、恩義を大切にする人でもあり、大切な仲間であればエキストラであろうと明るく丁寧に挨拶をする。ロケの現場では軍での経験を活《い》かし、スタッフ全員に料理を振る舞うこともあったという。

三船敏郎、一九二〇年四月一日生まれの八白土星。ホームを大切にした人だった。

マーケット&マネージメント

二〇二一年、八白土星が担当するマーケットは好調だった。社会全体はコロナ禍の傷が癒えず勢いを失っていたとはいえ、八白土星は持ち前のバイタリティを発揮し、かなりの成果を上げた。また、経営者であれば、補助金や助成金、各種融資制度を駆使してバランスシートはかなり改善したのではないか。「迂を以て直と為し、患を以て利と為す」と孫子も述べた通り、八白土星は周囲の苦境をものともせず、大胆にビジネスを進めてきたと思う。

二〇二二年も引き続き運勢は強さを持つとはいえ、昨年と同様の戦略は通用しない。あらゆる事業領域で大改革が必要になってくる。ターゲット顧客やセールスの方程式も変わってくるから、組織全体の知を統合して総力戦を仕掛けよう。自分一人で改革を成し遂げようとすれば失敗に終わる。支店や代理店なども含めた現場とのコミュニケーションに多くの時間を投資し、ゆっくりと力強く組織のあり方さえ変えていくことを考えよう。

マネージメントのシーンでは、かなりの苦労が予想される。だいたい人を一人育てるというのがすでに苦労ではあるが、二〇二二年は特に多様性の許容というのがポイントになる。人は指示では動かず、自身が納得してから行動する。エジプトのピラミッドは奴隷が造ったというのは現在ではほぼ否定されている。建設に関わった人は、多くがエリート集団で、豊かな食事やビール、そして名誉と事故死の場合の手厚い弔いまで準備されていたという。人は事業の動機に納得し、喜びを見出《みいだ》したときに動く。そこに至るまでの丁寧な対話が求められる。

家庭と健康

家庭への関わりというのは、二〇二二年の八白土星の全体の運気さえも決定しかねない重要なファクターだ。二〇二二年も社会活動は激しく、なかなか家族との時間が取れないことが予想される。だけど、せっかくの運勢の強さを活かしたいのであれば「仕事か？　家庭か？」などという前時代的な考えを捨て「仕事も、家庭も」といきたいものだ。二〇二二年の八白土星には、そのくらいのパワーが備わっている。家庭内の役割も大きくなりそうだから、精いっぱい取り組んでみたい。同時に、個人の時間もしっかり取ること。書斎で読書にふけるも良し、馴染《なじ》みのバーで一人グラスを傾けるも良しだ。

家族構成が変わる可能性がありそうだ。自身や子供の結婚や出産か、進学や就学に伴う独り立ちか。誰が、何によってかは人それぞれだが、共に暮らす面々に変化が出ることが多い。出会いと別れを有り難く受け入れよう。今生の別れではない。また会うために別れるのだと考えたい。こうした変化を意図的に生じさせ、開運に向かうのが吉方引越しだ。社会運勢学会の講師陣に尋ね、最適な方位と時期で引越しを試みてほしい。新築、改築も大吉。

健康的には若干の不安がある。ある年齢以上の八白土星なら、関節の痛みに年中悩まされそうだ。また、若い八白土星であっても一年通じて足元が冷える。食べすぎればムクミがひどくなるから、食事を節制することを心がけておきたい。耳鳴りや吹き出物は油の摂《と》りすぎのサインだと考えていい。身体に余分なものが溜まれば、病のもととなるから注意。

恋愛・ファッション

二〇二二年の恋愛は変化に満ちている。これまでの因習的な交際の先に未来がないことを二人も気づいているはずだ。ここで一歩前進するか、もしくは一旦お付き合いを白紙に戻す必要があるのではないか。現状維持が後退にさえなりかねない。様々な二人を取り巻く事情があるから、最適な選択をじっくりと話し合ったうえで選択するように。

デートはいつもより、少しハイクラスな演出を。価格帯が高めのレストランを予約してみたり、高層階のバーを選んだりするのもいいと思う。ときには二人で旅行にも出かけたい。まだ海外旅行は難しいだろうから、国内の秘湯に出かけるのもいいだろう。盆休みなどの長期連休を活用し、山あいのペンションを一週間くらい借りて、世俗から離れた休日を過ごすのもいい。二人の間にゆっくりと互いを見つめる時間的余裕が生まれ、関係性を大きく切り替える勇気が湧いてくると思う。

ファッションは全体として落ち着いたものが似合う。この星は顔立ちや姿勢が割と周囲から目立つ星だから、地味めのファッションでも十分に存在感を発揮する。ただし、ファッションもやはり改革を試みてほしい。別の美容室を探してみるとか、買い物をするブランドを変えてみるとか。「いつもの」を変えるのは勇気がいるけれど、一歩踏み出さなければ新しい自分に出会えることはない。メガネを新調するのもいいだろう。シックな色合いのコーディネートの中に、鮮やかな色のメガネやサングラスが似合う一年だ。

月の運勢　八白土星

八白・一月　自己を抑えて、従順に　◎

一月の八白土星は、年間で最も運気が低く、テンションが上がらない。新年の付き合いに顔を出したり足を運ぶのも、何だか億劫《おっくう》になりそう。着替えずに家にいたい気分。

しかし今月は、八白土星のやりたいように事が運ばないし、なかなか願いは叶わない。こうした時は、無理を通さず、周囲の動きに合わせて生活するようにしたい。内心我慢が多くても、それでよしとすること。

何かと出費が重なって苦しい人もいれば、人間関係でトラブルが生じて悩む人もいる。あるいは、身体のあちこちが痛んでつらい人も。人それぞれ違いはあるけれど、みな何かしらの苦労がつきまとう。自分の状況に応じて対策を考えたい。場合によっては時が解決してくれる。

意見がまとまりにくい時でもある。トラブルが起こりやすいから、あまり自分を強く押し出さないほうがよさそう。二〇二二年の始まりは従順な姿勢を意識して生活しよう。意に沿わないことがあると、つい顔に出てしまうから気をつけたい。やさしい雰囲気でいるように。

まだ一年は始まったばかりだ。やるべきことはそれほど大きくはない。細々としたことはいろいろあるけれど、ゆっくりと取り組みたい。急げばミスが起こる。また、ミスを引きずりやすいから、過ぎたことをあれこれ考えないように。心がめげないよう気分転換を。お腹《なか》をくだすかも。冷やさないように。

八白・二月

足元をしっかりと、穏やかな気持ちで　◎

立春を過ぎれば二月。体調はどうやら戻ってきたようだけど、周囲の状況はまだまだ闇のなか。二ヶ月目になるから、先月以上に気をつけたいひと月だ。意図せずして人の心を傷つけてしまったり、考え違いが起こったりもする。こちらが低い姿勢で丁寧に確認をするようにしたい。周りをあてにして待っていてもダメだ。無用のトラブルをつくらないように心がけよう。それは、自分次第だというう基本に根付く。

それにしても、ドタバタが多い気がする。あわてててケガをしたり、つまらないミスをしたり。落ち着いて行動しよう。新しい年は徐々に姿を見せ始める。その時に歩みを速くしたくない。目の前のことを一つずつ、足元のことをしっかりと。準備と下調べなども。

時として、小物の勢いが強くなる。八白土星の思い通りにはいかないかもしれないが、ここは自己を貫く時ではない。自分が先頭に立ったり強気に出たりすれば、トラブルの火種を残してしまう。それは望むところではない。

いまは運気が沈んでいることを知っておきたい。今月はグンと沈み、来月には一気に上がる。メリハリと緩急があるのは人生の常だ。ただし、気持ちが激しく上下するのはいただけない、疲れてしまう。予想外の出来事が続くけれど、できるだけ不安をもたず、穏やかな気持ちで生活するよう努めたい。

肩こりはマッサージ。

八白・三月

運気が上昇、でも着実に　◎◎◎

三月は春分。春めいてくるにつれて、八白土星の気持ちも明るくなる。声にも張りが出てくる。好奇心のままに顔を向けて、言いたいことが言える状態だ。いろいろなことにも気が回るし、アイデアも湧いてくる。

こうした時は、言いすぎに気をつけたい。話の内容を聞かないで喋《しゃべ》ったり、人の話に割り込んだりするのも控えたい。運勢が急に強くなって、知らず知らずのうちに前のめりになっている。心はオープンであっても、何でもかんでも言うべきではない。マイナスに作用することもある。

どうしてなのだろう。おそらく成熟度の問題だ。それが露呈することになってしまう。八白土星でチームの最年長だったり組織の重役だったり、頼られる立場の人も多いと思う。下や周囲の成長を願っているに違いないけれど、最も成長すべきは自分自身であることを忘れずにいよう。そうすれば、自《おの》ずと成果はついてくる。

そのためにも、無計画ではいけない。計画に沿って着実に実行していくことが大切だ。ムードに惑わされず、しっかりと歩んでいこう。今一度、自分のやっていることを問い直してみたい。新しい話があれば、じっくり考えよう。大きな利益が見込める話は期待できないけれど、話があること自体はプラス。

朝の目覚めが良ければ最高。規則正しい生活が吉となる。

花粉症に注意。

八白・四月

運勢上昇、問題解決に最適の月 ◎◎◎

四月は体調も整って、判断力もいい。先月も運気は強かったけれど、今月はさらに上昇している。引き続き積極的に取り組んでいきたい。いま取り入れておかなければならないものがありそうだ。

一方、今月になってあちらこちらでうまく運ばないことが出てきそう。プロセスが面倒になったり手が回らなかったりと、何かの理由で流れに任せておいたことや関わらなかったことなどがあれば、考え違いが生じている。このままにしておくと余計にうまくいかなくなるから、ここは腰を上げてやるべきだろう。自分が次へ進むためにもそれが最適だ。運勢のいいこの時期に解決を目指して行動したい。

それには、自分がこだわっていたことを手放すことも必要かもしれない。こだわりというか、わだかまりというか。そうしたものを一切合切捨て、新しいことに向かう気持ちが大切だ。どうにもならないところまで悪化していれば、捨てるしかない。

人間関係でも同様で、良好な関係づくりを一からやり直すもよし。各方面へ率先して確認を入れ、問い合わせや連絡事項にも素早く対応しよう。できないものはなく、やりたくないという気持ちだけが障害なのだと思う。いずれにしても、うまくいってないと感じることには、新たなアプローチが必要だ。今年の八白土星は自分を切り替える一年でもある。

ストレッチを日課に。

八白・五月

謙虚に、自分と向き合う　◎◎

忙しかった四月が終わった。五月は八白土星に落ちつきを求めている。ここで動きをゆるやかにシフトさせよう。自分のなかのゆるやかモードをオンにしたい。周囲もそれを求めていて、ここらで少しペースを落としてほしいと願っている。周りの声に耳を傾けてみよう。彼らの考えを聞き、自分のなかで考えを深めてみたりしたい。

時に受け入れがたいことやトラブルがあっても、その場で決着をつけたり反発しないで、思考を巡らせてみる時間が必要だ。今月は周囲を介して、自分とじっくり向き合ってみよう。キャリアや人生の棚卸しをするような機会があれば大切に。次のステップに向かう重要な作業になる。

向き合うといっても、自分のことは自分が最も客観的に見ることができない。思い込んでいることは、自分にとって当たり前の事実だからだ。時に真実とはかけ離れている場合がある。だから謙虚に周囲の声を聞こうとしなければ、思い込みにとらわれて生きることになってしまうかもしれない。

発見した思い込みは宝。発見と気づきを重ねて人生は変化していく。この一時の停止期間は決して無駄ではないから、ささやかなことにも足を止め、目を向けるようにしたい。

その一方で、限られた情報に振り回されると不自由だ。本質は何かを問い続ける心をもって生きよう。

事故や事件に注意。お墓参りへ。

八白・六月

助言を大切に、外を活かす　◎◎◎

　衣替えの季節になった。父の日もくる。父親のことがふと思い出される。

　六月の八白土星は忙しく活動する。先月とは大違いで、予定はいっぱいだ。仕事では時間に追われるけれど、終業後も取引先との付き合いなど、何かと忙しい。息つく暇もなさそうだ。

　やることはどれも簡単ではないし、上からの期待もかかる。この時期、八白土星は能力を大きく高められる。これまでの学びや経験を活かして、あらゆることを引き受けよう。自信をもって取り組みたい。上からの助言は大切に。しっかりと理解したい。

　また今月は、できるだけ外に出よう。内か外かで迷ったら、外を選びたい。時間があれば外へ出て作業したり、人に会ったりしたい。偶然出会うものや人、あらゆる物事が八白土星にとってチャンスとなり得る。これまで知らなかったものを経験することも大賛成。誘われることがあれば喜んで足を運んでみよう。外食も大吉だ。

　外部の人材を活かすことを考えると成果は大きい。内にはないものが外にはある。小さくまとまることを考えないように。新しいことを検討している人には有力な候補が見つかるかもしれない。

　やりたいことがある人は、思い切って実行に移そう。年内の成果には、ここで動いておかなければならない。

　頭痛や疲労に注意。

八白・七月

与えることは吉、損得なしに　◎◎

夏のボーナスをもらった人もいれば、成果が出てきた人もいて、どこか心に余裕が生まれてきているようだ。嬉しい気持ちに浸りたいところだけれど、七月は八白土星のほうから人に与えるものがありそう。

集まった機会にご馳走《ちそう》したり、求められたことを上に渡すことになったり、金銭や知識、あるいは時間など、何かしら自分から失われるものがある。今月は与えることで吉となるから、残念に思うことはない。いまは、求めに応じて自分から減らすことが肝心なのだと知ろう。自分の貢献が周囲の喜びとなるなら、やがて大きくなって返ってくる。安心していい。

時として、自分の損に敏感になる。マイナス感情は自分で思っている以上に態度に出てしまう。嫌々やるのでは、パフォーマンスも上がらない。しかし考えてみれば、持っていない者は与えることなど到底できない。だいたい与えられる自分になっていることが有り難いと思う。それに、持ったままでいても、共有したり提供していかなければ、役立つものにはなっていかない。

今月の八白土星は人間関係が大切な時である。話し合いや会合などにも十分時間をとろう。今年も半年を過ぎた。これからの動きが気になるが、まだはっきりとわからないものもある。でも、話をして考えがまとまることもあるだろう。

口内炎に注意。

八白・八月

予想外の変化、一旦停止して自分と対話　◎◎

八月に八白土星は自分の本籍地に座る。今月はまさに八の重なりだ。

予想もしない変化が起こるひと月だから、八白土星から目が離せない。仕事や担当が変わったり、住居を移したりする。あるいは周囲の人が、自宅住まいに帰ってきたり新居で生活をスタートさせたりする。場合によって、八白土星の願わない変化が起こる可能性もある。いずれにしても、新しい変化は受け入れることだ。戸惑いや動揺を抑えて、深呼吸をしよう。どのような動きが起こったとしても、八白土星が落ち着いて対処すれば、大きな問題にはならない。自分勝手に大問題にすり替えたり騒がないこと。

というのも、今月を境に八白土星は衰運に入る。だからグングン進むことはできない。あせらずにジックリいこう。むしろ一旦停止して物事を考えたい時だ。

この時期に夏休みをとる人もいるが、休暇を利用して自分を充電させる期間にしてもいいだろう。家族や親戚と一緒に過ごしてもいいし、自分を見つめるひと時も欲しい。これからの人生を考えるのにも、今月は十分時間をとって自分と対話するように。自分は何を考えて何をやろうとしているのか、自分の役割は……と、正解のない問いが続く。周囲と比較してみても、人の解答は自分に当てはまらない。だからどこまでも自分と向き合うしかないのだ。

腰を痛めないように。

八白・九月

大胆にしない、小さな歩みで　◎◎

残暑が厳しい九月、昼間の太陽がまぶしい。サングラスが必需品となる。でもトンボが飛び、夜は虫の音が耳に届いて、確実に秋に向かいつつある。

今月の八白土星は明るく目立って見えるけれど、自分の心はそうでもない。周囲からの見え方と自分の見方の間に隔たりがありそう。考えてみれば当然のことかもしれない、自分と同じ人などいやしない。人によっては対立を招くこともあるから気をつけよう。相手の言っていることが理解できなかったり、憤りを感じることも起こるかもしれない。

こうした時、大股で進もうとしたり大胆にならないこと。一度の話し合いで結論を出そうとしたり、反対に、話もしないまま実行してみたり、あるいは感情に任せて投げ出してしまったり。自己を過信しないで、周知のルールに沿って進めていくようにしよう。

また、自分を目立たせては何かとうまくいかなくなる。今月は小さな歩みを大切にして、吉。先月の変化を受けて、今月の八白土星はとても忙しく生活している。どんなに忙しくても、些細《ささい》なことを疎《おろそ》かにしたくない。人間忙しすぎると、思わぬ言動をとってしまうことがある。

スカウトの話があれば、雰囲気だけで決めないように。魅力的でも、内容をしっかりと確認したい。後々違っていることがわかり、困ったことになる可能性も。

頭痛、眼精疲労に注意。

八白・十月

悩みが尽きない、そのなかで新しい自分へ ◎

運気が落ちて、十月はつらい。体調が崩れやすく、風邪を引いたり持病の悪化も心配だ。また、季節の変わり目でもあり、不安定になりがち。自分の弱いところには注意を払っておこう。年齢を重ねているから仕方ないとか、医者がこう言うからなど、責任転嫁にもとれる言葉は避けたい。周囲の心を逆なでしてしまう場合もある。身体づくりにあまり関心がない八白土星もいるけれど、周囲に積極的に取り組んでいる人がいるなら、これを機に教えてもらうようにしたい。

人間関係が悩みの種になる人もいるだろう。些細なことで折り合わなかったり、まとまらなかったりする。どうしたらいいのか、頭を悩ませることが出てきて、気持ちが塞ぐ日々を送るかもしれない。また、こちらの真意が周囲に伝わりにくいので、伝達は丁寧にすること。念のため確認に次ぐ確認を。

時には、自分のつらさを吐露したいが、同情はされても尊敬は寄せられないだろう。上に立つ人であればなおさらだ。その場では話を合わせてくれていても、人の心に残るのはマイナスのイメージ。

年を重ねるにつれ、厳しく諭してくれる人はそばからいなくなっていく。聞こえない声を求めて、空を見上げる。

いま八白土星はここから逃げるわけにもいかない。始まろうとしていることに相応《ふさわ》しい自分を自分でつくっていかなければならない。そう決心して、また前を向きたい。

八白・十一月

思いもよらない出来事、大騒ぎしない　◎

にわかに慌ただしくなってきた。それほど身体が動くようになったのだと感じるが、急激に回復した感じはしない。ゆっくりと運気は上昇に向かうから、あせらないでいこう。だいたい急げばトラブルが続く。面倒なことや手間がかかることが多いから、時間をかけても着実に進めたい。

時として、思いもよらない出来事が起こる。八白土星にとっては、何とも心の落ち着かないひと月だ。胸騒ぎや動揺も激しい。十一月はこちらの考えるように物事が運びにくい。いつも以上に細やかな配慮を求められたり、自分の力が発揮できなかったりと、困惑する状況もありそう。

小物の勢いが増す時でもある。道理のあるものが通じないから困ったものだ。こうした時に説得を試みたり、強気で抑え込もうとしたりは禁物。いまは控えめにして、チャンスを待つほうがよい。その間に、基盤を固めることが大切だ。家庭のこと、仕事の基本的なところにも危険が生じているかもしれないから、確認して対応するように。

今月は守りのひと月だ。大騒ぎせず、事態を冷静に把握し、小さくても確かな足取りで進んでいこう。気分を害することがあっても、顔つきを難しくしないこと。仲違《なかたが》いすれば、今後に禍根を残す可能性もある、注意。八白土星が身を低くして。そのうえで、内心の折り合いをうまくつけること。

足のマッサージをしたい。

八白・十二月

一年の終わりは積極的に、自己成長を確認　◎◎◎

十二月に入ると、運気は再び勢いを取り戻してきた。ここのところ調子が悪かったけれど、もうそれも終わりだ。それにしても激しい一年だったように思う、ここまでよくやってきた。やっと気持ちが明るくなり始めている。気がつけばクリスマスソングを口ずさんだりしている。師走の忙しさが八白土星を駆り立てる。フットワークも軽いから、これまで動けなかった分、一気に活動的になる。先月に比べて、なんと動きやすいことだろう。積極的に行動できる。やるべき課題を避けずに取り組んでおきたいと思う。

時節柄、周囲の人から誘われたり呼ばれたりすることも多く、イエスと即答できそうな雰囲気。忘年会やパーティなどあれば、久々にはしゃぎたくなる。でも、軽い気持ちからミスが起こりやすいから気をつけよう。飲みすぎや食べすぎにも注意。

また、何気なく話したことが独り歩きしたり騒ぎになったり、思いがけない展開を生むことがある。運気が高まったいま、八白土星のやること話すことが話題に上りやすい。よく見知った相手との会話や、無意識の言動にも神経を注ごう。言わなくていいことまで口にししそうだ。人によって、周囲の心配が尽きなない。でもそれ以上に、自分の歩みを確認すること。周囲の雑音に気をとられると、精神的にダメージを受けることが多くなるから要注意。周りに流されず、自分で決断するように。

喉を痛めないように心がけよう。

仮吉方　方位移動の効果

南へ帰る

①智慧《ちえ》が輝き、判断力は冴《さ》えわたる
②人生は華やかになり、衆目を集める
③不要な縁は離れ、よき縁に恵まれる
④向上欲が生じ、謙虚さが身につく
⑤新たな動きが生まれ、人生は大河の流れのごとく流れ始める

西へ帰る

①経済活動が活発になり、可処分所得は増加する
②副収入を得て、経済的に豊かさがもたらされる
③交友関係は盛んになり、楽しい人間関係に恵まれる
④講演会など人前で話すチャンスに恵まれる
⑤人生は変化に向かって大きく進む

北西へ帰る

①生きがいが生まれ、人生に充実感が満ちる
②尊いものに出会い、向上心は高まりを見せる
③孤独感が消え去り、人生に安心感がもたらされる
④目上からの引き立てを受け、仕事の規模は大きく拡大する
⑤仕事、人生、健康などあらゆる基盤が固まる

2022年　八白土星　仮吉方表

誕生日	出る方向	出る時期	帰る方向	帰る時期
2/4〜3/5	東	6月初め	西	8月末
	南東		北西	
3/6〜4/4	東		西	
	南東		北西	
4/5〜5/5	東		西	
	南東		北西	
5/6〜6/5	北		南	
	東		西	
	南東		北西	
6/6〜7/6	北		南	
	南東		北西	
7/7〜8/7	北		南	
	東		西	
8/8〜9/7	北		南	
	東		西	
	南東		北西	
9/8〜10/8	北		南	
	東		西	
10/9〜11/7	北		南	
	南東		北西	
11/8〜12/6	北		南	
	東		西	
	南東		北西	
12/7〜1/5	東		西	
	南東		北西	
1/6〜2/3	東		西	
	南東		北西	

※その他諸注意事項があるので、詳しくはセミナーに参加して学んでほしい

運勢パワー　★★★★

九紫火星《きゅうしかせい》

悟りを求め、
衆生を救うために
多くの修行を重ねる。
大転換のなか
真の取捨選択を迫られる

2022年のポイント

①まだ見ぬ自己の可能性を追求
②自分を突き動かすものの正体
③高い理想と情熱を掲げて生きる
④後進の育成の仕組み化を考える

九紫火星の人物――白川 静

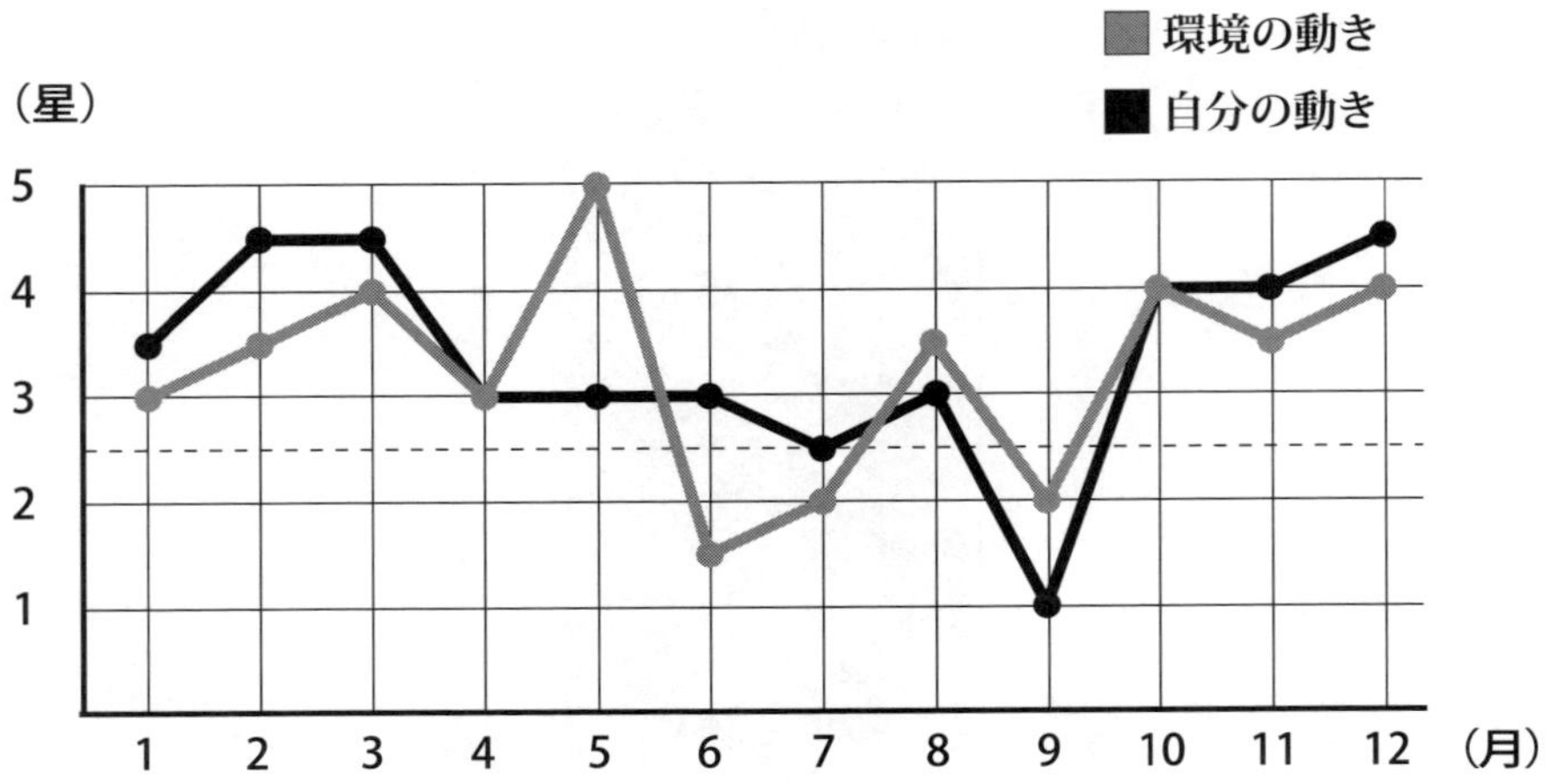

2022年のバイオリズム

前半の運勢は高い状態を保ったまま推移する。自己の運勢と環境の状態が離れず、思い通りに物事が進む。

ただし、梅雨の頃になると運勢は低下を始め、2023年の坎入《かんにゅう》の足音が聞こえてくる。

だからこそ、2022年は前半のスタートダッシュが必須事項となる。年始と同時に、一気にかけ始める瞬発力が欲しい。

秋以降、運勢は落ち込み気味だが、立冬から年末にかけては、もう一段の盛り上がりを見せる。執念の星、九紫火星の底力を発揮するタイミングだ。

運勢

まだ見ぬ自己の可能性を追求

二〇二一年、九紫火星は人生の大転換期の入り口にいた。コロナ禍による職場の業態変更や部署異動、家族の失業や転職などもあったし、さらなる成長を求められ、新しい職域に挑戦した人もいる。変化の最中にあって、九紫火星はまるで皆を守る壁となるかのように奮闘し、時に疲れ放浪した一年であった。こうした状況を好転させたいと願い仮吉方に挑戦した人もいるし、コロナ禍による金融緩和措置をチャンスと捉え、新築戸建ての購入に踏み切った人もいる。こうしてもたらされた変化は自身の予想を遥《はる》かに超えていて、一年前からは想像できない毎日を送っているのではないだろうか。そうした日々の中で、確かに九紫火星は成長している。右へ左へと戸惑いながらの歩みではあるけれど、その一歩一歩に周囲の応援が加わり、思わぬスピードで歩くことができている。頑張ってきた甲斐《かい》があった。

こうした変化の傾向は二〇二二年も継続。どうやら宇宙はまだ一回りも二回りも九紫火星が成長することを望んでいる。とりわけ、吉方引越しをしてきた人なら、様々なチャンスに恵まれる。

ただし、二〇二一年の変化と二〇二二年にもたらされる変化の質は違う。二〇二一年は外的要因によって、自身の進む方向性が大きく変わらざるを得なかった。車を運転していたら、道路工事の現場に遭遇し、思わぬ迂回《うかい》を余儀なくされた。回り道になったことで、それまで気づけなかった道を発見し、予想より早く目的地にたどり着けた。そんな変化だった。

一方、二〇二二年のそれは自身で上着を脱ぎ去って、全く違う自分に生まれ変わる。歌舞伎に「於染久松色読販《おそめひさまつうきなのよみうり》（通称・お染の七役）」という演目がある。初演は文化一〇年（一八一三年）というから、もう二〇〇年以上愛されている演目であるが、これは主演の役者が七役を担い見事な変化を見せてくれる。人間の可能性というのも、七役に限らず、様々な広りを持っている。その可能性を発揮するために、今着ている「自分」という上着を脱ぎ去り、全く別の自己への解脱を図る。それが二〇二二年の九紫火星が出会う変化の形だ。

だからこそ、あらゆる可能性に挑戦したい一年。二〇二一年にもたらされた大きな人生変化は、九紫火星の人生を拡大に導くと同時に不安ももたらした。周囲からは、大きく人生を転換させせて順風満帆にさえ見えた。しかし内実は全く違って、まるで細い綱の上を渡るように緊張の連続であった。精神の緊張が続けば、いずれ弛緩《しかん》しなければならない。それゆえに九紫火星は一人、誰にも見えぬところで泣き、苦しみつつこの一年を歩んできた。そうした中で孤独感は強まり、どこか人生を達観したような雰囲気さえ醸し出す。これ以上の変化に向けての精進を拒否し、自己の可能性を矮小化《わいしょうか》して納得したつもりになっている人も多いのではないだろうか。だが、それは九紫火星の命のあるべき姿にそぐわない。九紫火星の「九」は「究」であり、徹底して追求することを表している。そして「火」は実体のないもの。だから九紫火星の命の本質というのは、「まだ見えない可能性を追求すること」にある。自身の本籍地・南に立ち返る二〇二二年、九紫火星の命の本質のままに、内に眠ったまだ見ぬ可能性の追求に情熱を燃やしてみないか。

国家資格の試験を受験するもよし、昇進試験を受けるもよし。乗馬や絵画、料理を習い始めるのも、立派な可能性の追求だ。コロナ禍によって、生活様式は大きく変わった。これまでの生き方から価値観が大きく変化しているのだから、自身を生まれ変わらせるのに遠慮はいらない。着慣れた「自分」という先入観や悪癖などの上着を脱ぎ去って、興味の向くままに、あらゆる学びを進めてほしい。

学びの場面では、本物に直接触れることが重要だ。リモートワークが進み、セミナーなどもオンラインで受講できるものが増えた。社会運勢学会でもオンライン受講にも門戸を開くようになったが、やはり画面越しに全てを伝えるのは無理がある。学びというのは、ただ講師の音声を聞くことではない。講師と受講生の魂がぶつかり合って、学びが磨かれていく。二〇二二年の学びは、本物に全力でぶつかっていく姿勢が運勢を強くする。

自分を突き動かすものの正体

九紫火星の「火」は「実体のないもの」と述べた。科学的に言えば、火とは「急激な酸化還元」によって生じる現象であり、物質ではない。では酸化還元とは何かといえば、二物質間での電子・酸素原子・水素原子の授受を示す。つまり、火は単独で存在し得ず、何かしらと対になって初めて火という働きが生まれる。だから、九紫火星は常に「誰と歩むか」がテーマとなってくる。

二〇二二年は、自身を取り巻く人間関係に心を砕きたい。新たな自分を目指すからといって、独断専行してはいけない。習い事を始めるときはパートナーに相談し、新しい市場に挑戦するときは取引先や代理店などの関係者、金融機関の担当者などにもきちんと丁寧に説明をして回りたい。こうした自身を取り巻く人間関係から、成長のためのさらなる追い風さえもらえることができそうだ。パートナーが勉強のための環境を整えてくれたり、金融機関の担当者が資料を取りそろえてくれたり。周囲は九紫火星が考えている以上に、九紫火星の挑戦を好意的に捉えてくれていることに驚くと思う。自身の決意の炎と周囲の期待という風がさらに九紫火星の命を強く燃え上がらせ、大きく拡大に導いてくれるだろう。

そして、二〇二二年、最も大切にしたいのが師との関係になる。易では九紫火星は「離」と表現される。そして「離」は「麗」と通じる。この「麗」という漢字は「鹿が二頭並び歩く」姿を描いた字である。中国では鹿は古くから霊獣としての地位を築いていた。老子が乗っていたのも鹿であるし、占いに使ったのも鹿の角だ。その鹿が二頭並び歩く「麗」という字は、非常に気位が高く、霊的な美しさを持った字なのだ。

だから、九紫火星は自身が最高を求めて研鑽《けんさん》を進めると同時に、常に最高の者のそばにいなければならない。それゆえ、自己を導いてくれる「師」の存在が必要不可欠なのである。

九紫火星に限らず、人はどこか「自身の行動は自分が決めている」と考えている。だけど、仏教はそうした考え方を明確に否定する。人の為《な》すこと、すなわち行動のことを「業《ごう》」と呼び、この業を生じさせる要素・源泉のことを「所生」と呼ぶ。この所生には「父母」「飲食」「識」「縁」の四つがある。人は両親の生き方によって行動に影響を受ける。食べ物、志、縁によっても影響を受けるのだという。この最後の「縁所生」というのが、何とも感慨深い。人は縁によって行動を決定している。縁とは、ここでは出会いくらいに考えてほしい。人は「誰と出会うか」によって、その後の行動が変わる。

誰しもテレビの中のヒーローに出会ったことはあるだろう。男の子ならばアンパンマン、女の子ならばセーラームーンなども憧れの対象だと言っていい。そして男の子はアンパンマンになろうとアンパンマンの靴を買い、女の子はセーラー服に身を包む。こうやって、人は出会いによって心を動かされ、行動を決定していく。

憧れが行動の源泉となるのは、決して子供だけではない。大人もまた、誰かによって突き動かされるように生きていくのだ。だからこそ、人生の拡大には「師」の存在が欠かせない。自分が自分の命を生きていると思っていたけれど、自分は行動の決定さえ憧れの存在によって無意識のうちに導かれていたのだ。言い換えれば、憧れの存在を失った瞬間に人は行動の決定さえもできなくなる。男性が退職後、気力を失うのにはこうした理由もある。目指すべき目標、頭を下げるべき対象が失われたことで、業が生じなくなってしまうのだろう。

二〇二二年、大きく成長する九紫火星と力を失う九紫火星。二つを分かつのは師の存在の有無だ。「どこまで行っても追いつけない」。そんな想いにさせてくれる師がいつも心にいる九紫火星であれば、どこまでも高みを目指して美しく跳躍することができる。

　そうした自身の成長を促してくれる師に二〇二二年はできるだけ会いに行こう。師が鬼籍に入られているなら、手を合わせに墓参りに出かけよう。「人間は二度死ぬ。肉体が滅びたときと、みんなに忘れ去られたときだ」と松田優作は言った。その通り、九紫火星が師を忘れない限り、師は生き続け、九紫火星を導き続けてくれるはずだ。

高い理想と情熱を掲げて生きる

『易経』の離為火《りいか》には、面白い文章が並ぶ。

「日月《じつげつ》は天に麗《つ》き、百穀草木は土に麗く、重明以《ちょうめいもつ》て正に麗けば、すなわち天下を化成す」

　この「化成」という言葉は「旭化成」の社名の由来になるほど有名な語であるが、その真意を知る者は少ない。この「天下化成」は二〇二二年の九紫火星の重要なテーマとなるであろうから、ここで説明したい。易の三義に「変易、不易、易簡」がある。変易とは変わっていくこと、不易とは変わらぬこと、そして易簡とは日本語では簡易となり、シンプリシティを表している。三義の筆頭に「変易」を置くことからもわかるように、易というのは基本的には「変わっていくこと」をテーマにまとめられた書であり、それゆえ英題は「The Changes」となるわけだ。その変わっていくことを我々日本人は「変化」と呼ぶが、易ではこの「変化」を「変」と「化」に分けて述べている。朱子の説に従えば、変とは陽が陰に移ろっていくこと。青々とした葉っぱが徐々に赤く色づき、やがて散っていくような移ろいを示す。一方で、化とは陰から陽が生ずること。すなわち命の根源である種から芽が生え、大きく成長していく様を示している。

二〇二二年の九紫火星は「化成」であり「化を成す」のである。そして、その対象は「天下」であり、新たな社会秩序を生み出すという非常に重要な課題を天から与えられていると自覚してほしい。そのために必要な具体的行動が「日月は天に麗き、百穀草木は土に麗く」なのだ。天とは思考、理想を示す。そこに輝く太陽と月を持ち上げること。つまり高い理想を持ち、夢に向かって情熱的に生きる、本来の九紫火星の生き方を取り戻すことが求められる。さらに、土とは自身の足元であり、生活の基本的姿勢を表している。百穀草木とは、その生活の中から生まれてくるもの。つまり、自身の行動の集積と言っていい。理想を高くするだけでは、人生は動かない。白馬の王子様を夢見るだけで、王子様と出会えた少女にはお目にかかったことがない。真剣に王子様を追いかけ、自身をその伴侶に相応《ふさわ》しくつくり上げた少女にだけ、王子様は白馬に乗ってやってくる。同様に、目標を描いたら、それに相応しい行動を求めるのが離為火という卦《け》だと知っておこう。

離為火が第一に求めるのは、九紫火星自身の自己改革なのだ。どこかで成長のために必要な精進を値引きして生きてきた。本当は夢があるのに、どこかごまかしながら生きてきた。九紫火星は非常に聡明《そうめい》で計算高い。目標と現実の差が広がれば、実現の可能性を弾《はじ》き出して、それが低いとわかると諦めてしまう。だけど、二〇二二年の九紫火星はそれではいけない。あくまでも目標に自分を一歩でも近づけるように、真剣に生きることだ。

そうした生き方が周囲に波及し、いつの間にか九紫火星を取り巻く環境を変えていく。二〇二二年の九紫火星の頑張りは、周囲を大きく変える力さえ持っている。自分のためだけに頑張るのはしんどい。だけど、自分の頑張りが誰かの励みになり、ひいては社会を動かしていくパワーになっていくのだから継続できる。言い換えれば、二〇二二年は周囲が九紫火星を懸命に応援し、社会を大きく動かしてくれることを期待している。日々の何気ない作業に、目の前に現れた顧客に、当たり前のように現れる事象の内側にある宇宙の期待の声を聞くべきだ。

後進の育成の仕組み化を考える

この一年を懸命に生きた先にあるのが二〇二三年の「坎入」と呼ばれる北の方位への廻座《かいざ》だ。その坎入の前に存在するのが南廻座である。二〇二二年の南廻座は九星のサイクルの最終局面、一方の北廻座はサイクルのスタートだ。すなわち二〇二二年の九紫火星は「終わりと始まりの間」に立っていると考えていい。あらゆる生命に終わりと始まりがある。その狭《はざ》間《ま》に立つ二〇二二年は、「何を引き継ぎ、何を残すか」ということを真剣に考えたい。命というのは、相続の連続で成り立っている。先人たちが学習した生きる智慧《ちえ》は我々の遺伝子に刻み込まれ、常に進化の方向へと人類を誘《いざな》ってきた。人類は弱い。身体能力はあらゆる動物の中でも低位に位置づけられるほどしか持ち得ない。だからこそ、人類は相続を通じて、様々な危機に対応する能力を伝え続けてきた。それらの智慧の集積を英知と呼ぶわけだ。

つまり我々の命は、全て先人たち、もっと言えば宇宙の根源的な力からの頂き物に過ぎない。その命を自分のためだけに使うことは許されず、あらゆる命が宇宙のために各々の役割を演じなければならないと東洋思想は考えている。そして、必ず命は天に帰す。そのときに、今度は我々が次代に命を与える立場となるわけだ。では、我々は一体何を残すことができるだろうか。ここまで九紫火星は、どこか自分のためだけに生きていなかったか。自分の命さえ、自分だけのものだと思い違いをしていなかったか。では問いたい。幼いあなたが泣いたとき、お乳をくれたのは誰だろうか。学校に行くとき、ランドセルを用意してくれたのは誰だったか。眠れない夜、隣で寄り添ってくれたのは誰だっただろうか。我々は知らないうちにたくさんのものをもらいながら生きている。まずはそれを「有り難いことだ」と了承することから命は始まるのだ。

そして、頂き物の命を使わせてもらって、今度は新しい命を育んでいかなければならない。命を育むとは、平たく言えば他者への奉仕に他ならない。鑑定の技術を師から受け継いだのであれば、それを用いて他者を幸せに導かなければならないし、技術を次代に承継する義務がある。家事のコツを義母から教えていただいたのであれば、それを子供に伝えていく使命がある。あらゆるシーンで自身の持つもので他者に奉仕し、その能力を引き継いでいく必要があるのだ。

ビジネスシーンでも同様のことが言える。だから二〇二二年は自身の能力拡大と同時に、後進の育成が重要になる。自身の抱える仕事や作業を任せられる人を育てていこう。後進が育たない限り、自身はその作業に縛り付けられ、解脱の旅に出発することはできない。

仏教は二世紀に現れた龍樹《りゅうじゅ》によって、上座部仏教から大乗仏教へと大きく切り替わっていく。上座部仏教の主人公は阿羅漢《あらかん》であり、厳しい修行の末、一人悟りに至った聖者である。一方の大乗仏教の主役は菩薩《ぼさつ》たちであり、彼らは「上求菩提《じょうぐぼだい》、下化衆生《げけしゅじょう》」を旨とする。

菩薩は正式には菩提薩埵《さつた》であり、これはボディ・サットヴァの音写だ。ボディとは悟りを目指す心であり、サットヴァは有情、すなわち衆生である。つまり菩薩というのは、「衆生と共に悟りを目指す者」を表している。

ここまで九紫火星は阿羅漢のように生きてきた。ひたすら自身の向上を追い求め、その姿に皆が憧れの眼差《まなざ》しを送ってきた。だけど、ここからは菩薩の生き方を目指そうか。下を見れば、九紫火星を求める大衆が待っている。もちろん、上を見れば向上の道は遥か彼方《かなた》まで広がっている。これが「上求菩提」だ。だけど、少し歩みの速度をゆるめ、下にいる人たちと手を取り合って向上の道を歩くことを決意しよう。これこそが「下化衆生」であって、この二つが一体となって初めて菩提の花は咲く。二〇二二年は「待つ力」と「高く昇る力」を兼ね備えた九紫火星菩薩に、社会のそこかしこで出会えるので楽しみにしている。

九紫火星の人物――白川静

福井の雪は深い。年明け後の雪はなかなか解けず、人々の往来を困難にする。冬に永平寺を訪れれば、白銀に埋もれた静寂の中に禅の目指す理想の世界が広がっているようにさえ思える。こうした地理的条件が静かな精神性を育むのか、福井からはすぐれた学者や思想家が多く輩出している。福井の誇りであろう松平春嶽《しゅんがく》と橋本左内の幕末の賢人コンビを始め、『解体新書』の訳者である杉田玄白、生涯「平和とこども」をテーマに水彩画を描き続けたいわさきちひろなどは皆、福井の地が生んだ異才の人々だ。彼らは一見静かだが、内面には激しい情熱を持っていた。白銀の世界に隠された、生命の鼓動。

もう一人、福井の人々が誇るべき学者がいる。漢文学者・白川静だ。

白川静は福井市に生まれる。小学校卒業後、一三歳で奉公に出た大阪で、白川の人生を決定する出会いが待っていた。実家が貧しかったため、昼は働きに出て、夜学に通うという生活をしていた白川を住み込みで雇い入れたのが大阪の弁護士、後に立憲民政党の代議士となる広瀬徳蔵であった。広瀬は大量の蔵書を白川に自由に閲覧することを許した。生来の読書好きであった白川は、ここで漢籍の魅力に取り憑《つ》かれる。特に白川が生涯愛したのが『万葉集』と『詩経』であった。これらの書にも、ここで出会ったのではないかと思う。

そんな読書少年、白川は二六歳で立命館大学専門部を卒業。在学中より立命館中学で教鞭《きょうべん》を執りつつ、本科への入学のタイミングを模索していた。彼に朗報が届いたのは三一歳のこと。立命館大学文学部漢文学科へ入学し、研究の道を歩き始める。遅咲きの人だった。研究者としての出世も遅く、彼の論文が注目を集め始めたのは還暦を迎えてからであった。

白川の研究の特徴は、それまで、許慎の『説文解字』に依拠していた漢字の研究に、甲骨文字に隠されたヒューマニズムという観点を持ち込んだことにある。字の中にある「口」が「サイ（＝祝詞を入れた箱）」であることを発見し、文字に込められた人々の祈りや歓喜、困難といった当時の人々の物語を見事に説明していった。当然、これらの主張は旧来の学者には認めがたいものであり、大いに反発を受けたが、一方で六〇歳のときに「研究は広く知られなければ意味がない」とし、刊行された一般向けの『漢字』が大きな反響を呼ぶ。普段用いている漢字の一つひとつにストーリーがあり、祈りがある。そんな白川の主張は、日々祈りを持ちつつ戦後の復興の道を歩み続けた市井の人々にこそ響いたのかもしれない。

ここから白川の快進撃が始まる。生涯愛した『万葉集』と『詩経』の読み比べをした『初期万葉論』でも評価を受けると、字書三部作『字統』『字訓』『字通』を一三年もの年月をかけ刊行。また六二歳のときには念願であった『孔子伝』を執筆。「一〇〇歳になったら蘇東《そとう》坡《ば》を書きたい」と語ったが叶《かな》わず、『孔子伝』が唯一の人物評となった。白川は漢文学者と呼ばれることを好まず、また漢字の専門家であると評されることも嫌った。彼の心にはいつも中国と日本の自然があり、彼はその中で生涯をかけて遊んでいたのだ。

白川静、一九一〇年四月九日生まれの九紫火星。孤独の中、あくなき探求心を持ち続けた碩学《せきがく》。彼の研究に魅せられ影響を受けた学者は多い。知の星・九紫火星に相応しい人生だった。

マーケット&マネージメント

二〇二二年、九紫火星が担当するマーケットは本格的にビジネスモデルの変更の波が押し寄せるだろう。欧州連合（EU）は二〇三五年に電気自動車以外の新車販売を事実上禁止する案を発表した。世界の脱炭素の流れは決定的で、特に裾野の広い自動車を主力産業に据える日本に変化の波は激しく襲いかかる。そういった流れの中で、九紫火星は自社の業態転換の旗振り役を担うことになる。さらに自社だけでなく、取引先や代理店などの業態転換のサポートもしていかなければならない。デジタル化が叫ばれる日本の中でも、ちょっと田舎に行けば未《いま》だに小額の手形を回し合って取引をしているような業界もあるのが現実。まだまだ変われる余地は大いにあるから、そうした人々を導き、新たな日本の市場をつくり上げていく責任があると自覚してほしい。またデザインへの投資を促進すること。やはり「かっこいい」「美しい」は大きな購買動機となる。日本はこの分野が決定的に遅れていると思う。

マネージメントの現場では、何と言っても後継者育成が重要だろう。自分以外の誰かが、同様の価値と顧客を創出できるような教育が必要になる。中小企業では後継者不足が逼迫《ひっぱく》した問題として日本全体を覆っている。トップ・マネージメントに経営責任の多くが集約される中小企業においてこそ、後継者の存在は最も重要な課題であるにもかかわらず、目を背け続けたツケが来ている。自身が経営者なら、二〇二二年のうちに後継者を育てておくこと。ただし、二〇二二年の運勢はあせりと性急さを嫌う。じっくりと時間をかけて取り組むことだ。

家庭と健康

二〇二一年は一人で過ごす時間が多かったと思う。仕事帰りにカフェで物思いにふけったり、出張や旅行に一人で出かけ、数日間家を留守にしたり。こうしたことを九紫火星は「当たり前」と考えがちだけど、そうした時間をつくり出すために周囲は多くの努力と協力をしてくれていた。とりわけ寂しい思いをさせられたのは家族であり、二〇二二年はその家族からもらった恩を返す一年だと考えたい。時には夫婦水入らずで旅行したり、美術館に出かけるなど素晴らしいと思う。瑞々《みずみず》しい二人が戻ってくることになりそうだ。絆《きずな》を取り戻すには最適な一年なのだから、この短い一年を存分に楽しむように。ここで夫婦の関係が崩れると、来年の坎入が一層苦しさを増すことになる。また、二〇二二年の離婚はオススメできない。少し時間を置こう。

健康面では循環器障害に注意をしておこう。また精神的な病にも注意。不眠症も生じやすいと思う。疲れを感じたら、早めに受診をすることだ。貧血などは気合で何とかなるものではない。食生活の改善で良くなるものもあるけれど、それ以前の問題の場合もある。また、合併症の場合もあるから、この際、真剣に治療を開始することだ。

また、九紫火星は非常に我慢強いところがある。無理して何日も徹夜をしたりして、周囲が驚くような成果を上げることもあるけれど、そうした無理が常態化しないようにしたい。週に一度、少なくとも月に二日は完全にオフの日をつくり、身体を休息させる時間をつくること。目を使えば脳は休まらない。家族との対話と睡眠に時間を充てるように。

恋愛・ファッション

恋愛は別れあり、出会いありで目まぐるしく動くことになりそうだ。急速に関係が深まる二人もいれば、忙しさの中で疎遠になっていく二人もいる。どちらの道が用意されているかは当人次第だけれど、自身の描く未来像はきちんと相手と共有したうえで交際を進めるべきだと思う。九紫火星の歩む道に寄り添ってくれる相手であれば関係を次の段階に進めればいいし、道の先に二人で過ごす未来がないのであれば別れもやむなしだろう。要は自分の軸を揺るがせない生き方が大前提で、その後に恋愛の内容が決まると考えたい。

交際のスタートや継続を決意したのであれば、周囲に相手を紹介し、交際を応援してもらうことだ。二〇二二年の恋愛は、周囲から離れては存在し得ない。祝福されないような交際の先に幸せなどないのだから、周りを巻き込んで二人の道をより明るくする決意を固めよう。

衆目を集める一年でもある。ファッションには細心の注意を払っておくように。「衣は意を表す」と言うが、まことにその通りであって、ファッションにはその人の人となりが表れてしまう。身につけるものに無頓着な人は、やはり人間関係の細事にも無頓着で、時として顰蹙《ひんしゅく》を買うことになる。元々、ファッションは自身に内在する可能性や能力を発揮させるために呪術としての働きを持っていた。自身の哲学や思想を体現できるような服装に身を包み、自己向上を目指すように。華美な服装もよく似合う一年だから、これまで尻込みして着ることができずにいた服にも挑戦したらいいと思う。

月の運勢　九紫火星

九紫・一月

調子が戻る、心を落ち着けて問題と対面 ◎◎

九紫火星は年明けから上り調子。昨年末に体調を崩した人もいたけれど、一月になれば徐々に回復してくる。何かと動くほうが気が紛れる。

でも、今月はバタバタしたくない。あわてて ケガしたり、うっかりミスが続く。心を落ち着けて行動しよう。ここ数ヶ月は強い運気が続くから、いまは足元をしっかり見て確実に進んでいきたい。

時として、家庭がおさまりにくい。ちょっとしたことで口論や喧嘩《けんか》が起こりやすくなる。早めに解決し、禍根を残さないように。悪くすれば来月にまたがる。時にじっくりと言い分を聞いたり、時間をかけて話し合っておこう。間違っても直接対面を避け、部外者に話をしてストレス発散しないこと。面倒でも目の前の問題にはしっかりと向き合うほうがいい。そうすれば一時つらくても、解決した後は状況がずっと良くなる。嫌になったりしないで、辛抱強く取り組むことが大切だ。

仕事も同様で、気づいたことは放っておかないように。時に、九紫火星を迷わせるような声が聞こえ、妥協の心が働くから、それに屈しないこと。今月、やろうとすることは間違っていないと思う。波紋が広がるのを恐れて正しい行動を止めたりしたくない。二〇二二年は一月の始まりが肝心、気を引き締めよう。

また、言うべきことは言わなければならないが、言い方には気をつけること。

九紫・二月

問題は見逃さない、公に進める　◎◎◎

二月、気分は軽快。雪が降ればはしゃぎ、人がどうしたこうしたと聞いて驚く。今月は会話も一段と面白い。たくさんの人たちとのコミュニケーションを心がけよう。

ここ数年の経験を経て、今年の九紫火星は良いことも悪いこともよく見えるようになっている。良いことは口に出して称《たた》え、悪いことは指導改善を試みて、どちらもアウトプットすることを強化したい。それが周囲にとってもプラスになるからだ。ただし、いろいろな人がいるから、この人にはこう、あの人にはこうと、接し方には注意を払うことが欠かせない。一辺倒でうまくいかないのは、もっともだ。自分を固定させず、柔軟に対処しよう。

また、軽口に注意。うっかり言わなくてもいいことまで口にしてしまうかもしれない。こちらに言い過ぎや間違いがあれば、素直に詫《わ》びたい。助かったことや嬉しかったことがあれば、その気持ちを口にしてみよう。その単純なことを忘れるうちに問題は大きくなっていくものだ。親しい間柄でも大切に。

先月に続いて、問題解決に最適のひと月。遠慮しないで皆と率直に話をし、横たわる問題を処理しよう。先月から持ち越している問題がある人は断行すること。一瞬ざわつくが、心配無用だ。ここは引き下がらずに。

何事も隠れてやらないこと。全てを公にして進めるように。見切り発車せず、周囲に説明し理解を取りつけること。

九紫・三月　順調に進む、協力と信頼　◎◎◎

運気はいよいよ高まり、今年最も好調だ。春に向かう気配が一段と感じられて、散歩でもしたくなる。春を追いかけて、気の向くままに歩いてみよう。

年頭から先月にかけて処理してきたことの成果も出ているようだ。新しい展開も順調に進行している。どこから聞いたのか、九紫火星のもとに問い合わせや相談もくる。一つひとつに誠実に対応したい。これまでとはかなり違う雰囲気のものや遠距離からのお尋ねにもしっかりと回答しておこう。今月は特に九紫火星の判断力がすぐれていて能力発揮の時。あらゆることに自信をもって取り組みたい。

気をつけたいのは、順調なあまり自分の力を過信したり、周囲を軽く見ること。そこから協力関係が揺らげば、完成は遠い。九紫火星の態度や行動の一つひとつが何らかのメッセージを相手に届けている。今月はあらゆる縁を大切にしてこそ上首尾に運ぶ。したがって、人がやってくれたらやるという待ちの姿勢ではなく、こちらから率先して周囲に信頼をよせて、周りの役に立とうと動いてみよう。結果的に自分の能力が拡大していることにも気づくだろう。

出会いがある時でもある。新しく知り合った人とも連絡先を交換してみよう。九紫火星の見る目は確かだから、これはと思ったことは積極的に。コラボ企画も吉。メールやスマホも頻繁に確認し、返信は早めに。

ヨガやストレッチを。

九紫・四月

動きを止めて、目配りする　◎◎

新年から忙しく過ごしてきたが、四月になるといったん動きを落ち着かせたい。ここまでの歩みを確認し、ゆっくりしたいのだ。今月から新年度の人は、前年度を振り返っておくことが大切になる。それ以外の人も、過ぎた四半期を省みておこう。そうした話し合いの機会を設けるのも賛成。問題解決が続いてきたから、心身共に張りつめていた。手が抜けなかった数ヶ月だった。ここらで足を止め、子細にわたって見直しを行おう。気づかなかったことに気づけ、また来月から動き出すためのヒントを得られる。

ここ数ヶ月の速いペースから脱却し、自分を切り替えなければならない。動きを止めなければ、外から働きかけが起こるかもしれない。その結果トラブルが多くなり、周囲と呼吸が合わなくなったりする。そうしたサインで周りが教えてくれる。

だから四月は全体を見渡し、目配りしたい。人の動き、ものの動き。先月と違って、計画通りに運ばないこともあるけれど、無理を通さず、不満を抱かないようにすること。いま激しさはいらない。ゆったりと待ちの姿勢で、機嫌よく過ごそう。

静と動とあって、必ずしも静がマイナス、動がプラスではない。考えればわかるのだが、ついつい忙しく動き回ることが充実だと思い込んでしまいやすい。今月は静のひと月とし、英気を養いたい。

便秘に注意。ストレス発散を。

九紫・五月

成果あり、さらなる実力をつける ◎◎

五月、九紫火星の活躍はとどまるところを知らない。先月の待ちの姿勢から一転、今月は攻めでいきたいと思う。やるべきことが次々と待ち受ける。息つく暇もなさそうだ。でも、五月は気候も良く、気分は上向きで走れるだろう。

五月は大きな成果が出てくる。だから今月は早いうちから目標を見据えてできる限り取り組んでおきたい。自分のやりたいこともさることながら、目上や上司からの指示や依頼は優先して取り組もう。重要な内容が多いから、後回しにしてはいけない。

周囲の動きもとても良いから、なるように成果が出ることもある。今月の九紫火星は、良い結果が出たことに満足するばかりではいけない。プロフェッショナルはもっと違う。あるプロ野球選手は「ヒットを打てたことが重要ではない」という。「重要なのは、なぜ打てたか、なぜ打てなかったかを自分がきちんと理解していることだ」と。良い成績がとれれば誰でも嬉しい。でも、たまたまつかんだものもあるかもしれない。そうした偶然のラッキーなど一切捨て、真の実力を身につけることを見据えているのだ。

今月は些細《ささい》なことで文句を言ったり、自分を小さくしてはいけない。さらに上を目指して、そのための努力を積み重ねるところにきている。卓越した人は世にいるものだ。こうした人に下は憧れを抱く。

疲労に注意。頭痛がする。

九紫・六月

ほどほどがいい、譲る気持ちで　◎◯

六月に入ると、周囲の運気が急低下するから気をつけたい。人間関係でトラブルが起こりやすいから、いつも以上にやさしい態度でいよう。言葉は丁寧にしたい。批判をしやすいから、よかれと思っても発言には注意。

思いがけない出費がありそう。無駄遣いに気をつけよう。といっても、付き合い上必要なものまで抑えないように。食事や喫茶の機会は運気を上げるから大切に。楽しい話で盛り上がりそう。飲みすぎはダメ、酔ってだらしなくなると好感度が下がってしまう。ほどほどがいい、控えめにして吉。

お酒に限らず、今月は言うことなすこと、ほどほどがよさそう。先月は全力疾走したから、それよりは余裕をもって過ごそう。余暇にはパートナーと会話を楽しんだり、家族で出かけたりしたい。メニューや行き先をめぐって言い合いなどしたくない。自分の好みもあるけど、今月は相手の喜ぶ顔を見ることをテーマに、譲る気持ちをもてるといい。何につけても、強引にするとうまくいかない月だから、ゆとりを持ち常にリラックス状態で。

強く出るのは、自分が優位に立ちたいからで、それを少し抑えれば、楽しい六月。優劣にこだわらずに話を聞いたりしたい。そのほうが万事うまくいく。あの人は自分と違ってどうのこうのと、つまらないことを言いたくない。それをどんぐりの背比べという、たいして違いはない。本当は違うのに、それを感じさせないような接し方が最高。

九紫・七月

停滞感がある、気分転換も必要　◎(

七月は予想もしない出来事があって、落ち着かないひと月。急な変化もあるけれど動揺しないように。自分の思い描いた動きでなくても、悪い動きではないから心配いらない。ショックを抱かず、外からやってきた動きに合わせて自分を納得させよう。所詮、一人の人間がコントロールできることなどたかが知れている。たまに予定しないところへ運ばれてもいいではないか。それも含めて人生だ。楽しもう。

とはいえ、今月はなかなか気持ちが上向かない。上とのやり取りにも空白ができがちで、孤独感が漂う人もいる。何となく後ろ向きに考えてみたり、積極的な気持ちがいまひとつ出てこないのだ。七月は最低運気ではないものの、停滞感が生まれる。手をつけるが計画通りにいかず、自然とやることは積み重なっていく。進んでも満足度が低かったり、イマイチだったりする。周囲はこうした九紫火星の心を知るよしもない。

しばらく続けていてもダメな時は、思い切って気分転換しよう。プチ旅行に出かけたり、場所を変えて気分の良いところで過ごしたりしたい。新しい物事に触れるのはオススメだ。新しい体験もいいと思う。年を重ねると時間の経過が早く感じられるのは、新鮮な体験が少なくなっていくからだという。世の中にはまだ自分の知らないものが山ほどある。出会ってみたい。

腰を痛めやすい。

九紫・八月

知的活動によい、心を柔らかく　◎◎

八月、夏の太陽が一段と輝く季節。終わりに近づくにつれて、所々で秋の気配が漂い始める。

七月の停滞を抜けた九紫火星は、すっかり明るさを取り戻して生活する。以前にもまして自分をバージョンアップすべく、情熱を燃やしている。八月の知的活動は最高。学びにもよし。本を読み、あるいは自分を導くものについて、アドバイスを取り入れよう。いま九紫火星は、古い自分にサヨナラしつつある。新しい自分に切り替わるところにいる。

感情が高ぶる時もあるけれど、怒ったり文句を言ったりし過ぎないように。せっかくの笑顔が消えてしまえば、台無しだ。周囲の動きに対する不満から、自分自身の向上へ切り替えよう。世界に前向きな影響を与えることを大切にすれば、賞賛に値する。今月、周囲の注目度はかなり高い、行く先々で視線を浴びている、自分のパフォーマンスを高めよう。

来月になるといまのようにテキパキと動けなくなりそう。いまのうちにできる限りあらゆる処理をしておきたい。持ち前の頭脳を活《い》かして成果が出てくる。

今月は新たな関わりができる時でもある。雰囲気や見た感じの印象などで判断すれば間違う。人のなかの素晴らしさを見抜く目をもっている人は強い。それには、心を柔らかくして、許せないものや嫌いなものをつくらないこと。

頭痛がすれば休息を。

九紫・九月　手を抜かず、最後まで諦めない　◎

運気が沈んで、テンションは低め。急に天候が変わって調子が悪くなったりしやすいから気をつけよう。身体を冷やさないように。また、出費が続いたりモノをなくしたり、何かミスがあって肩を落としそう。あまりいいことがない感じがして、九月の九紫火星はうなだれることが多い。先月は調子が良かったけれど、今月は違う。大丈夫だろうと安易に考えたところにも、落とし穴が隠れている。気持ちを緩ませないで過ごしたい月。

九月は先月と違って、頭脳のキレもない。仕上げなければならないものがあれば、先月ほどの達成感は得られそうにない。でも、ここで手を抜けばそれまでだ。確認や見直しなどもこれまで通り徹底して行うことが大切。終わりにトラブルが起きやすいことを知って、念には念を入れよう。

人にはできるだけやさしく関わりたい。悪くすると、人間関係に波風が立つ予測。わかりにくいことや些細なことがきっかけでうまくいかなくなってしまう。思った成果が出ないことにモヤモヤするばかり。いまは大きなことを求めず、評価を期待せず、歩みを小さくして進もう。

運気が落ち込んだ時の踏ん張りこそが、違いを生む。いまスタート地点で苦労している人は、自分を信じて進むこと。今年はこのひと月さえ乗り切れば、後は好調だ。十月に高くジャンプするために、グッとかがみ込んでいるようにも見える。

九紫・十月

運気が回復、年内の活動を見据えて丁寧に　◎◎◎

十月は運気が回復して上昇機運。ここまで悩みながらもやってきたことが、徐々に自信となりつつある。嬉しいことだ、確実に力がついてきている。

「年の運勢」で述べた通り、今年の九紫火星は新しい自分を目指して走っている。早々に動き出した人も多いけれど、ためらい、迷いつつここまでやってきた人もいるかもしれない。そうした人にとっては再びチャンスが到来、新しく決心して行動に移すべきだ。

これから年末にかけて運勢は安定し、この三ヶ月の成果には思いがけないものがある。今月は、そのための準備を進めていくにもよい月。営業活動にも最適で、たくさんの人と会っておきたい。ファンの皆には感謝を伝えよう。

大勢の人の面倒を見るようになってきた九星火星には、さらに自分を高めるためにいま何が必要だろう。そのヒントが周囲の反応や意見のなかにありそうだ。

また今月、つまらないミスからトラブルが起こる可能性がある。一つひとつしっかりと確認や連絡を行って、漏れのないように。丁寧に処理する姿勢がいっそう運気を強めることを知っておこう。周囲から不安や懸念の声が上がったり問題が起これば、その都度面談やヒアリングしたりフォローしたい。細やかに気配りすれば、全て処理できる。

女性とのもめ事は避けること。

内臓の疲れに注意。

九紫・十一月

活発なひと月、解決に向かう　◎◎◎

十一月は朝から元気。今月は周囲に元気をもたらすムードメーカーだ。動きはより活発になってくる。早起きしたい。

また、見聞きするものからアイデアを思いつくから、すかさずメモすること。ブレインストーミングやインタビュー取材なども問題突破につながりそう。今月はいつも頭のどこかで、大切なことについての解決策がないかと考えを巡らせてみよう。

時として、実行を躊躇《ちゅうちょ》したり、どう思われるか気になって、やめようかと考え始めたりすることがある。現状維持や後退はしないように。新規に向かって自分を奮い立たせよう。心を動かされる音楽や映像は、気分をアゲてくれる。

今月は障害が登場する。人によっては、先月の自己の決心によって生じているが、驚かないように。障害をしっかりと排除すれば目の前は開けてくる。障害が何かは人それぞれだけど、外にあるばかりとは限らない。要は、それを打ち破ることが大切なのだ。

そうして九紫火星は今月、大きな成長を遂げるだろう。障害が大きく、それにひるみそうになれば、そのぶん自分の目の前に大きな可能性が開けているということだと思う。自分に応じた課題がやってくるものだ。

また、やって後悔するより、やらないで後悔するほうがダメージが大きい。チャンスを感覚的に察知したら、すぐに行動に移す意識を持っておくべきだ。喘息《ぜんそく》の人は注意。

九紫・十二月

やり残しがないように、連携を整える　◎◎◎

いよいよ冬、一年はあっという間に年末を迎える。それほど忙しい日々を送ってきた。

十二月の運気は、九紫火星に年末最後の活躍を求める。ここでジッとしていてはいけない。求めに応じて東奔西走の月。

体調は整って頭脳も動く。気の早い人は来年の影響を受けて、それほど好調には感じられないが、持ちこたえるから大丈夫。むしろ来年のためにも、今月はしっかり動いておきたい。やり残したことがないように。これまでうまく運ばなかった案件などあれば、チャレンジしておきたい。年内に連絡をとったり訪問しよう。

チームや組織に属するならば、進捗などを話し合い、相談を重ねよう。今月は、気になる問題に人の力を借りて解決を目指すこと。連携が整えば、問題はスムーズに解決されるのである。

だから自分一人で気負う必要はない。今月は一人で行動せず、あらゆるものの力を取り込み活かして成果につながる。関わる人たちを尊重し、皆でつくりあげ成し遂げよう。予想以上に素晴らしい結果となる。

これほど忙しいとつい神経をとがらせてしまうこともあるけれど、いつもやわらかい雰囲気を漂わせていたい。

可能ならば、家族や仲間と旅行に出かけたい。クリスマスや年末年始のメッセージ、贈り物なども、吉。

神経痛に注意。

仮吉方 方位移動の効果

北北東へ帰る
①親子、親族関係は改善し、相続は円滑に進む
②予想外の出来事により、人生は大きく変革へと向かう
③自宅・事務所の新築や改築、移転のお手配あり
④新事業や新商品などへの挑戦が生じ、仕事は思わぬ方向へと進む
⑤経済活動が活発になり、可処分所得は増加する

東へ帰る
①気持ちは立ち上がり、問題は解決に向かって動き出す
②あらゆる物事が大きく発展を見せる
③多くの人から声がかかり、縁は大きく拡大する
④物事は整い、生活は安定に向かう
⑤信用が広がり、営業は拡大する

南東へ帰る
①環境や精神が整い、人生は飛躍へと向かう
②精神的・肉体的に整い、穏やかな心が得られる
③遠方から声がかかり、豊かな人間関係が結ばれる
④気持ちは立ち上がり、あらゆる問題を解決する気概が生まれる
⑤活動量が増加し、発展・繁栄につながっていく

南南西へ帰る
①仕事、人生、健康などあらゆる基盤が固まる
②人材育成は進み、自身の足元が盤石になる
③求められる物事は増え、多忙な生活となる
④自身の人生に対する自信が身につく
⑤生きがいが生まれ、人生に充実感が満ちる

2022年　九紫火星　仮吉方表

誕生日	出る方向	出る時期	帰る方向	帰る時期
2/4〜3/5	南西	6月初め	北北東	8月末
	西		東	
	北西		南東	
	北北東		南南西	
3/6〜4/4	南西		北北東	
	西		東	
	北北東		南南西	
4/5〜5/5	南西		北北東	
	北西		南東	
	北北東		南南西	
5/6〜6/5	西		東	
	北西		南東	
6/6〜7/6	南西		北北東	
	西		東	
	北西		南東	
	北北東		南南西	
7/7〜8/7	南西		北北東	
	西		東	
	北西		南東	
	北北東		南南西	
8/8〜9/7	西		東	
	北西		南東	
9/8〜10/8	南西		北北東	
	北西		南東	
	北北東		南南西	
10/9〜11/7	南西		北北東	
	西		東	
	北北東		南南西	
11/8〜12/6	南西		北北東	
	西		東	
	北西		南東	
	北北東		南南西	
12/7〜1/5	南西		北北東	
	西		東	
	北北東		南南西	
1/6〜2/3	南西		北北東	
	北西		南東	
	北北東		南南西	

※その他諸注意事項があるので、詳しくはセミナーに参加して学んでほしい

装　丁　松原健一
本文デザイン　荒木香樹
編集協力　浅羽　晃
編　集　伊藤直樹

村山 幸徳（むらやま ゆきのり）

株式会社 シンクタンク マインドズーム創設者、一般社団法人 社会運勢学会名誉理事、仏教学博士、教育学博士。
1948 年、新潟県柏崎の日蓮宗僧侶の家に生まれ、国際平和活動・宗教活動に関わり、衆議院議員政策秘書などを務めたのち、1998 年「人間開発」と「企業経営」のコンサルティングを行うシンクタンク マインドズームを設立。日本各地で「正法眼蔵」などの仏教哲学を基礎とした経営指導やビジネスパーソン向けのセミナーを実施して高い評価を得る。海外にも熱心な支持者が多い。「気学」や「易」の研究者としても著名であり、「社会運勢学」の第一人者。2018 年 5 月逝去。
著書にシリーズ累計 30 万部を突破した毎年の『展望と開運』（KADOKAWA）、『幸せをつかむ「気」の活かし方』（たま出版）、『宇宙を味方につけて成功する方法』（大和出版）、『「正法眼蔵」の経営力』（PHP 研究所）など。

一般社団法人 社会運勢学会
ホームページ https://safe.or.jp
【理事（五十音順）】
石川紗里《いしかわさり》
勝沼慧衣《かつぬまさとえ》
鎌田兼司《かまたけんじ》
佐藤真永《さとうまこと》
山口知宏《やまぐちともひろ》

本書は、村山幸徳氏の原稿や資料を社会運勢学会監修のもと、
再編集して加筆・修正を加えたものです。

展望《てんぼう》と開運《かいうん》2022

2021年10月28日　初版発行

著者／村山《むらやま》 幸徳《ゆきのり》

発行者／青柳 昌行

発行／株式会社KADOKAWA
〒102-8177　東京都千代田区富士見2-13-3
電話　0570-002-301（ナビダイヤル）

印刷所／株式会社 暁印刷

●お問い合わせ
https://www.kadokawa.co.jp/（「お問い合わせ」へお進みください）
※内容によっては、お答えできない場合があります。
※サポートは日本国内のみとさせていただきます。
※Japanese text only

定価はカバーに表示してあります。

ISBN 978-4-04-605365-7　C0011

2022年

1月

日	月	火	水	木	金	土
						1
2	3	4	5	6	7	8
9	10	11	12	13	14	15
16	17	18	19	20	21	22
24/30	24/31	25	26	27	28	29

2月

日	月	火	水	木	金	土
		1	2	3	4	5
6	7	8	9	10	11	12
13	14	15	16	17	18	19
20	21	22	23	24	25	26
27	28					

3月

日	月	火	水	木	金	土
		1	2	3	4	5
6	7	8	9	10	11	12
13	14	15	16	17	18	19
20	21	22	23	24	25	26
27	28	29	30	31		

4月

日	月	火	水	木	金	土
					1	2
3	4	5	6	7	8	9
10	11	12	13	14	15	16
17	18	19	20	21	22	23
24	25	26	27	28	29	30

5月

日	月	火	水	木	金	土
1	2	3	4	5	6	7
8	9	10	11	12	13	14
15	16	17	18	19	20	21
22	23	24	25	26	27	28
29	30	31				

6月

日	月	火	水	木	金	土
			1	2	3	4
5	6	7	8	9	10	11
12	13	14	15	16	17	18
19	20	21	22	23	24	25
26	27	28	29	30		

7月

日	月	火	水	木	金	土
					1	2
3	4	5	6	7	8	9
10	11	12	13	14	15	16
17	18	19	20	21	22	23
24/31	25	26	27	28	29	30

8月

日	月	火	水	木	金	土
	1	2	3	4	5	6
7	8	9	10	11	12	13
14	15	16	17	18	19	20
21	22	23	24	25	26	27
28	29	30	31			

9月

日	月	火	水	木	金	土
				1	2	3
4	5	6	7	8	9	10
11	12	13	14	15	16	17
18	19	20	21	22	23	24
25	26	27	28	29	30	

10月

日	月	火	水	木	金	土
						1
2	3	4	5	6	7	8
9	10	11	12	13	14	15
16	17	18	19	20	21	22
24/30	24/31	25	26	27	28	29

11月

日	月	火	水	木	金	土
		1	2	3	4	5
6	7	8	9	10	11	12
13	14	15	16	17	18	19
20	21	22	23	24	25	26
27	28	29	30			

12月

日	月	火	水	木	金	土
				1	2	3
4	5	6	7	8	9	10
11	12	13	14	15	16	17
18	19	20	21	22	23	24
25	26	27	28	29	30	31

注：「祝日法」の改正により一部変更になることがあります。